アンダルシーア風土記

Historia de Andalucia
Reiji Nagakawa

アンダルシーア風土記

永川玲二

岩波書店

はじめに

年年歳歳花相似　歳歳年年人不同

『詩経』

また、「越の都都の三埼を、国の余りがあるかと思って見ると、おお、国の余りがある」とおっしゃって、童女の胸のような鋤を手に取られ、大魚のえらを突くように土地を突き刺し、大魚の肉を屠り分けるように土地を切り離し、三本撚りの太縄を打ち掛けて、霜つづらを繰るようにたぐり寄せたぐり寄せ、河船を曳き上げるようにそろりそろりと、「国よ来い、国よ来い」と引いて来て縫いつけた国は、美保の埼だ。手に持って引いた綱は、夜見の島だ。引いてきた国を固定するために立てた杭は、伯耆の国にある火神岳がまさにこれだ。

萩原千鶴訳『出雲風土記』

はじめにさまざまな地方があり、それぞれの土地柄に適した草と木が年ごとに見事な花を咲かせていた。やがてほうぼうの土地に名前がつき、地主や領主があらわれる。それ以来どこの地方でも戦火の絶えまがなく、人間も動植物もたちまち顔ぶれが入れ替わった。

しかし古い地名のなかには発音も意味もほとんど昔のまま現代まで残ったものがある。たとえば『出雲風土記』冒頭部の国引き神話のなかに出てくるミホノサキ(美保の埼)やヨミノシマ(夜見の島)は、山陰そだちの私の耳がおぼえている現代発音(ミホノセキ、ヨミガハマ)とほとんど同じ響きなので、その二つの場所だけではなく、出雲と伯耆との境界にまたがるあのへん一帯の眺めまでが記憶の底からありありと浮かんでくる。

半世紀以上も私の記憶に残っていたその眺めは、どうやら伯耆大山(風土記の火神岳)のてっぺんから見下ろしたときの日本海のパノラマであるらしい。梅雨あけごろの快晴の日なのか、はるか沖合いにはごく小さく、しかしはっきりと隠岐の島が見えている。本州側の海岸には日の御崎からずらりと島根半島の低い山なみ。その末端が美保の関だ。この岬を関所にして貿易船から通行税を取り立てようと思いつくのは、中世の領主なら当然のことだったろう。おそらくはそんな地形のせいで「埼」はやがて「関」へと変貌した。

そこから中の海への入り口の狭い水路を渡ると、対岸の境港はもう鳥取県。この町から南へとまっすぐ八キロ米子まで伸びる細長い砂州が夜見ケ浜半島だ。風土記のころにはまだ本州と繋がらず「島」と呼ばれていたのだから、西側の「中の海」も外海だったはずだし、そのほうが恐らく見晴らしはずっと雄大だったろう。

しかしよく考えてみると、遠いむかしの名前がほぼそのまま残っているだけでも望外の幸運というべきかもしれない。古い地名の大部分は、むかし確かに持っていた鮮明な意味やイメージをすっかり失って、無色透明の単なる記号と化していたり、元のものとは似ても似つかぬ新しい名前になっていたりすることが多い。遠いヨーロッパに例をとると、ピレネー山脈のスペイン側に「アランの谷」という広大なスキー場(夏は避暑地)がある。現在では地中海寄りのカタルーニャ地方の勢力圏だが、遠いむかしにはここも先住民バスク族のテリトリーであったらしく、「アラン」は元来バスク語で「谷」という意味である。

しかしバスク民族は時とともに周辺諸族に圧迫され、西のほうに移動せざるをえなくなった。そのあとに定住したラテン系の言葉をしゃべる集団もアランという音だけは受け継いだが、まさかそれが「谷」の意味だとは知らず、自分たちの言語の「谷」を補ったせいで「谷の谷」(Valle de Aran)などという妙な地名が生まれたのだろう。

現在イベリア半島には、大きく分けて四つの言語圏がある。西から順に列挙すると、

(1)大西洋側のポルトガルとそのすぐ北のガリシア(スペイン領)はポルトガル語圏。

(2)中央部は、かつてのカスティージャ王国の新旧ふたつの高原をかこんで、北海岸のアストゥリアスから南海岸のアンダルシーアまでの全土がカスティージャ語(つまり標準スペイン語)圏である。

(3)ただしその北西隅の海岸からピレネーにかけての一角では、ずいぶん古い先住民バスク族の言語がいまだに生きて使われている。

(4)地中海側は、北部のカタルーニャから南部のバレンシアまでの海岸部とバレアーレス諸島とを含めて、ほぼ全体がカタルーニャ語圏だが、もっと南のムルシアやアンダルシーアはカスティージャ

語圏の一部である。

以上四つのうちバスク語圏とカタルーニャ語圏は、どちらもフランスとの国境線の両側にまたがっているし、そのせいかマドリー政府の方針をおとなしく聞き入れたためしがない。したがって、かつてヒトラーやムッソリーニの同志だった独裁者フランコ将軍の時代には、カタルーニャ人とバスク人はみんなまるでスパイのように扱われた。放送や出版にも教会のミサ、学校教育などにも地元の言葉を使うことは禁止され、すべてをカスティージャ語でやらねばならぬ。違反者はたちまち逮捕され、なるべく遠くの地方にある刑務所に送られた。

地元の抵抗運動のほうも次第に過激になり、フランコ時代の末期にはバスクのテロ組織がほうぼうで軍人や警官を暗殺しはじめた。社会党政権ができてからも彼らの一部はテロをやめず、マドリーの支配から完全に独立することをめざしている。

フランコの死後に復活した総選挙で選ばれた中道右派の内閣は、カタルーニャやバスクが地方ごとに自治州をつくる権利を承認した。まもなくそれが全国にひろがり、スペインはいまでは十七の自治州に分かれている。周辺部には言語までがマドリーと全く違うという、まるで外国のような「地方」もあるけれど、大半はカスティージャ語圏内だし、文化伝統も大差ない。アンダルシーアもその一つで、スペインの南の端にありながら、さまざまな面で中央部のどこよりもスペイン的な地方である。内陸部高原地帯との違いを強いてあげれば、ここでは多くの人が異文化との接触に慣れていて、めったに人見知りしないことだ。

そうした土地柄を育てるのに絶好の自然環境だったのは、この地方の海岸線が長いこと、良港が多いこと、しかもすぐそばにジブラルタル海峡をひかえていることだったろう。南北の座標軸を中心にして眺めると、ここはアフリカ大陸からヨーロッパへの最短距離の街道筋である。おそらくはネアンデルタール人のむかしから、さまざまな人間集団とその文化がここを通って大移動をくりかえしたことだろう。

東西の座標軸は言うまでもなく大文明発祥の地エジプトや、エーゲ海沿岸から出発して地中海を横断し、さらに大西洋へと踏み込んだ勇敢な船乗りたちのルートである。アンダルシーアは大むかしから鉱物資源が豊富だったために、青銅器時代にはイタリア半島やシチリア島以上に先進諸国の注目をあつめていた。紀元前十世紀以前にすでにフェニキアの商人はパレスティナ海岸とアンダルシーアを三年に一度ずつ往復する定期航路をひらき、遠洋航海用の頑丈な帆船まで作りあげていたという。アンダルシーアの住民たちも彼らとの接触を通してさまざまな最新技術や情報を仕入れ、多くのものを消化吸収しつつあった。

紀元前九世紀ごろ、アッシリア帝国に侵略されてパレスティナから亡命したフェニキア人の一部が、アフリカ北岸に新都市カルタゴを建設した。それから約二百年後にはエーゲ海育ちのギリシア商人が、暴風雨に吹きとばされてアンダルシーアまで流れ着き、そこの住民に歓迎されてお土産には貴重な金属をたくさん持って帰ってきた。いらいギリシアの船乗りのあいだではまるで後世のゴールドラッシュじみた風潮が高まり、みんな先を争ってアンダルシーアに行こうとする。先着のフェニキア人やカルタゴ人との競争も次第に激しくなってきた。

そのころまで地中海の東のほうと比べると格段に文化水準の低かった西側にも、こうして大量のギリシア人が進出し、シチリア島などに幾つも植民都市をつくりはじめた。やがてそれがしばしばカルタゴと衝突し、負けそうになるたびに新興国ローマに助けを求めるようになる。行き着くところはカルタゴ対ローマの正面衝突(ポエニ戦争)だった。

ここから先はもうローマ史の領域だから、ここで詳しく書く必要はないだろう。アンダルシーアはやがて第二次ポエニ戦争に巻き込まれ、ローマの植民地になってしまう。地中海も何百年かは「ローマの海」でありつづけたが、民族大移動以後はおおむね混沌たる群雄割拠。八世紀にふたたびほぼ全域の制海権をにぎりはじめたのは新興のイスラム帝国だった。

七一一年にイスラム軍はイベリア半島に上陸し、あっというまにほぼ全土を占領する。これからの約八世紀はキリスト教徒にとってはレコンキスタ(再征服)の時代だが、全員がたえず戦っていたわけではない。イスラムへの改宗者も多かったが、その人たちは姓名もアラブ名に変えていたので、元キリスト教徒だったのかどうか、後世の人間には判定のつかないケースも少なくない。

イタリアのおもな港町(ヴェネツィア、ジェノヴァ、ピーザなど)の水軍がイスラム水軍と互角に戦えるようになったのは十一世紀ごろである。まもなくパレスティナへの十字軍が開始され、第四回の遠征軍を利用して大儲けしたヴェネツィアだけではなく、ジェノヴァやピーザも経済、軍事の両面で見ちがえるほど実力をつけた。中世から近代へのヨーロッパの飛躍を着々と準備しつつあったのは、冒険心旺盛でしかも抜け目ないこの時期のイタリアの船乗りではないだろうか？

十五世紀に入ってからアンダルシーアとポルトガルの船乗りたちは、カナリア諸島の領有権に関する紛争をきっかけに、アフリカ西岸航路に競って進出しはじめた。一時その競争に加わったこともあるジェノヴァ出身の船乗りコロンブスが、西回りで直接日本まで行こう、と途方もないことを考えつく。しかし途中に新大陸という思わぬ邪魔物があったため、死ぬまでに四回も大航海をくりかえして懸命に水路を探したけれども、空しかった。

一五〇六年五月に五十五歳で彼は死んだ。この風変わりな放浪者のスペインでの最大の味方だった女王イサベルもすでに亡く、彼の晩年は孤独だった。

雄図むなしく海に消えた多くの冒険家と同じように、彼はさぞ心残りだったろう。それとも案外、できるかぎりのことはやったと心ひそかに自分では満足していただろうか？

いずれにしても彼にふさわしい墓碑銘と思われる古い詩句を一つだけ、ここに書いておくことにしよう。叙事詩『オデュッセイア』の冒頭で作者ホメロスが、やはり海の放浪者だった主人公の行為と心とを的確にえがいている一節だ。

ムーサよ、かの臨機応変の人物を私に語り給え。
トロイアの聖なる都城を陥落させた後に、広く遠く放浪し、
多くの人間の町々を見知り、その心情をも学び知った、かの男のことを。

自分の命を護り、仲間たちをも無事に帰国させようとして、海上で数かずの苦労を、その心のうちで甘受したのであった。

『ホメロスの世界』の著者藤縄謙三氏によると、ここで「心情」と訳されているギリシア語(ノオス)の意味は「社会人としての心情、とりわけ異邦人との関係における心情」であるという。してみると、郷里ジェノヴァのほかにポルトガル、スペイン両国でも長く暮らし、それぞれ地元の女性と結婚して子供までもうけたコロンブスは、異邦人との関係にかけては彼なりのベテランだったはずだし、相手側でも否応なくノオスとやらを磨かざるをえなかったことだろう。ましてその彼ないし彼女がアンダルシーア人だった場合にはもともと素質十分のはずだから、仲良くするにも喧嘩するにも遠慮なく率直につきあってくれたに違いない。コロンブスの残した子供ふたり(ディエゴとフェルナンド)は性格も好みもおよそ正反対なのにノオスにおいてはどちらも根っからのアンダルシーア人だったという。

*　*　*

「スペイン文化を見てまわる日本人旅行者のための案内記を書いて欲しい」と、セビージャ市の我が家にとつぜん岩波の編集者(加賀谷祥子さん)から注文が舞い込んだのは、たしかもう四年以上も前のことではないだろうか。そのころ私はすでに地元の大学で日本語を教えることは一切やめ、中世末期の西地中海一帯の海洋文化史を書くことだけに熱中していた。だから案内記を一冊作るていどの時間なら楽につくれるつもりで、ごく気軽にひきうけた。地中海文化史を一章書き終わるごとに案内記を少しずつ書くことにすれば、きっと適度の息抜きができて、朝から晩まで一つのことだけに関わっているのよりはずっと仕事がはかどるだろう、などと愚かしくも甘い期待まで抱いていたような気がする。

期待はもちろん裏切られた。はじめはスペインという国ぜんたいの案内記を書く約束だったのに、いざ雑誌連載を始めるにあたってまず範囲を勝手にアンダルシーア地方だけに縮めたり、やがては時代もコロンブスの出発までと限定したり。それですら合計十二章で完結する予定がずるずると二十一章に伸びてしまう有様だから、加賀谷さんも気が気ではなかったろう。

やがて雑誌連載が始まってからは『世界』編集部の太田順子さんが担当者になり、完結まで二年もつきあわされたあげく、単行本に仕上げる作業まで引き受ける羽目になった。ご苦労さまでした。ありがとう。

それにご協力くださった岩波書店の大橋久美さん(製作)、野口敏雄さん(校正)、カバー絵を描いて下さった奥勝實さん、装丁をして下さった今西真紀さんにも厚く御礼申し上げます。

一九九九年六月二九日

永川玲二

*補注(地名について)　海外に旅行したり住んだりする日本人が増えてきた今、諸外国の地名や人名のカタカナ表記はできるだけ現地音に近いものであって欲しい。たとえばイタリアの場合にはすでに、英語からきたフローレンス、ベニス等々よりも現地音のフィレンツェ、ヴェネツィアのほうが普及しつつあるのに、スペインに関してはまだ明確な基準がないし、現地では全く通じない不便なカタカナ表記法が今だに幅を利かしている。だからこの「風土記」のなかでは、アンダルシヤではなくアンダルシーア、セヴィリアではなくセビージャと、なるべく現地音に近い表記を採用することにした。

アンダルシーア風土記

目次

はじめに

1 グァダルキビール川……1

現在のセビージャ市、カディス港、ウエルバ市を結ぶ三角形と、グァダルキビール下流にあった内海は、フェニキアやイスラエル、ギリシアなど古代の先進諸国にとって、ジブラルタル海峡のむこうの新世界であり黄金郷だった。

2 イタリカ……15

ローマがカルタゴとの争覇戦に勝って大帝国建設への第一歩を踏み出したとき、名将スキピオがつくった町イタリカは、まずローマの老兵たちを受け入れて模範的植民都市になり、のちの戦国乱世の時代には何度となく決戦の舞台になる。

3 皇帝たち……27

シーザーが独裁者になる前後からローマの政界や文壇でアンダルシーア人の活躍が目立ちはじめる。彼らのなかには属州出身者では初めて執政官に選ばれたり、やがてはトラヤヌス、ハドリアヌスなど型破りの有能な皇帝になったりする者がいた。

目次

4 ゴート族とヴァンダル族……41
ペスト禍によってローマ帝国の国力は低下し、社会不安が高まるなかで、アンダルシーアにも北アフリカから新興のキリスト教が浸透する。やがて北からはピレネーを越えてゴート族、ヴァンダル族などが次々と押し寄せた。

5 タリーファ岬……55
西ゴート王国の覇権争いは宗教問題を政治の道具に使った陰惨なものだった。施政者が変わるたびに改宗を強いられたりして翻弄される人々。八世紀には北アフリカを征服したイスラム帝国がタリーファ岬からイベリア半島に上陸する。

6 アル・アンダルース……69
八世紀初頭にイスラム軍はイベリアをわずか八年で征服した。その後まもなくダマスカスのウマイヤ王朝は滅びたが、遠いイベリアへと逃げた子孫がコルドバで王朝を再興し、やがてそれがダマスカスを凌ぐほど繁栄する。

7 唯一の神の名において……81
九世紀のイベリア半島は文字通りの動乱時代だった。イスラム教・ユダヤ教・キリスト教の三つの一神教と多彩な人種の織りなすドラマは、後世の宗教戦争への予兆を感じさせる。

8 花の都コルドバ……93
十世紀後半にウマイヤ朝は山賊ハフスンの一味に脅かされ続けた。この一揆をようやく平定したあと、メディナ・アサアーラ離宮を中心に国際色豊かで、しかも絢爛豪華な文化が花開いた。

9 王様と女奴隷……107
十一世紀、没落したコルドバに代わってセビージャ王国がイスラム文化の中心地となる。しかし、同時期に勢力を伸ばしたカスティージャのキリスト教徒の侵攻で、またもや激烈な縄張り争いにまきこまれていく。

10 レコンキスタの歌……119
十一世紀後半にはパレスティナへの第一回十字軍が組織され、八百年に及ぶイベリア半島のレコンキスタも大きな分水嶺にさしかかる。そのころハルチャという素朴なロマンス語の反歌をアラブ語の歌につけ加える新趣向がアル・アンダルース全土に広がった。

11 シエラ・モレーナ……131
キリスト教徒のレコンキスタはイスラム勢に阻まれ、アンダルシーア諸都市の征服はなかなか達成されなかった。十三世紀初めには十字軍を大義名分にしてピレネー山脈以北からも義勇軍を呼び集めた。

12　レオノールの系譜……143

中世末期のアキテーヌ公国の跡継ぎ娘レオノールは初婚ではフランス王、二度目にはイギリス王と結婚し、やがて次女レオノールを生んだ。この母娘の子孫には、十三世紀にイスラム教徒との戦いに生涯努力して聖者と呼ばれた国王が二人もいた。

13　水軍ことはじめ……155

カスティージャの聡明王アルフォンソ十世は、強力な水軍を育てるとともに、カスティージャ語による文学の開拓者として大きな業績を残した。一二五六年に彼はドイツ皇帝選挙に出馬する。

14　黒海から大西洋まで……169

西洋史上で空前絶後の大空位時代に、アルフォンソ十世はローマ皇帝をこころざした。画期的な彼の希望は空しかったが、彼の言語政策は、今日のスペイン語・ポルトガル語圏の広がりの基礎をきずいた。

15　海に生きる……185

一二九一年、イスラム軍によって東方との通商路を断たれたヨーロッパで、ジブラルタル海峡付近は激烈な勢力争いの焦点となる。それから五十年後にアルフォンソ十一世はジブラルタル確保を目前にしてますます闘志を燃やしていた。

16 サンタ・クルース(聖なる十字架)……201
イベリア半島とユダヤ人の関係は深い。一三九一年、カスティージャ王のポルトガル合併の失敗に端を発して起きたユダヤ人大虐殺の波は、四方八方へと広がって、モロッコにも東地中海圏にも大量の難民が押し寄せた。

17 晩鐘のあと……213
一四一五年、アラゴンの全盛時代が終わったころ、ポルトガルはイスラム勢力の要港セウタを占領する。十五世紀も半ばになって、カスティージャとポルトガルはつかの間の平和を迎えたが、まもなくアフリカ航路が新たな紛争の種になった。

18 王女イサベル……227
一四七四年、波乱の末にカスティージャ王国女王イサベルが誕生する。それは追ってアラゴン国王となる夫フェルナンドと共にスペイン国家を統一して、ヨーロッパ最大の帝国をきずく一歩だった。

19 スペイン対ポルトガル……243
沈着豪胆な新ポルトガル王ジュアンによって、一四八〇年イサベル女王との和解が成立。それは史上初の世界分割協定の調印でもあった。ポルトガルはアフリカ航路開拓に歩を進め船長ディアシュが、ついにその南端を回航した。

20 リオ・ティント……………… 255

八百年がかりのレコンキスタがイサベル夫妻により完結したのは一四九二年。その年の夏、やがて新大陸発見につながるコロンブスの第一回航海が、計画の挫折を幾度も乗り越え、いよいよ出帆に漕ぎつけた。

21 奇跡のあと……………… 267

コロンブスの新航路開拓の成功は、前年のレコンキスタ完成に続く「奇跡」だった。アンダルシーア、そしてスペイン帝国の歴史も、コロンブス以前と以後はまったく別の物語だ。

年表

索引

1　グァダルキビール川

大平原

アンダルシーアの首都セビージャのまわりには、およそ山らしい山がない。高いものといえば、まず、旧市街の中心部でカトリックの大聖堂に背を向けて超然とそそり立つイスラム様式の塔「ヒラルダ」だが、そのてっぺんまで登りつめて四方八方を眺めても、目のとどくかぎり平坦なグァダルキビール下流域のデルタ地帯。イベリア半島では最大の肥沃な灌漑平野である。市街地をすこし離れれば、いたるところにオレンジやレモンの果樹園とか、オリーブ林とか、葡萄、ひまわり、トマト、とうもろこし、小麦、じゃがいも、綿、カーネーション等々のカンポ(畑・野原)とか、自然のままの湿原みたいに畦道もない水田とか。それがセビージャから百キロあまり南にある大西洋岸の河口まで、ほとんど切れ目なしにつづく。そして毎年五、六月ごろには、デルタぜんたいが端から端まで濃淡さまざまの緑と、まぶしいほど派手な赤や黄とのだんだら模様に染め分けられ、まるで誰かがキングサイズの奇想天外な道化衣裳をつい今しがた洗濯して真昼のカンポいっぱいにひろげたかのような風情になる。

わずかに丘陵らしきものが見えるのは、旧市街から川をへだてて西のほうの郊外地だ。ポルトガルへの街道が橋を越えると間もなくその急斜面につきあたり、ほぼ直角に左右に折れて南まわりと北まわりの二筋に分かれている。真正面の岡の上は狩猟の好きな人のためのクレー射撃練習場「カランボーロ」である。

一九五八年の秋、ここのクラブハウスの裏手のテラスで改造工事をしていた若い人夫が、たまたま地表すれすれのところから大きな金の腕輪(ただし手首ではなく上膊部を飾るための、腕章のように幅の広い腕輪)をひとつ掘り出した。念のためにあたりの地面をもっと深く掘ってみると、分厚い灰の層の下から住居跡らしい土間があらわれ、その一角に据えてあった素焼きの容器のなかからは、由緒ありげな大型の印鑑を七つも吊るした精巧なペンダントをはじめ、一見豪華すぎてまさか本物とは思えないほど豪華な金の装身具が次々に出てくるではないか。

二日後に地元の考古学者たちが集まって調べた結果、出土した装身具は合計二十一個、いずれも百パーセント純金で、総重量は約三キロと判明した。表面に彫りこんだ模様は、こまかい数珠を隙間なく並べたような幾何図形だけで統一してあり、神や人間や動物の像も、唐草模様のたぐいも全然ない。胸飾り、腕輪など、ペンダント以外の品はすべて左右一対をなし、どうやらひとりの人物が二十一個をぜんぶ同時に身につけるためにデザインされたワン・セットだ。それほどの絢爛豪華さが必要だったり、よく似合ったりする人種といえば、よほど権威のある王侯か、教祖か、それとも両者の役割をすべて一身に兼ねそなえた古代的専制君主だろう。

調査の途中でも学者たちは、この風変わりな装身具がいつごろの時代の、どんな文化圏の産物であるかについて、十人十色の仮説を持ち出しながら活発に議論を交わしていた。紀元前六世紀ごろ北から押し寄せてきたケルト族か。ローマ帝国末期の西ゴート族か。中世初期にアンダルシーアと北アフリカを支配していたビザンチン帝国か。それともコルドバのイスラム王国だろうか。いや、おそらくは征服以前のアステカ帝国かインカでしょう、等々。

古代いらいのアンダルシーア、とくにグヮダルキビール川流域の目まぐるしい多彩な歴史をかんがえてみれば、どの仮説にも可能性がないではない。しかしセビージャ大学の老教授フワン・デ・マータ・カリアーソ（教え子たちにとってはドン・フワン）だけは、はじめて現物を見たときから直観的に、もっとずっと遠い昔のことを思い浮かべていた。旧約聖書やヘロドトスの『歴史』のなかに何度となく登場する黄金郷タルシシ（タルテソス）の全盛期の姿である。

フェニキアの船

グヮダルキビールのデルタ地帯は、青銅器時代の末にはまだ、今のセビージャ市のあたりまで広大な内海だったという。タルテソスはその内海の周辺部を中心に、アンダルシーアの大半を支配していた王国で、大きさはたぶん九州の二倍ぐらい。そこにフェニキアの商人たちが、はるばるレバノンの港から地中海横断用の頑丈な帆船を仕立ててやって来た。おもな目的は金銀のほかに錫、銅など、当時の先進文明にとって必要不可欠な金属資源を手に入れることだったらしい。古代エジプト王朝のころからナイル川一帯で造船と航海の技術を磨きあげ、地中海各地の海岸や島々に次から次へと貿易基地をきずいてきたフェニキア人ならではの果敢な大事業である。それを熱心に援助し利用していたのはイスラエルの王であった。

ソロモン王がつかう酒杯はみんな純金製であり、レバノンの森の屋形の食器類もすべて精錬した金であった。銀製品を用いないのはソロモン王の時代には銀を珍重しなかったからである。なにしろ王は海上にはタルシシ行きのヒラムの船団を持っており、三年ごとにそれが金、銀、象牙、猿、孔雀などを満載して帰ってくる……

（旧約聖書『列王記』第一巻十章二十二節。ヒラムはレバノン海岸にあったフェニキア人の都市国家ティロの王）

タルテソスに来たフェニキア人は、現在のグァダルキビール河口に近い良港カディスに新しい基地を建設した。これがイベリア半島では最初の城壁都市だったらしく、カディスという地名もフェニキア語のガディル（要塞）が訛ったものだという。そのころの船で遠洋航海が可能なのは夏の間だけだったし、ティロを発ってからカディスに着くまでには少なくとも百日ぐらいかかるから、運よく一夏で到着しても、秋から春までそこに滞在せねばならぬ。一往復に三年は平均値として最低限必要な時間だったろう。

その滞在期間中にも彼らはかなり忙しい。船を修理、整備したり、持ち帰る品々を手に入れたり、なるべくたくさん積み込むためにいろいろ工夫をこらしたり。たとえば当時タルテソスには銀が特に豊富だったが、重いので積める量に限度がある。そこで彼らは船のなかの道具類をみんな銀で作り直すことにした。大きな重い錨までが純粋の銀だったという。ソロモン王の宮廷で銀が珍重されなくなったのも無理からぬことである。

こうした彼らの活動を通じて、オリエントの先進文明がアンダルシーア土着の文化のなかに着実に流れこむ。船乗りや貿易商人だけではなく、レバノンをとりまく旧世界で絶えず繰り返されている戦争、虐殺、迫害などの手をのがれて新世界タルテソスへと渡ってくるフェニキア系の移民の数も次第に増え、山奥の村や部落にまで住みつくようになったので、農業、牧畜、水産業、採鉱、冶金、工芸などの技術から交通、政治、宗教にいたるまで、多くの分野で革命がおこった。カランボーロで出土した精巧な幾何模様の装身具などもおそらくはそうした技術革新の成果のひとつだったろう。

黄金の三角形

当時のカディスはまだ陸地と砂洲でつながる以前の小さな島である。おかげで外敵から基地を守るにも好都合だし、北側には広々とした内海から流れのゆるやかな川へという安全確実な水路がある。それを利用して内陸部のかなり奥まで船で行き、重い荷物を楽に運び出すことができた。まずセビージャへと内海を渡り、そのまま海からの風と満潮とに乗ってグァダルキビールをさかのぼれば、たいていの支流の谷に貴重な鉱山物や、基地の人口を養うためのオリーブ油、葡萄酒などが待っている。(アンダルシーア農業の大黒柱は三千年後の今でもまだオリーブと葡萄だが、地中海圏の乾いた風土には最適のこの二つの作物を初めてオリエントから持ってきたのも、こちらで栽培に成功したのもフェニキア人だったらしい。とうもろこし、じゃがいも、トマト、ひまわりなどはコロンブスらの中南米みやげだから、このあたりのカンポは色彩ばかりか歴史までが思いがけないコントラストに満ちている)

カディス港から船首を西北のほうに向けると、行く手にはもっと重要な物資集散地があった。現在でもアンダルシーア地方きっての重工業地帯になっているウエルバ市の付近である。ここにそそぎこむリオ・ティント(染まった川)は、上流に鉱山が多すぎるため、水がすっかりティント(赤葡萄酒)色に染まるくらい資源ゆたかな川筋だ。しかも鉱脈がいたるところで地表に露出しているので、当時の技術でも能率よく大量に掘ることができた。世界各地の伝説や歴史に名高い黄金郷にも、これくらい好条件が揃った場所はめったにない。

だからフェニキア人たちはタルテソスで新鉱脈を発見したり、開発してその成果を持ち出したりするために、もっぱらリオ・ティントとカディスとグァダルキビールと、三つの重要地点を結ぶ線のうえを何度となく往復していたにちがいない。それから二千数百年後にはコロンブスが、最初の探検航海のときティント川から出発してティント川へと帰ってきた。そして第二回航海以後には、船団が大

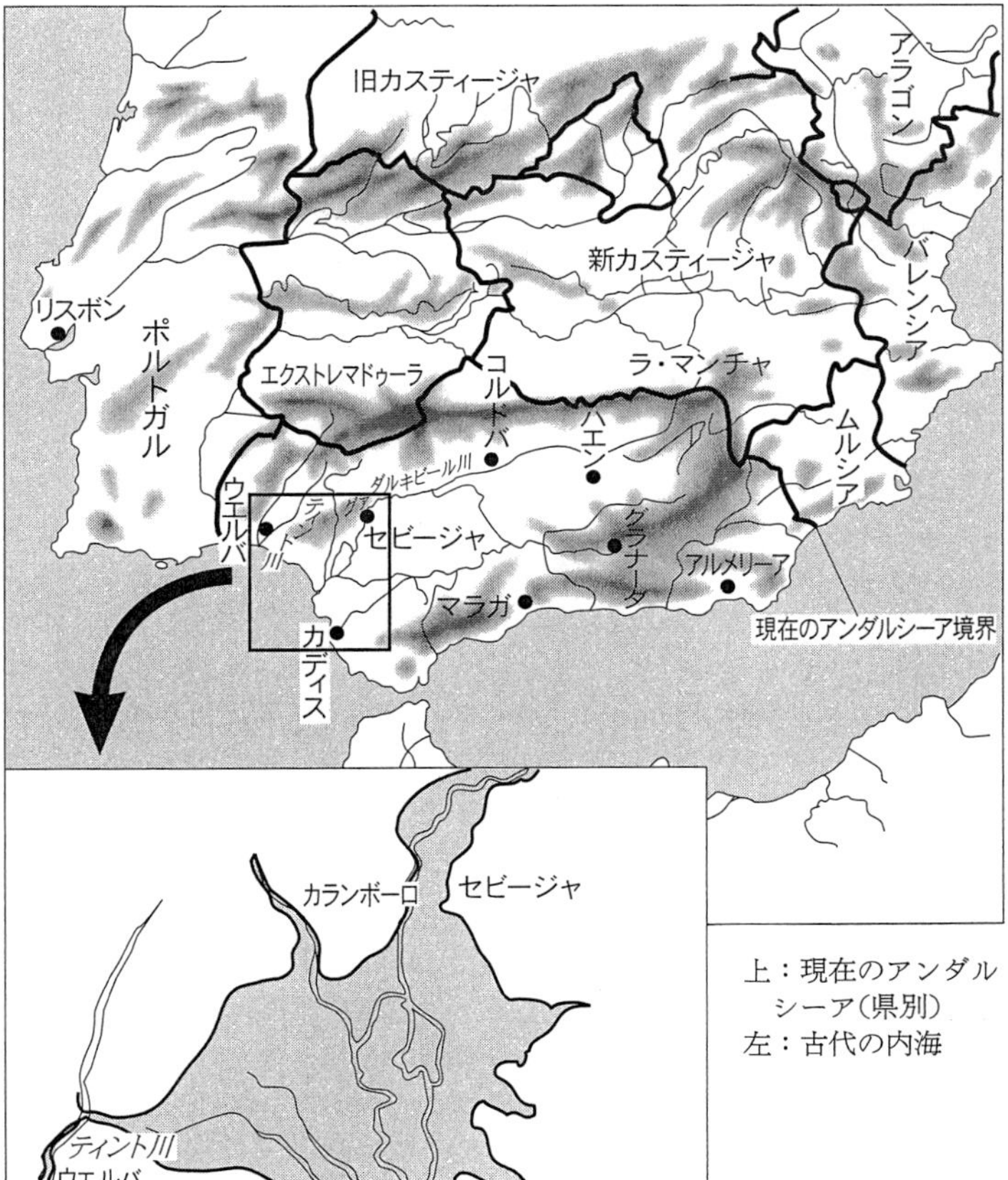

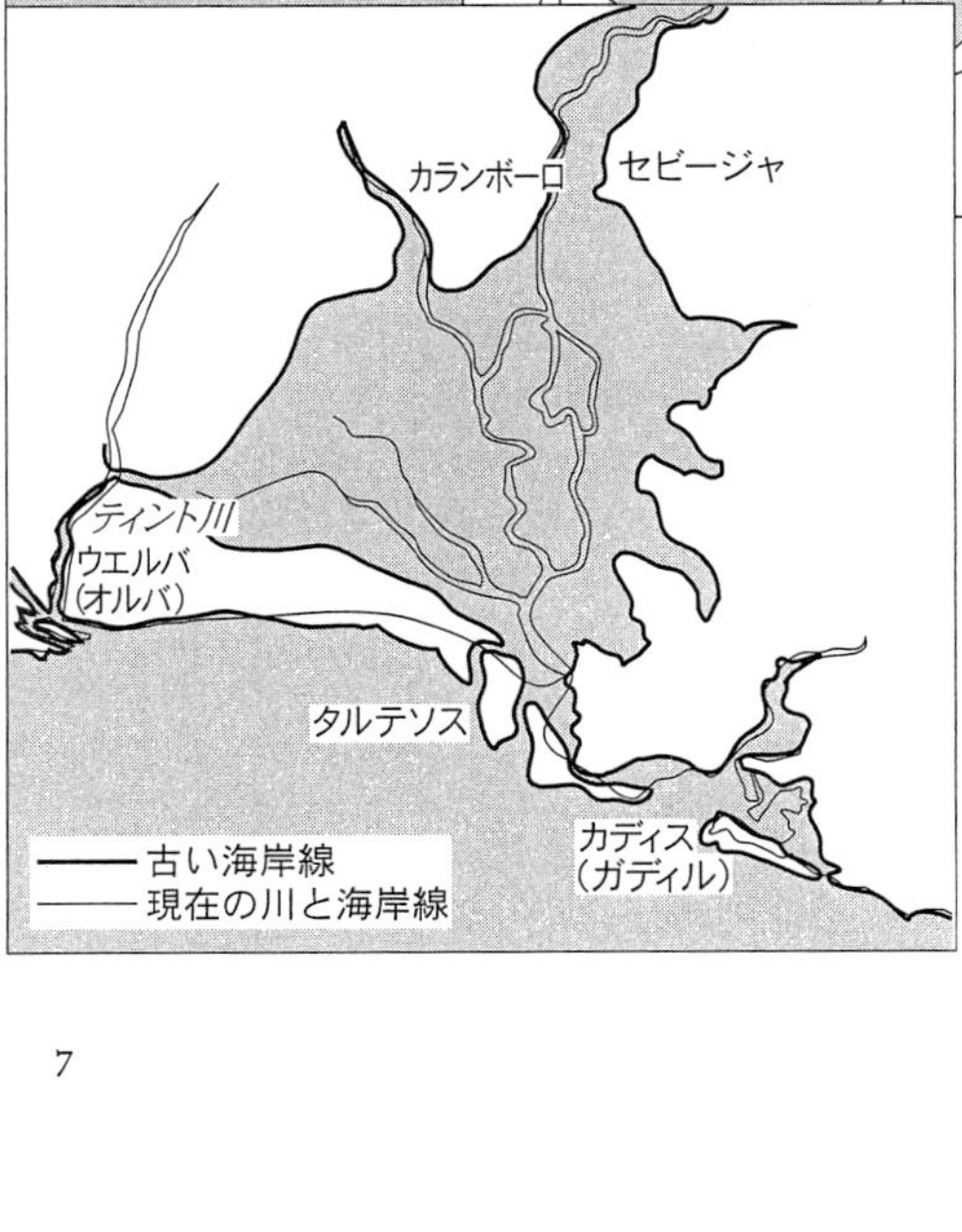

上：現在のアンダルシーア(県別)
左：古代の内海

きくなったせいもあって、もっと広いカディス湾かセビージャの河港かを発着地にしはじめる。つまり彼は、かつてフェニキアの船乗りたちが踏み均らした三角形の縄張りを、たぶんそんな意識なしに、そっくりそのまま利用していたわけである。世界史の流れをすっかり変える二つの新航路開拓にあたって、このささやかな三角形が前者にとっては目的地、後者にとっては再出発への足場としての役割を果たした。はるか後世の目で大局的に眺めると、あれはエジプトからレバノンへ、レバノンからアンダルシーアへ、アンダルシーアからアメリカへという地中海文化の三段跳びの、いわばステップとジャンプだった。

コロンブス時代のスペインでは、航海者たちもイサベル女王も、みんなでさんざん苦労しながら切りひらいたアメリカ航路を一種の国家機密にして、しばらくのあいだその利益の独占体制を守っていた。しかしやがてフランス、イギリスなどのスパイと海賊どもが嗅ぎつけ、次から次へと割り込んでくる。フェニキア人のタルテソス航路の場合にも、成り行きはこれとよく似ていた。

紀元前七世紀前半にエーゲ海育ちのギリシア商人のひとりが、大あらしに吹き流されてたまたまタルテソスに漂着し、運よく豪勢なみやげ物と黄金郷の情報とをたっぷり持って帰ってきた。これをきっかけにエーゲ海のギリシア系諸都市でゴールド・ラッシュめいた雰囲気が広まったらしく、野心的な船乗りや商人たちが西へ西へとフェニキア人のあとを追う。なかでも恐るべき競争相手は、小アジアの西海岸(イオニア地方)にあるフォーチャ市の船乗りだった。

フォーチャ人はギリシア世界のなかでは遠洋航海の先駆者で、アドリア海、ティレニア海を手はじめに、イベリア半島のタルテソスまで航路をひらいたのも彼らだった。そのとき彼らが使ったのは底の深い幅広の商用帆船ではなく、五十挺のオールで漕ぐガリー船である。彼らが親しくつきあったタルテソスの王アルガントニオは、すでに八十年間もあの国を治めており、死んだときには百二十歳に達していた。この王様にはフォーチャ人がよほどお気に召したらしく、いっそイオニアの郷里を捨てて自分の領内のどこにでも移住しないかと勧めてくれたし、彼らがそれを辞退すると、フォーチャ市のまわりに城壁をきずく費用を出してくれた。ずいぶん多額の金だったのだろう。あの町の城壁は長いうえに、巨大な石を丹念に積み上げて作ってある。

（ヘロドトス『歴史』第一巻一六三章）

タルテソスまでの航路をひらくにはフォーチャの船乗りや商人にとっても、ほとんどフェニキアの先駆者たちに匹敵する創意工夫と勇気とが必要だったにちがいない。ギリシア人は歴史時代以前から大西洋を禁断の海と見なしていた。ジブラルタル海峡の両岸にそびえ立つ山々(ヘラクレスの柱)よりも先は怨霊や魔物ばかりが棲む暗黒の世界である。敢えてそこに踏みこむにあたって、遠洋航海の経験ゆたかなフォーチャ人はガリー船を採用した。これは市民か奴隷かがオールで漕ぐ細身の船だけに、幅が広くて底も深い商用帆船ほどの荷物は積めないし、人件費や食費だって大変だから経済効率は低いけれど、方向と速度が自由自在に切り替わるおかげで、海戦になると帆船よりもずっと強い。ギリ

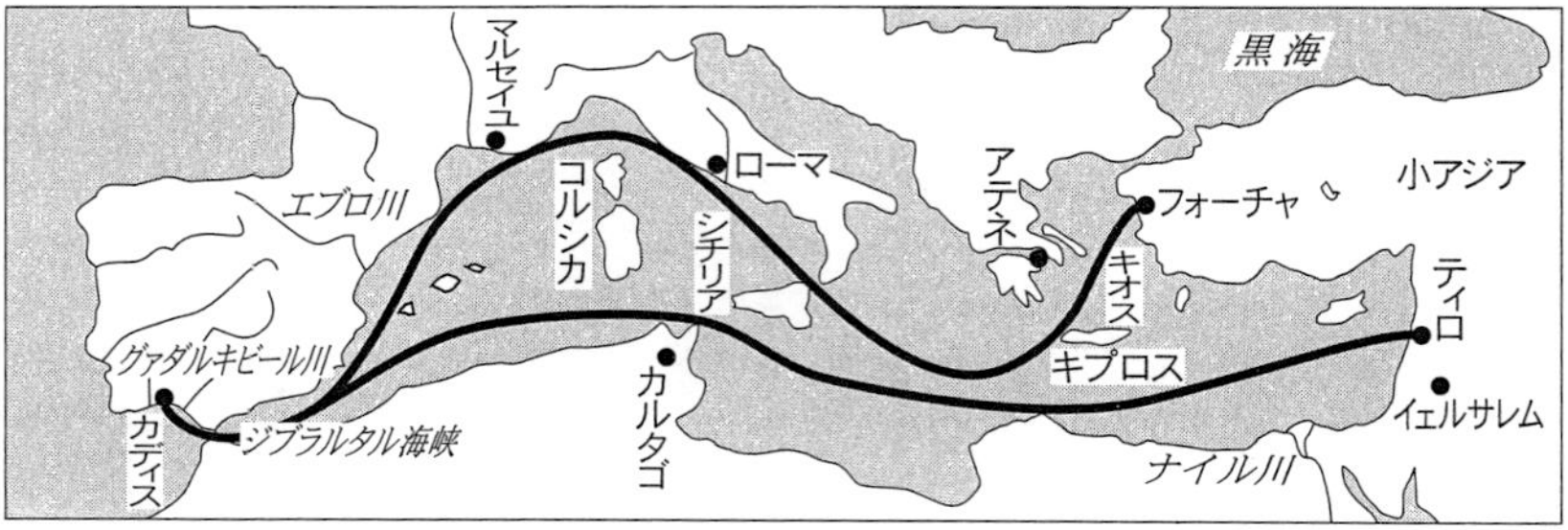

地中海貿易ルート

シア神話における禁断の海とは、おそらく未知の荒海であると同時に、フェニキア人や地元の海賊が襲ってきて危険きわまる水域のことを意味していたのだろう。

フォーチャの港を発つときには荷物があまり積めなくても大きな問題はおこらない。持って行く貿易品が上質の陶器、織物、工芸品など、値段のわりに軽いものばかりだったから。しかし帰りには銀をはじめ、ひどく重い金属資源をたくさん積み込まねばならぬ。そのために彼らはたぶんフェニキア人以上に抜け目ない工夫をこらしたことだろう。(王の名前「アルガントニオ」もギリシア語では「銀の人間」という意味だから、やはり彼らがいかにもギリシア人らしい想像力と生活の智恵とを発揮して、発音しにくい覚えにくいイベリア語の人名を、親しみをこめて「銀さん」と作り直した仇名だったのかもしれない)

タルテソスでは彼らはいわば王への支払いの一部として、オリエントの最新情報とか技術とかを次々に提供しただろうし、おかげで王も当時としては珍しいほど視野の広い啓蒙君主になっていたのではないだろうか。いっそこちらに移住しないかと勧めたり、郷里の町に城壁をきずく費用まで気前よく寄付したり、そんな彼の言動をもっと広い歴史的コンテクストのなかに置いて眺めると、フォーチャ市民たちにたいする彼の並々ならぬ配慮は単なる金持ちの王様の親切心だけではなく、オリエント情勢に関する深い知識と先見の明との表れでもあった、としか思えない節がある。

ペルシア侵攻

ちょうどそのころ小アジアには東方からペルシアの大軍がなだれこみ、ほうぼうの町を攻め落として住民たちを殺したり奴隷にしたりしつつあった。やがてはそれが西海岸のギリシア植民地あたりまで広がりそうな勢いだし、なかでも裕福な貿易都市フォーチャはかならず目標にされるだろう。なんとか救える手段はないか――と、老練な君主アルガントニオは国際紛争の舞台での自分自身の経験に照らして、有効適切な具体策をいろいろと考えていたにちがいない。ギリシア系の移民はすでにタルテソスでたくさん働いているけれど、フォーチャには有能な人材が多いから、われわれ自身の百年の大計のためにも機会あるごとに積極的に受け入れたい。彼らにとっても最終的には移住がおそらく唯一最良の解決策になるだろう。いますぐ大挙して渡ってくる気はないようだが、遠からず危機が目前に迫ればきっと考え直すから、そのときのためにまず今回はとりあえず、口先だけではない歓迎の意志と友情とをはっきり示しておくことにしよう……

アルガントニオがやがて死んでから間もないころ、ペルシア軍はついにフォーチャ市の城壁まで押し寄せ、厳重に包囲したうえで降伏を要求した(紀元前五四五年)。市民たちは降伏して奴隷になるよりは、港からみんなで何とか脱出して海外へ移住しようと決議したが、今となってはそれも容易なことではない。大きさも型も船齢も、したがって船足や戦闘力もまるで違うありったけのガリー船や帆船に老人子供まで詰めこんだ俄か仕立ての船団にとって、タルテソスはあまりに遠く、アルガントニオもすでにいない。やむをえず最初はすぐ近くのキオス島、のちにはコルシカ島その他に安住の地を求めたものの、どこへ行っても追い出されたり襲われたり、苦難にみちた長い流浪の船旅をつづける羽目になってしまう。古代のボート・ピープルとでも言うべきか。

タルテソスのほうもそのころ急に国が乱れはじめ、内輪もめで領土は四分五裂した。全盛時代の形見として後世にまで残ったのは、カランボーロなど幾つかの遺跡からの出土品と、アルガントニオの名声だけ。ギリシア・ローマの詩人たちがヘロドトスの『歴史』の記事を種にして、富と長寿に恵まれつつこの世でユートピアを実現した稀代の名君、というイメージをつくりあげる。しかもこれが時とともに誇張され、百二十歳だったはずの彼の寿命もギリシアですでに百五十歳、ローマではついに三百歳まで引き伸ばす鉄腕詩人があらわれた。こうなるともう誰も信用してくれない。ひいきの引き倒しの古典的な例である。

イベリア半島の民

フェニキア人とギリシア人がイベリア半島に残してくれた遺産のうち、何よりも貴重だったのはアルファベットかもしれない。古代イベリア語は今までのところまだあまり解読されていないけれど、さいわいにして碑文などに使ってある文字がフェニキアやギリシアのそれに近い表音文字なので、単語の大まかな発音だけは現代人にも察しがつく。それをくわしく分析した研究者の説によると、音韻組織は日本語と同じく子音プラス母音のシラブル単位で、語彙においては古いバスク語によく似た単語が多いという。この発見は言語学だけではなく、人類学、考古学や歴史学の分野でも新しい視野への手がかりになるだろう。

タルテソス王国の住民は大部分がおそらくアフリカ出身のイベリア族(イベロ)だったが、紀元前六世紀のアルガントニオ時代には、すでに北方から戦争に強いケルト族(セルタ)が侵入してきて、大規模な混住、混血がはじまっていたらしい。二十世紀のイベリア半島で生きているスペイン人やポルトガル人も、地方により家系によって混合の比率に多少の差はあるにせよ、基本的には大多数がこの両方の血統につながる子孫である。

(現代スペインの物書きたちは、しばしば自虐気味のユーモアをこめて自分たちのことを「セルティベロ」と呼ぶ。その語感は日本語での「テンション民族」などに近い)

しかしバスク族のように、ケルト侵入以前からピレネー山脈に立てこもってあまり混合しなかった古い住民の場合には、まだまだ分からないことが多い。イベリア族との関係だけでも解明されれば、スペイン文化の根の部分がずいぶん見えやすくなるだろう。抜け目がなくて貪欲なフェニキア、ギリシアの商人たちは少なくとも、タルテソスの金属資源と引き換えに、それよりずっと役に立つアルフアベットを置いて行った。

2　イタリカ

カルタゴ対ローマ

カランボーロの岡から五キロほど北のなだらかな丘陵地帯に、ローマ時代の遺跡「イタリカ」がある。大規模なコロセウムや地下の下水道まで完備し、石畳を敷きつめた広い道路が等間隔にまっすぐ伸びているあたり、現代スペインにもめったにないほど堂々たる住宅地だが、起源は今から二千二百年前にまでさかのぼる。カルタゴとローマの長期戦(ポエニ戦争)がようやく大詰めに近づいて、セビージャ周辺が決戦の舞台になった時期である。

カルタゴは最初フェニキア人の貿易都市ティロの出店だったから、いわばカディスの後輩にあたる。しかしその位置がちょうど地中海中央部の関門シチリア海峡をアフリカ側からぴったり押さえているだけに、貿易および海賊業の基地としてこれ以上の地の利はない。オリエントの旧世界にある本店ティロがアッシリア帝国などに攻められて衰えるのと対蹠的に目ざましく成長発展し、紀元前六世紀前半のアルガントニオ時代にはすでに西地中海圏きっての経済大国になっていた。フォーチャ市のギリシア人が初めてタルテソスに着いたころ、そこにいるフェニキア系の商人のなかにはカルタゴ人が多かったようだし、のちにやはりフォーチャのボート・ピープルがコルシカ島に上陸したときには、カルタゴ水軍に襲われて定住をあきらめ、マルセイユへと逃げ出さざるをえなかった。

イタリア南部やシチリア島にあったギリシア系諸都市も、自力ではカルタゴに対抗できなくなり、イタリア中部で当時しきりに領土をひろげつつあった新興国ローマと手をむすぶ。これをきっかけにカルタゴとローマが対立し、やがて正面衝突した。だからポエニ戦争は、歴史の流れとしてはフェニキア対ギリシア(ティロ対フォーチャ)の貿易戦争の拡大版。地理から見ると海をへだてて北アフリカのマグレブ地方と西欧とが、太古の昔から現代まで何度となく繰りかえしている睨み合いや衝突や侵略のうち、もっとも激しく血なまぐさく、結果において地中海世界の政治地図を全面的に塗り替えてしまうケースの初版だったと言えるだろう。

シチリア島を主な舞台とする第一次ポエニ戦争では、はじめのうち優勢だったカルタゴが最後に負けて、多くの基地、貿易市場、船団などをローマに奪われたうえに、巨額の賠償金まで請求された。第一次世界大戦後のドイツとよく似た立場である。賠償を支払うためには何としてでも、まだローマの勢力の及ばない地域に大きな財源をつくらねばならぬ。さしあたり有望な候補地は資源ゆたかなアンダルシーアだった。むかしからカルタゴ商人が出入りして様子はよく分かっているし、タルテソス王国の分裂以後は小国ばかりの寄り合い所帯にすぎないから、簡単に征服できるはずだ。やるなら早いほうがいい——と強硬に主張しはじめた将軍はハンニバルの父アミルカルだったという。

このとき以前のカルタゴのような貿易都市には、強力な水軍と基地さえあればよかった。農業中心の陸軍国ローマのように、相手の領土を完全に占領して農地をひろげたりしなくても成長発展が可能だし、もしも陸兵の大部隊が必要になった場合には、その都度どこか人件費の安い後進地域から傭兵を運んでくればいい。これが昔から国策の根本方針になっていた。そのカルタゴが一転して今やローマ式戦略を採用したわけである。逆にローマは第一次ポエニ戦争のとき、カルタゴに勝つために無理に無理をかさねながら大金を投じて強力きわまる水軍をつくった。こうして西地中海圏には、かつて存在したことのない陸海軍兼備の侵略国がほぼ同時に二つ出現することになり、どちらかが抹殺されるまで終わりのない総力戦(第二次ポエニ戦争)をやりはじめる。アンダルシーアは不運にもその初幕から終幕まで檜舞台として利用され、一進一退の戦況とともに両軍が何度も念入りに町や村を踏みにじって行くという拷問を味わう羽目になった。

アミルカルの軍勢がカディスに上陸したのは紀元前二三七年。連れて行った三人の息子のうち、長男ハンニバルが九歳だった。裕福なアンダルシーアの首長たちはあまり戦争が得意ではないので、もっと獰猛なケルト族やルジタニア族を傭兵に使って抵抗したが、ローマ陸軍に鍛えぬかれたカルタゴ勢の敵ではない。アミルカルはまずグァダルキビール流域の鉱山と穀倉地帯とを確保してから、地中海岸のアリカンテまで進出した。やがて彼がゲリラに襲われて戦死したあと、後継者アスドルーバルはカルタゴ本国との交通に便利な東南部の港に要塞をきずき、後世のニューヨークやニュージーランドと同じように「新カルタゴ」と命名する。現在のカルタヘーナである。

アスドルーバルはまもなく自分が使っていた奴隷に恨まれて暗殺され、二十五歳のハンニバルにようやく出番が回ってきた。手はじめに彼はアンダルシーアから北上してサラマンカまで遠征する。かつてタルテソス王国が開いた銀の道(ルータ・デ・ラ・プラータ)を利用して縄張りをひろげたわけである。帰りには東寄りにルートをとり、アビラ、セゴビア、マドリー、トレードと回っているから、イベリア半島中央部のセルティベロ族を平定して、南部や東部の本拠地への脅威を除こうとしたのだろう。そのうえ彼はグァダルキビール上流域で最大の鉱山地帯(リナーレス)の首長の娘と結婚して、地元とのつながりを強化する。これでもうカルタゴの国力が、水軍以外はほぼ完全に回復した。ローマに奪われた島々よりずっと大きな領土ができ、金銀も武器も、傭兵もその食料もたっぷり調達することができる。このころすでにハンニバルは陸路イタリアへと進撃する前代未聞の大作戦を具体的に練っていたにちがいない。

ローマへの道

その道筋のカタルーニャにはアンプリアス、南仏海岸にはナルボンヌ、マルセイユなどギリシア系の貿易都市が幾つかあり、カルタゴとの紛争がおこるたびにローマの介入をあてにする。そこでローマはカルタゴと協定をむすび、おたがいの勢力圏の境界をエブロ川の線ときめたが、それより南のサグント港にもギリシア商人がたくさんいた。

紀元前二一九年の春、ハンニバルはカルタヘーナから北上してサグントを攻略する。協定違反では

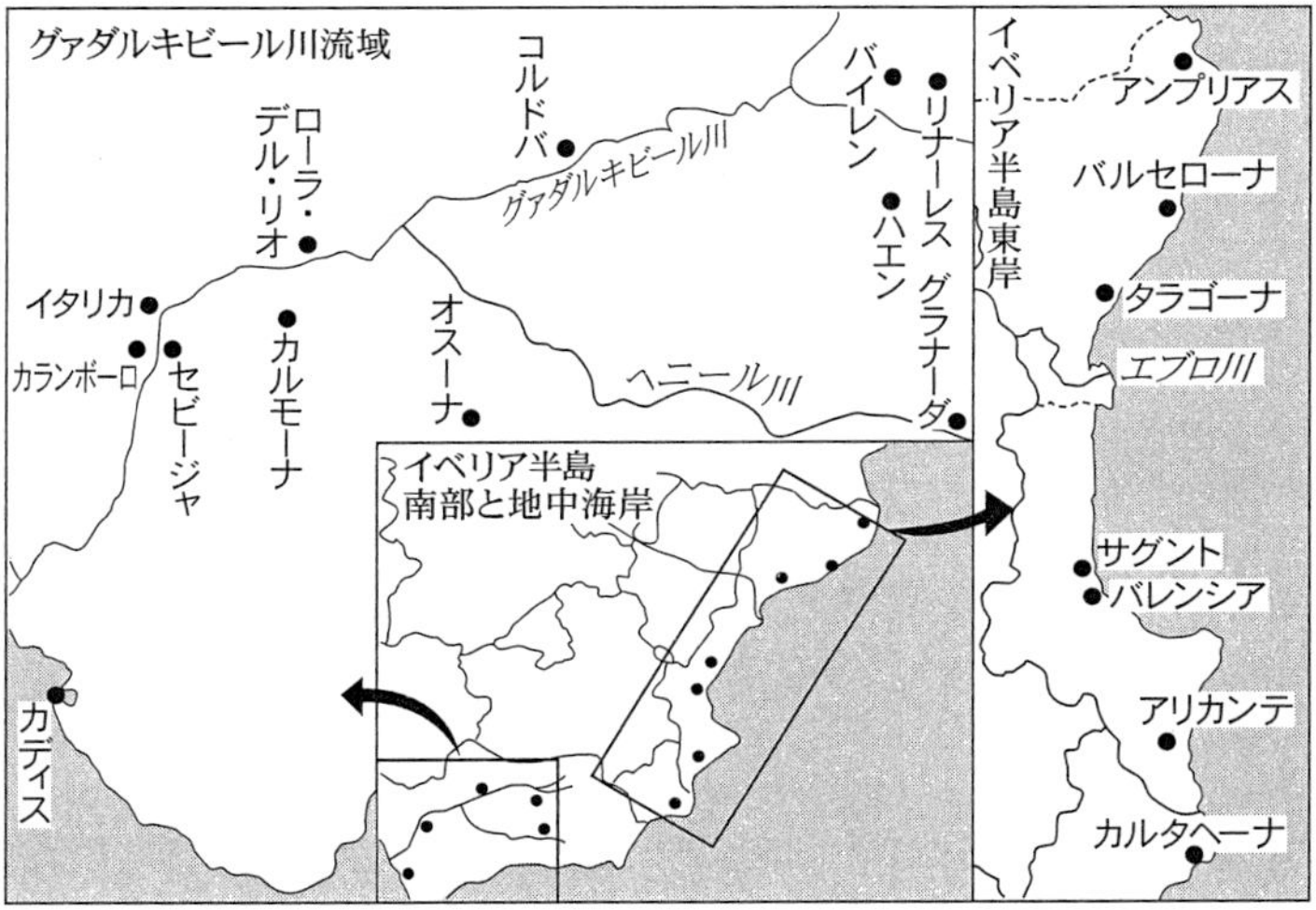

グァダルキビール川流域とイベリア半島地中海岸

ないけれど、もう我慢できなくなったローマは宣戦布告して、イベリアに攻めこむための大軍を船でマルセイユに送りこんだ。その司令官スキピオは、のちにカルタゴを征服する大スキピオ（アフリカヌス）の父にあたる。

そのころハンニバルはすでにローマの意表をつき、アフリカ象をふくむ大部隊とともにエブロ川を渡りピレネーの峠をこえて、マルセイユへと迫りつつあった。スキピオはやむをえず作戦を全面的に組み替える。弟に海路イベリアへの遠征を命じ、自分はイタリアに引き返してアルプス山地でハンニバルを迎え撃ったのだが、強力なアフリカ騎兵に蹴散らされて彼自身も重傷を負った。かろうじて彼の命を救ったのは息子の大スキピオである。

いらいイタリア本土ではローマ軍が連戦連敗。まともにぶつかると奇策縦横のハンニバルにどうしても勝てないから、ほうぼうの城壁都市にたてこもり、あくまで決戦を避けながら敵の消耗を待つしかなかった。しかしカタルーニャに上陸した弟のほうのスキピオは、イベリア本土の留守番役をつとめていたハンニバルの弟を相手に連戦連勝。イタリアのカルタゴ軍への補給路を断ち切るためにエブロ河口に近いタラゴーナに大きな基地をつくり、なおも勢力をひろげつつある。こうして両国とも遠征先では優勢だが、本拠地では手も足も出ないという奇妙な情勢になってきた。どちらが先に完全に敵の心臓部を押さえるか、勝敗の鍵はその一点にかかっている。

そこで兄のスキピオも万難を排してカタルーニャに渡り、まずサグントを奪回したあと、セビージャ東方のオスーナ付近まで侵入して決戦を挑んだ。ここではしかしカルタゴ勢に逆襲され、兄弟とも戦死してしまう。ローマ軍四万のうち生き残りの将兵約一万はエブロ川まで逃げ帰って、なんとか防御態勢を立て直すのが精一杯だった。

ローマはこのとき本土での深刻な戦況にもかかわらず、まだ二十六歳の大スキピオに大軍を託して、またもや海路カタルーニャへと送り込んだ。彼もその期待にこたえ、強行軍で南下してカルタヘーナの要塞を攻め落とす。ハンニバルのお株を奪うかのような、完全に敵の意表をつく奇襲電撃作戦である。しかも彼はここで人質になっていたイベリア族の首長たちの子弟をみんな解放し、すぐ親元に送り返してやったので、カルタゴ側の傭兵になっていた地元民の多くがローマ側になびきはじめた。形勢はこれで再び逆転する。

やがてスキピオがアンダルシーアに攻めこんだとき、反撃に出たハンニバルの弟はグァダルキビール上流域のバイレン付近で惨敗した。これで彼はどうやらもうイベリア戦線に見切りをつけ、生き残りの部下を率いて陸路はるばるイタリアへと兄の応援に向かったが、アルプスを越えてポー川流域に達してから伏兵に包囲されて戦死する。南イタリアにいた兄の陣営までとどいたのはローマの兵士が投げ込んだ彼の生首だけだった。援軍や補給のルートを断ち切られたハンニバルにはこれ以後もう首都ローマを包囲するほどの力がない。

アンダルシーアに残っていたカルタゴ勢は、セビージャ付近のローラ・デル・リオとカルモーナで最後の決戦をこころみる。両軍あわせて十万をこえる傭兵どうしがぶつかって、死屍累々の激戦の果てにようやくローマ勢が勝ち、カルタゴ側の敗残兵は船でカディスに逃げ込んだ。まもなく彼らが水軍によるカルタヘーナ奇襲占領をくわだて、失敗して帰ってきたときには市民たちが城門を固く閉ざして入れてくれない。三十一年前にハンニバル一族が最初の上陸地点にしたフェニキア人の港であり、いまは最後の拠点となったカディスまでが彼らを見放したわけである。こうして今回はカルタゴ勢が、かつてのフォーチャ人のように地中海のボート・ピープルになってしまう。

イタリカ創設

ポエニ戦争はこれでもう勝負がついたも同然だし、スキピオはまもなくローマに帰ってカルタゴ本土への進撃を準備するが、そのまえにセビージャ周辺に味方の傷病兵のための療養所をつくっておくことにした。最適の候補地はルータ・デ・ラ・プラータやグァダルキビール川に近い交通の要衝で、しかもデルタの低湿地ほどマラリア蚊の数も洪水も多くない地点。つまりタルテソス時代に財宝を収めた神殿か御殿かがあったカランボーロの岡のような場所であろう。スキピオはそれよりもやや北寄りの小高い健康地(いまのサンティポンセ町)をえらび、故国にちなんで「イタリカ」と名づけた。紀元前二〇六年の秋の終りごろである。

はじめのうちはこの施設もあまり立派なものではなく、当時にしては上等といった程度の野戦病院と、それに付属する兵営、住宅、倉庫などにすぎなかった。そこにイタリアから続々と老兵や移民が渡ってきて、現在の遺跡が示すような堂々たる市街が完成するまでには三百年あまりの歳月が流れている。しかしその間の歴史を通じてイタリカが果たした役割は、居住地としての規模などをはるかに超えるものであった。

ローマの勢力がイベリアの南東部から北西へと次第に広がって行くにつれて住民たちはラテン文化を取り入れざるをえなくなり、ついにはみんながラテン語をかなり流暢にしゃべりはじめる。さしあたりそのお手本になったのはイタリカで言語も生活習慣もローマそのもののような暮らしを続けているイタリア系の移民だった。したがって最初にそれを学んだのもイタリカ周辺のコルドバ、セビージャ、カディスなど、海外の先進文化との接触には大昔から慣れている元タルテソスの住民だし、紀元前一世紀の後半にはすでに彼らの大多数が母語を忘れ、ラテン語しか使わなくなっていたらしい。(後世スペイン語のなかに古典時代のラテン語の言い回しや語彙がたくさん残っているのは、彼らが当時の標準語をしっかり身につけたからだという。のちにイベリア半島はアラブ語系のイスラム教徒に征服され、何世紀にもわたってアラブ文化を熱心に取り入れたにもかかわらず、住民たちはラテン系の諸方言を手放さず、やがてはそれをアメリカやインド、フィリピン、マカオから九州にまで持ち込んだ。だから長い目でみると、成長期のイベリア文化史のなかで最も重要な、決定的な時代はスキピオ以後の三百年だったと言えるだろう）

最近の発掘調査の報告書によると、療養所を建てる前からすでにイタリカのまわりには地元民がたくさん住んでいたらしい。ということは彼らがローマに好意的で、傷病兵を襲ったりするおそれのない土地柄だった証拠である、と考えていいだろう。アンダルシーアでは一般に、カルタゴ軍よりローマ軍のほうがずっと評判がよかった。前者はすでに長年にわたって占領軍だったから、いろいろ恨みを買っている。おかげで後者は、いわば解放軍としてここに乗りこむことができた。その情勢をスキピオが巧みに活用し、人質を解放したりしてローマの味方をますます増やしておいたことが、カルタゴとの戦争だけではなく療養所のためにも役に立ったわけである。

しかし彼が去ったあと、貪欲で残忍な総督たちが苛斂誅求《かれんちゅうきゅう》をかさねるにつれて、解放軍も実はやはり占領軍だったことが分かってくる。いたるところで大規模な反乱がおこり、ローマ軍はエブロ川よりずっと北まで退却してアンプリアスの要塞に逃げこんだりする有様だった。なんとか態勢を立て直そうとローマ政府はとっておきの精鋭部隊や有能な将軍たちを次々に送りこむ。もはや他国の占領軍を追い払うためではなく、その土地の原住民と戦って資源ゆたかな植民地を獲得するために。

カルタゴやギリシアを征服して超大国になってからのローマの支配階級は、元老院にたてこもる地主貴族中心の超保守派と、零細農民、奴隷などに同情するラディカルな改革派とに両極分裂しつつあった。それにつれて植民地における戦争までが首都ローマでの権力闘争や内戦の拡大版と化してしまう。紀元前八三年にイベリア北部の総督になったセルトリウスの場合などは、その極端なケースである。

彼はもともと改革派の旗頭だったから、イベリア半島に来てからも原住民との和解工作に力を入れ、いままで頑強に抵抗していた中央部のセルティベロ族や西南部のルジタニア族を味方にして一種の広大な解放区をつくった。そこにイタリア本国から改革派の同志たちが続々と亡命してきて参加する。彼らは議員三百人の新しい元老院をつくったり、現地の有力者の子弟のための学校を建てたり、遠い小アジアの国と軍事同盟を結んだり、本格的な亡命政権として行動しはじめた。狼狽したローマの保守政権はセルトリウス討伐のために大軍を送りこみ、イベリア全土でローマ人どうしが大規模な内戦をくりひろげる。カルタゴとの長い苦しい争覇戦とか、その後のきびしい植民地戦争とかに全力をかたむけていた世代にはおそらく想像もできなかった事態だろう。

『対比列伝』の著者プルタルコスや、のちの皇帝トラヤヌスの評価によると、セルトリウスは当時のローマで最高の名将だったという。彼と戦った討伐軍のなかにも、たとえば青年期のポンペイウス(大ポンペイ)のような抜群の戦略家がいたけれど、セルトリウスには歯が立たない。しかも彼は敵の将兵にたいしても「ハンニバルに劣らないほど寛大」だったから、降伏後ただちに彼の軍勢に加わる者が多かったらしく、兵力は日毎にふくれあがる。遠からずその大軍を率いてハンニバル兄弟と同じルートでイタリアに攻めてくるという噂が立ち、ローマ市民は派閥ごとにそれぞれひどく恐れたり喜んだりしはじめた。しかし彼の同志にはギリシアかぶれの理論家ばかりたくさんいて、頼りになる前線指揮官は少なかったし、戦線がひろがるにつれてそれが致命傷になる。典型的な例のひとつは紀元前七六年夏のイタリカ攻防戦だった。

夏将軍

イタリカの住民たちはほとんどが昔気質の老兵とその家族や子孫だから、討伐軍の味方である。アンダルシーアではほかの町もおおむねそれに同調して、改革派に敵意をいだいていた。したがってセルトリウスはあらかじめ、この地域の指揮官に正面衝突を避けるよう申し渡しておいたのだが、功名心だけが強い無鉄砲で無能な部下は最悪のことをやりたがる。セルトリウスには無断で敵の本陣イタリカに押し寄せ、威風堂々と決戦を挑んだ。しかも最悪の条件のもとで。

彼は自分の軍勢に朝早くから防壁の前で戦闘態勢をとらせていたが、防御側の将軍は夕方ちかくまで部下たちを兵営のそとに出さなかった。その結果、年間最高の猛暑の季節に、日陰で休んでいたおかげで元気一杯の将兵が、暑さで消耗しきっていた攻撃軍にごく簡単に勝つことになった。

（フロンティヌス『兵法』第二巻一章二節）

夏のスペインを旅行して真昼の直射日光に灼かれたことのある人なら、このときの攻撃軍の兵士たちに心から同情するだろう。このあと千九百年ちかく経ってから、モスクワ遠征より前にアンダルシーアへと侵入したナポレオンの軍勢も、ポエニ戦争の古戦場(バイレン付近)で夏将軍に痛めつけられ、多くの戦死者を出したうえに、約一万の将兵が全員降伏してスペイン軍の捕虜になった。天の時に逆らった人間の定めというべきか。

イタリカの敗戦をきっかけに亡命政府軍は鉱山、穀倉などをはじめ戦略的に重要な地域から次々に追い払われて行く。それにつれて兵力や補給力の差が目立ちはじめ、討伐軍にたいして散発的なゲリラ戦で抵抗するしかなくなった。セルトリウスの神通力も次第に利かなくなったらしく、五年後には腹心の部下たちに裏切られ、招待されて出て行った宴会の席で暗殺される。あとに残った改革派は大ポンペイらに攻めたてられる一方で、まもなく雲散霧消した。新天地イベリアでの解放区が十年たらずの夢に終わったわけである。

しかしこうした内戦の過程で植民地イベリアの情勢も共和国ローマの体質も大きく変化したらしい。これからあと半世紀あまりのローマ史は大ポンペイ対シーザーの権力闘争を皮切りに、共和制から独裁制へ、そして帝制へと突き進む戦国乱世の時代である。その立役者ポンペイもシーザーも、初代皇帝アウグストゥスも、それぞれイベリア半島で大きな財産をつくったり、おもな部族の首長を味方につけたりして権力の基盤を固めるが、そのための現地人対策のお手本はいつもセルトリウスだった。

3　皇帝たち

古戦場ムンダ

メリメの小説『カルメン』は、作者自身がコルドバ南方の高原で史跡めぐりをしたときの思い出話からはじまる。

古戦場ムンダはアンダルシーアの地中海側(マルベージャ町より八キロほど北にある現在のモンダ村付近)だと地理学者は言うけど、かねてから私はこの説に疑問を抱いていた。筆者不明の『スペイン戦記』や、オスーナ公爵家に伝わる古文書の山のなかから掘り出した史料を手がかりに推理すると、シーザーがあの共和派の勇士たちと対決した天下分け目の戦場は、モンティージャ付近だったとしか思えない……

ここで「共和派の勇士たち」とは、シーザーに追いつめられて憤死したポンペイの遺族と、それに味方する約七万の軍勢であった。彼らとの決戦に勝つことによってシーザーは独裁者としての地位を確立し、のちの帝制への道をひらく。だからムンダは日本での関ヶ原とよく似た因縁にまつわる有名な古戦場だが、正確には一体どこにあったのやら、古代ローマの文献に確かな証言が見あたらない。西欧諸国では昔から論争の的になっていた。

したがってメリメのような歴史マニアが自分なりの仮説を立て、たまたまコルドバに滞在した機会にガイドをやとって実地検証の旅に出たのは、きわめて自然な成り行きと言うべきであろう。いささか驚くに値するのは、のちに彼が『カルメン』の冒頭でさりげなく披露したその仮説が、当時としては大胆きわまる異端邪説だったこと。しかも後世の目でみると、そちらのほうが専門家たちの定説よりずっと正確だったことだ。

メリメが初めてスペインに来たのは一八三〇年。『カルメン』をパリの雑誌に発表したのは一八四五年である。それから十二年後にマドリーの歴史アカデミーが、ムンダの所在をめぐる論文コンクールを催した。応募者の多くは依然として地中海側のモンダ村付近が正解だと固く信じていたようだし、かなり新鮮味のあった当選論文の筆者ですら、モンダからあまり遠くない場所(いまのロンダ市の西北約二十キロにある古ロンダ村)を挙げたのだから、学界常識の枠組みには何の衝撃もあたえない平穏無事なコンクールだった。

それが一挙にくつがえるのは第一次世界大戦後。古代タルテソス研究の先駆者シュルテンが一九二一年の秋に、コルドバの考古学者の案内でグァダルキビール中流域の高原地帯を歩きまわり、いたるところに残っている古城の廃墟などを試掘したうえでムンダ＝モンティージャ周辺説を打ち出した。つまりメリメより九十年後に、専門家シュルテンも同じ地域に的をしぼり、同じように地元の人と史跡めぐりの旅をして、同じ結論にたどりついたわけである。その後も何人かの考古学者がさらに広範囲にわたる調査をつづけているけれども、ムンダはたぶんモンティージャからオスーナにかけての高原のどこかにあったという大枠については、どうやら誰にも異論がない。メリメはおそらく自分の推理の的中と後輩たちの発掘調査の成功とを祝って、地下で何度か乾杯したことだろう。

モンティージャはコルドバの南約四十キロ。なだらかに起伏する葡萄畠に囲まれた静かな町で、銘酒「アモンティジャード」の原産地として名高い。シーザー側の下級将校だったらしい『スペイン戦記』の筆者によると、ムンダ戦の直前にはポンペイ派の主力がコルドバ市にたてこもり、頑丈な城壁を利用して持久戦を狙っていた。シーザー側は兵力において劣勢だし、食糧にゆとりがなかったから大規模な城攻めはやりたくない。騎兵だけが優勢だという特殊条件を活かすためにも、なんとか相手を市内からおびき出して、広大な場所で短期決戦に持ちこまないかぎり勝てるチャンスは生まれないだろう。そこでシーザーはまずモンティージャ周辺の出城にいた敵の一部を包囲しながら態勢をととのえ、コルドバから必ず救援にくるであろう主力を迎え撃つことにした。

この作戦が図にあたって注文どおり広い丘陵地帯での遭遇戦になったのだが、ポンペイの仇を討とうとする敵方の勢いは凄まじい。はじめのうちは敵のほうが圧倒的に優勢で、味方の歩兵が総崩れになりかけたため司令官シーザーも馬から下り、大声で叱咤しながら先頭に立って突撃した。にもかかわらず一時はもう見込みがないと思いこんで自殺を覚悟したという。あとでシーザーはそのことについて、「敵に勝つためではなく、自分の命を救うために戦ったのはあのときだけだ」と語っている。ムンダ戦の一年後に彼は暗殺されるのだから、いずれにしても彼にとってはこれが最後の苦戦であり、最後を飾る勝利だった。

シーザーとバルブス

シーザーが初めてアンダルシーアに来たのは三十二歳のときである。それまで保守派の権力者に睨まれていたせいで出世コースに乗れなかった彼が、ようやく選挙に当選して高級官吏の端くれ(イベリア南西部の総督補佐官)になったのだが、その程度のことで満足できる男ではない。カディス市に滞在していたころ、ヘラクレス神殿のなかでアレクサンダー大王の彫像をつくづく眺めながら、彼は憮然として呟いた――ああ、この男はこの年ごろには世界を征服していたのに、俺はまだ何一つめざましいことをやっていない、と。

これで一念発起した彼はただちに辞職して本国に帰り、ラディカルな改革派の旗頭として猛然と政治活動を開始する。そのころローマ帝国はいたるところに深刻な社会問題をかかえていた。イタリア中部のささやかな都市国家として出発したローマが、その古めかしい体制のままで何千倍かに膨張した領土と多種多様な人間集団を治めようとすれば、当然無理が積もってくる。露骨にそれが表面化するのは植民地での戦争だった。たとえばムンダ戦のとき絶望的な戦況を一挙に逆転させたのは、おもに地元イベリアと北アフリカ出身の騎兵隊だ。ローマの軍制からすれば彼らは臨時の補助部隊として、正規軍のイタリア兵よりずっと低い地位にある。しかし実際には彼らのほうが頼りになるケースも珍しくないのだから、その実力にふさわしい待遇をしてやらなければ反乱をおこすかもしれない。シーザーは若い官吏として植民地の実情をいろいろ見てきた直後だけに、根本的改革が必要だと痛感していたのだろう。

さいわいにして彼はイベリア出身者のなかに絶好の相談相手を持っていた。彼よりも三つか四つ年上のコルネリウス・バルブスである。この人物はカディスの名門の生まれだというから、ひょっとするとタルテソス時代からの大商人の子孫なのかもしれないし、ローマ風のその姓名が示すとおり、言語も文化もすでに完全にラテン化した環境のなかで育てられたにちがいない。十六歳のとき軍隊に入って、セルトリウスの亡命政権を討伐しにきたポンペイのもとで活躍した。彼の人柄や才能にポンペイはすっかり惚れこんだらしく、本国に連れ帰ってローマ市民権をあたえた上に、雄弁家キケロ、反逆児シーザーなど、当時の自分の友人グループに紹介し、この若い外国人を大いに守り立てようとする。バルブスのほうもその好意に深く感謝していたのだろう。のちにポンペイとシーザーとが険しく対立しはじめたころ、人望の高いキケロに率直な手紙を書き、「お願いだ、キケロよ、まわりの連中の根も葉もない中傷のせいで仲違いしたあの二人を、君の力でなんとか和解させてくれ……この緊急の大問題さえ解決したら僕はもう思い残すことなく死ねるんだよ」と訴えている。

カディスにまつわる縁のせいか彼はシーザーとも意気投合していたから、和解工作の甲斐もなく両派がイベリア半島で大戦争をはじめたときには困り果てたことだろう。結局は保守派のポンペイより改革派シーザーの味方になり、いらい戦場でも政界でもその片腕としてめざましく働いた。シーザーの死後には植民地出身者のなかで最初の執政官(コンスル)に選ばれる。ローマ市民の大多数が生まれながらの特権と贅沢三昧の暮らしに慣れ、元老院も民会も芯のほうから腐ってきた時期である。彼らに代わって辺境育ちの新人たちがトップに立つ時代がまもなくやって来るのだが、バルブスはその先駆けだったと言えるだろう。

しかしカディスのような土地を辺境と呼ぶのは、いささかならず失礼かもしれない。カルタゴ市やローマ市がまだ存在すらしなかった紀元前十世紀ごろ、カディスはすでに西欧圏きっての活発な貿易港だった。ポエニ戦争の前後から絶えまない戦火に巻きこまれて、破壊されたり再建したりの多事多難な時期にすら、資源ゆたかなアンダルシーアへの正面玄関でありつづけた。バルブスが首都でキケロとかシーザーとか、文人としても当時のローマを代表する多芸多才な連中と肩をならべて伸びのびと活動できたのも、少年期から港町の開かれた文化伝統をごく自然に身につけていたおかげではないだろうか。晩年には彼も執筆に専念し、ヘラクレス神殿の研究をはじめ何種類かの著書を残している。

彼には同姓同名の甥があり、叔父と区別するために小バルブスと呼ばれていた。経歴においても彼は叔父とそっくりで、まず軍人として頭角をあらわし、それから首都の政界で着実に足場を固めて行く。その結果、のちの初代皇帝アウグストゥスに信頼され、地中海周辺のいたるところで縦横に手腕を発揮した。アフリカ総督になったときには、テュニジア南部のオアシスを荒らし回っていた蛮族の

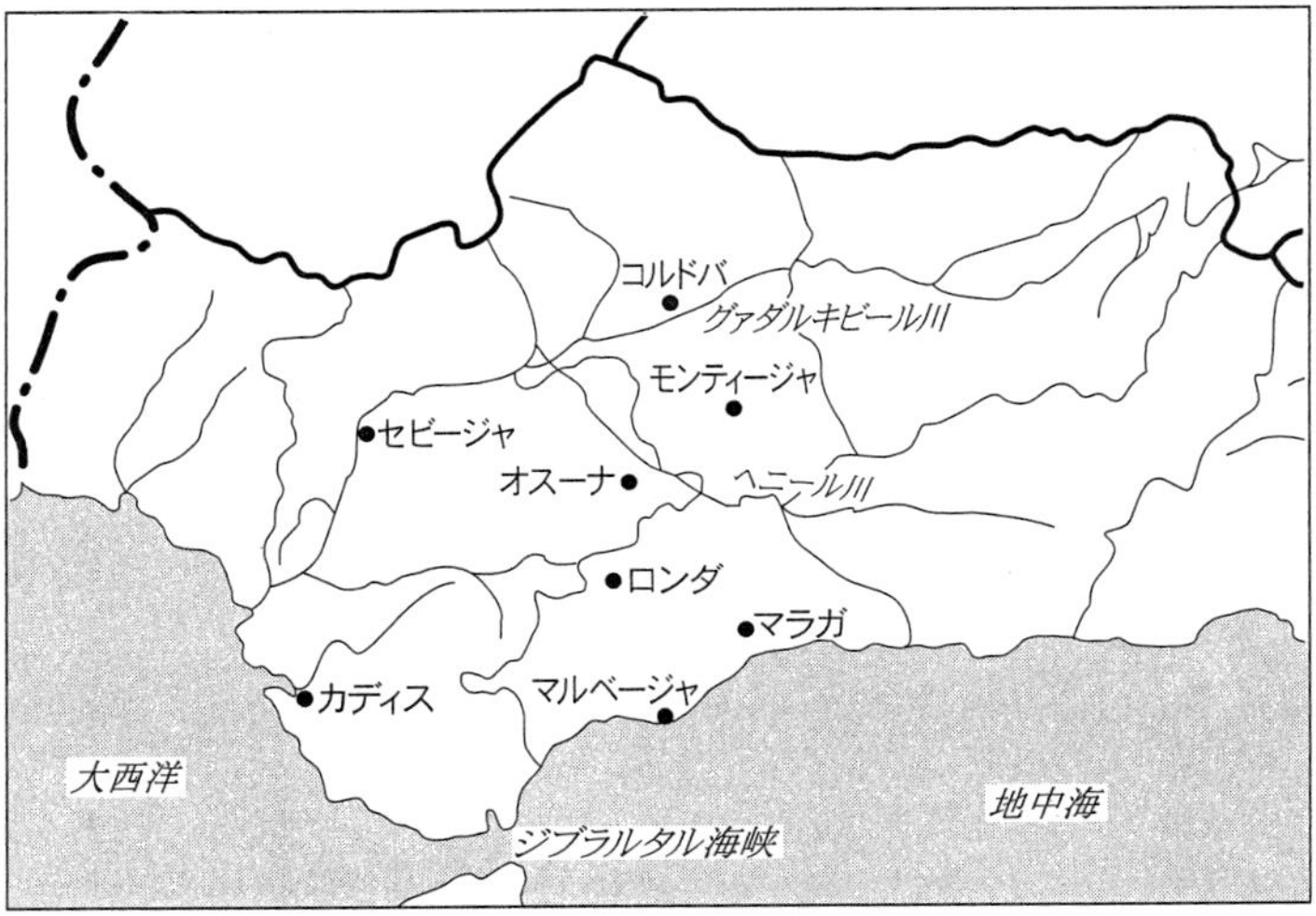

アンダルシーア西部

大集団を討伐するため、サハラ砂漠の中央部を逆の端へと縦断してニジェール川流域にまで踏みこんだらしい。これはアフリカ大陸でローマ軍が到達した南の極限だったろう。帰国してから彼は元老院の許可をえてローマ市内で絢爛たる凱旋行進をおこなった。これも植民地出身者として初めてのことである。

初代皇帝アウグストゥス

アウグストゥスは独裁権を握るとすぐ養父シーザーの遺志を継いで植民地の行政改革に着手した。それまでイベリア半島では二人の属州総督がそれぞれ北東部と南西部を支配していたのだが、後者はこのときベティカ（ほぼ現在のアンダルシーア）とルジタニア（ポルトガル）とに分割される。そしてアンダルシーアだけが元老院直属の州として、ほとんどイタリア本土なみに扱われることになった。すでにラテン化して産業も盛んなこの地域を、ほかの属州とはっきり区別したほうが何かと好都合だったのだろう。首都ローマでもさまざまな分野に、ますます多くのアンダルシーア人が進出しつつあった。コルドバ出身者に例をとれば、のちの皇帝ネロの家庭教師をつとめた悲劇詩人セネカがいる。

彼はまだごく幼いころ、雄弁術の研究家だった父に連れられて上京した。母も文学の好きな才女で、虚弱体質のこの息子を抜群の秀才に育てあげる。その甲斐あってセネカの博識と雄弁とは若いころから知れわたっていたらしい。クラウディウス帝の姪と姦通した嫌疑でコルシカ島に流されたとき、皇后アグリッピーナがわざわざ彼を呼びもどして、自分の連れ子ネロの養育係にした。夢のようなこの幸運が結果においては彼の最大の不運になる。

暴君ネロとセネカ

やがてネロが即位するとセネカは宰相役として、ローマ帝国の政治をほとんど一手に切りまわしはじめた。それからの五年間は、かつて前例がないほどの平和と繁栄とがつづく。のちの皇帝トラヤヌスの評価によると「ローマ史上で最良の時期」であった。共和制末期のように激しい派閥闘争も内戦もおこらず、帝制の持ちうる長所がうまく機能した感じである。しかしネロがやがて暴君の正体をあらわし、アグリッピーナとかセネカとか、自分を批判する人物を片っぱしから抹殺しはじめると同時に、ローマ史上で最悪の時期がきた。帝制や独裁制の致命的な短所が露呈したわけである。果てしない権力は果てしなく腐る。ネロの残忍さは両親からの遺伝だというけれど、皇帝でさえなかったらあれほど多くの人々が虐殺されたり、その共犯者、密告者と化したりする事態にまでは至らないですんだだろう。

セネカこそは最大の共犯者だという説がある。彼に感化されたせいかネロは歌とか芝居とかの大好きな芸術青年で、即位後も舞台に立って拍手喝采を浴びることだけに血道をあげていたのに、セネカはそれを諌めようとしなかった。こんな皇帝が政治に熱中するよりは、まだしも人畜無害だと思っていたのかもしれない。しかし権力がからんでくると芸術ですら危険きわまる競技になる。どんなジャンルでも自分より優れた才能のある人物をネロはみんな容赦なく迫害しはじめた。キケロやシーザー以後の世代では最高の雄弁家、散文家だったセネカはもちろん、その甥にあたる新進気鋭の叙事詩人ルカーヌスなども、当然ネロのブラックリストの上位にくる。

彼らが自殺を命じられる直接のきっかけは、いずれも皇帝暗殺計画に加わった容疑である。同時代の史家タキトゥスの年代記によると、そのころにはすでに多くのローマ市民が「貧富の差、身分、年齢、性別などにかかわらず」ネロ暗殺の陰謀に参加していた。やがてそれが発覚して死刑執行人が来たとき、セネカはもう七十歳にちかい老人だったが、自分の手首の動脈を切るまえに秘書を呼んで、書きかけていた手紙の続きを口述筆記させた。その最後の一節に、「私としてはもう十分に長く生き、できることはやったから別に心残りはない。いまや死を待つのみ」とある。かつて宰相だったころには、ストア哲学の信奉者として禁欲の倫理を力説しながら金銭に汚い偽善者だと非難されていたけれども、死に臨んでは少なくともストア派の美学を守りぬいたといえるだろう。

まだ二十六歳のルカーヌスは何としてでももっと生きていたかったらしく、拷問されて同志の名を白状するなど、見苦しい振る舞いが多かった。しかし最後に動脈を切ったあと意識だけは明瞭で、自分の代表作にあたる叙事詩の一節を口ずさんでいた。それはバルカン半島でのポンペイとシーザーの戦いのとき、いまの自分と同じように出血多量で死んで行った兵士のことを歌いあげる箇所だったという。

それから四年後にはネロも死ぬ。イベリア、ガリアなど属州の総督たちが一斉に蜂起し、側近やボディ・ガードにまで見放された彼は、それでもなかなか自分の喉を突く決心がつかず、さめざめと泣きながら呟いた——死ぬのか、ああ、これほどの芸術家が！

ネロの前後六十年あまりのローマ史はまるで想像力ゆたかな画家(たとえばボッシュかブリューゲル)が、人間社会の果てしない腐敗堕落の可能性を詳しく絵解きするために、必死の思いで仕上げた滑稽悲惨な地獄図のようだ。タキトゥスがその年代記を書いている途中で「ああ、こんなことばかり私はいつまで書きつづけねばならないのか」と嘆いたのも無理はない。しかし彼はそのあとにすぐ付けくわえた。「元老院がこれからも今まで以上に権力におもねり、堕落しきった法令を出したりしたときには、やはり私はそれをはっきり記録しておくことにしよう」と。これほど潔癖な人物が政界でも何とか生き延びて、のちには執政官に選ばれるのだから、最悪の時期にだって全く救いがないではない。しかもネロが死んでから三十年後にローマは地獄から脱出し、史上最高の黄金時代にさしかかった。トラヤヌス、ハドリアヌスと二代つづく非凡な皇帝の治世である。

ローマ黄金時代の二帝

彼らの業績のことは教科書などにも書いてあるはずだから、ここでは個人としての面だけをざっと眺めることにしよう。彼らは二人ともイタリカで生まれ育っている。若いころにはどちらも軍人として活躍し、四十歳を過ぎてから意外な事情で皇帝になった。トラヤヌスの場合には、すでに老齢のネルヴァ帝が彼を高く評価して共同皇帝に選んだのだが、そのころライン川沿いの国境の最前線にいた彼は軍務多忙を理由にしてローマに帰ろうとしなかった。地位や権力や名声よりも自分に適した仕事のほうを重視し、皇帝を神とあがめる風潮にも汚染されない彼の質朴さ、剛毅さは、やがて自分が皇帝になってからも全く変わらなかったらしい。それでいて政治、軍事ともに抜群の手腕を発揮したのだから、まずは申し分のない帝王と言えるだろう。後世のローマ皇帝たちが即位式の席でかならず聞かされる恒例の挨拶は「アウグストゥスよりも幸運な、トラヤヌスよりも立派な君主たれ」であった。

ハドリアヌスはもっとずっと複雑な、陰影ゆたかな人物だ。血統からすればトラヤヌスとは親戚だし、ローマに出てから後見人になってもらったりしていたのに、性格、趣味、思想などが違いすぎて、ことごとに反発してしまう。のちに皇帝になれたのもトラヤヌスのおかげではなく、その未亡人が懸命に後押ししたからだという。

彼ら二人の共通点はおよそ皇帝らしからぬ皇帝だったことである。どちらもお世辞が大嫌いだし、自分自身を戯画化するユーモア感覚まであって、率直な意見を歓迎した。しかも首都に住むことを好まず、機会あるごとに属州に出かけている。とくにハドリアヌスのほうは旅に出たきり五、六年もローマに帰ってこないので、市民たちが心配したり憤慨したりしはじめた。政治、産業、文化などあらゆる面で属州の比重が大きくなってきたのだから、皇帝の視察もたまには必要かもしれないが、ここまで長引くのは道楽としか思えない。いったい田舎のどこがそんなに好きなのか？　ローマとどこが違うのか？

こうした疑問に答えることができるのは、首都と属州を両方ともよく知っていた人物、たとえばタキトゥスのように幅の広い観察家だろう。彼の出身地は今の南仏のナルボンヌだから、イベリア地中海岸と地つづきの同じ文化圏である。その年代記の一節によると、ネロが舞台に立つときには常雇いのサクラたちがまず盛大に拍手して、観客全員にもそれを強制する仕掛けになっていた。「しかしイタリアでも端のほうの生真面目な昔気質の田舎町から出てきたり、遠い属州から公用・私用のために上京したりした人々は、これほど異様な集団行動を見たことがないので馬鹿ばかしいとしか感じないし、無理に拍手すると練習不足の手のひらがすぐ疲れて、こんな卑屈な御機嫌とりは勤まらない。ベテランたちの拍手喝采に水をさす結果になり、その種の不始末や沈黙を防止するため観客席のほうぼうで見張っているガードマンに殴られるのが落ちであった……」

要するに田舎者である。御時勢に順応しながらスマートに生きて行く要領を知らない。ハドリアヌスはギリシアの学問芸術を何よりも愛した知識人だが、元老院で初めて演説した時にはアンダルシーア訛りがひどくて笑われたそうだから、根はやはり田舎者。属州のほうが首都よりずっと肌に合っていたのだろう。イタリカには一度も帰らなかったけれど、全住民にローマ市民権をあたえたり、大規模な土木工事をやらせたりして町の面目を一新した。いまも遺跡が残っている二万五千人収容のコロセウムや住宅地域は、このとき造られた新市街だ。皇帝としても個人としても破天荒だったこの男の内面生活を垣間見るには、女性作家ユルスナールの力作『ハドリアヌス帝の回想』がたぶん最良の手引きになる。

4　ゴート族とヴァンダル族

ペストとローマ帝国

ローマ帝国の黄金時代はハドリアヌスが死んでからも三十年ちかく続いていた。大きな危機がやってくるのは、のちにあの『瞑想録』を書き残す哲人皇帝アウレリウスが即位してまだ間もないころ。メソポタミアで戦っていたローマ軍の将兵がペストを持って帰ってきた。たちまちそれが帝国領のいたるところに蔓延する。ローマに通じるすべての道は同時にまた病原菌のハイウェイでもあったのだろう。首都との接触が多い地域ほど被害も大きく、アンダルシーアから地中海岸にかけての都市部では無数の男女が死んで行った。

しかも古い諺のとおり、災害はかならず仲間を連れてくる。ペストのわずか六年後(一七一年)にはジブラルタル海峡のかなたからベルベル族の大軍が攻めてきた。彼らはどうやらマラガ海岸に上陸し、山を越えてグァダルキビール流域の町を手当たり次第に略奪、破壊したらしい。そのせいで「イベリア全土が荒廃した」という当時の記録の表現にはかなり誇張があるとしても、海峡に近い南部一帯では容易ならぬ事態だったにちがいない。

それを知ったアウレリウスは信頼できる幕僚をすぐ皇帝代理として派遣した。アンダルシーアは彼にとって父祖の地にあたるから、できることなら自分の手ですべてを処理したいところだが、そのころ彼はドナウ川方面に出征して北方蛮族の侵入を防ぐだけで精一杯。いくら気がかりでも帝国領の南の端まで駆けつけるゆとりがない。

（彼の一家はモンティージャに近い町エスペーホの大地主で、ほぼ同郷のハドリアヌスと親しかった。おかげで彼は幼少時からこの先輩に可愛がられ、いろいろな面で感化されて、やはり熱烈なギリシア好き、哲学好きになったという。皇帝としてドナウ河畔の陣中にあっても、毎日の激務のあとで筆を執って、実務用のラテン語ではなく文学的なギリシア語で思いのたけを書きつらねた。その世界は何もかも惨澹たる有様だから、自分の内面を見つめながら『瞑想録』を書くことがせめてもの救いだったのだろう）

ベルベル族やゲルマン諸族の侵入は今に始まったことではない。しかしローマ帝国の領土はトラヤヌスのとき最大限にふくれあがり、国境線があまりにも長くなっていた。ハドリアヌスは出来るだけそれを縮めようとしたが、防衛のための兵力と出費は依然として並大抵のものではない。ペストのせいで人口も国家収入も急激に減った結果、いたるところに大きな破綻があらわれた。それまでしばらく息をひそめていた周辺地域の諸民族にとっては願ってもないチャンスである。彼らはまるで申し合わせたかのように、四方八方で一斉に反撃を開始した。それをみんな同時に押さえ込むことはまず不可能にちかいだろう。この時期以後のローマ史は、のちの神聖ローマ帝国、スペイン帝国、大英帝国などの末期と同じように、肥りすぎた怪獣がなんとか生き延びようとする悪戦苦闘の歴史だった。

北方のゲルマン民族が初めてイベリアに攻めこんでくるのは、南からのベルベル族の侵入より九十年後のことである。このときにも一足さきにペストが来て、そのほとぼりが冷めないうちにピレネー山脈のかなたからフランク族が押し寄せた。被害甚大だったのはカタルーニャをはじめ半島北部の町々だが、余勢を駆ってアンダルシーアやポルトガルまで荒らしにきた部族もある。「ローマの平和」は遠い昔の夢と化した。

新興キリスト教

こうして社会ぜんたいの危機と不安が深まるにつれて、人々はローマの軍事力や体制より宗教を頼りにしはじめる。とくに重税と不況とに苦しむ商人、職人、小農民や兵士、女性、奴隷など下積みの庶民のあいだでは新興のキリスト教が着々と地盤を広げつつあった。皇帝政府は何度となく苛酷な弾圧をくりかえすが、新しい殉教者が出るたびに信者の数はむしろますます増えてゆく。

二八七年の春、セビージャ市の広場に女神サランボー(ヴィーナスのフェニキア名)の御輿をかついだ女たちが歌ったり踊ったりしながら賑やかに繰りこみ、市民たちに寄付を求めた。植物神アドニスの復活を祝う祭日なので、地中海文化圏では大昔から恒例の行事である。しかし広場の片隅で陶器を売っていた若い貧しい姉妹(フスタとルフィーナ)はキリスト教徒だったため、異教徒の求めに応じない。腹を立てた異教徒が彼女らの陶器を踏みつぶし、彼女らも負けずに応戦してサランボーの偶像を壊してしまう。これが裁判沙汰になり、姉妹ともひどい拷問にかけられたが、信仰を捨てることなく殉教した。今のセビージャの鉄道駅はこの出来事にちなんでサンタ・フスタ駅と呼ばれている。

アンダルシーアのキリスト教は北アフリカのマグレブ地方(とくにカルタゴ)から伝わってきたらしい。三世紀の初めにカルタゴ人テルトゥリアヌスがローマ教会に逆らってラディカルな教義を唱えて以来、アフリカ北部にはその流れを汲む熱烈な信者が多かったし、彼らの戒律の厳しさは後世のピューリタンを思わせる。アドニス信仰のような古来の土俗宗教とも、ローマ政府が押しつける皇帝崇拝とも、彼らはけっして妥協しない。フスタ、ルフィーナ姉妹もたぶんカルタゴ伝来のその厳しさをごく自然に身につけていたのだろう。

(テルトゥリアヌスの教義は後世のスペインでも人気があり、それを研究するための討論会を十七世紀の末ごろから「テルトゥリア」と呼ぶようになった。現代の日常語のなかではもっと一般的に、仲のいい友達どうし何人かがカフェテリア、バーなどに集まって取り交わすおしゃべりとか、ラジオ、テレビの座談会とかを意味し、いつも小文字で書くありふれた普通名詞である。フランスのサロン、イギリスのウィークエンド・パーティ、日本のかつての茶室や銭湯と同じように、テルトゥリアこそは近代スペインの伝統的、基本的な社交形態であり、十人十色の経験、知識、アイデア、情報などの交差点になっている)

マグレブとアンダルシーアとは遠いフェニキアの昔からほとんど同じ文化圏だった。東地中海沿岸の貿易商人、亡命者、移民などがマグレブのどこかの港を経由して、続々とカディスやマラガに上陸する。ローマ時代にパレスティナから追い出されたユダヤ人もどうやら例外ではなかった。彼らの大半はコルドバとかセビージャとか、商工業の盛んな町で働きながら自分たちのコミュニティで暮らしている。マグレブ在住の同胞とも絶えず行き来していたから、早々とキリスト教に改宗した商人や兵士と話し合う機会が多かったにちがいない。こちら側にも改宗者が次第に増えてきた。かつてフェニキアの神々が渡来したのと同じルートで、今回はキリストが訪れたわけである。まもなくそれがユダヤ以外の庶民層にまで浸透し、ローマの力を以てしても押さえきれない海底火山になって行った。

四世紀初頭にキリスト教が公認されるころにはもう、官吏、貴族、大地主などのあいだにも隠れキリシタンが増えていたし、教会組織も着々と整備されて、なかば公然と宗教会議が開けるほど頑丈な地盤ができていた。公認とか国教化とか、ローマ末期の賢明な皇帝たち(コンスタンティヌスやテオドシウス)が次々に打ち出す新政策は、いずれもそうした既成事実に順応して、恐るべき野党を味方に取り込もうとする反間苦肉の策である。それでやっと救われたのは教会ではなく、すでに巨大な空洞と化して東西に割れてしまったローマ帝国の権威だった。

しかも公認の結果として、宗教対策が今まで以上に困難になった面もある。キリスト教内部での教義やセクトの対立がますます激化しはじめた。一昔まえまでは金も力もない少数者の内輪喧嘩にすぎなかったことに、今やビザンチン皇帝の方針とか、補助金の行方とか、膨大な利害がからんできたからだ。個々の信者の心よりも集団の利益のほうが重視され、露骨きわまる政治闘争になってしまう。

コンスタンティヌス一世以後の皇帝は、たいていみんな否応なくアリウス派とアタナシウス派の果てしない泥仕合に巻きこまれて、とにかくどちらかの肩を持たざるをえなかった。その風向きが変わるたびに、優勢になったセクトはいつも最大限に国家権力を利用して反対派を迫害しようとする。

異端排斥

サンタ・フスタの殉教からちょうど百年ほど経ったころ、イベリアでも大規模なセクト闘争がはじまった。このときの中心人物プリシリアヌスは、たぶんガリシア地方の裕福な家庭の生まれだが、衣食住には無頓着で酒も飲まないベジタリアン。思想においてもかなりピューリタンに近く、蓄財と享楽だけに熱心な教会貴族たちを非難し、内側からの宗教改革、処女性の尊重、男女平等の必要などを力説した。そのころ有利な職場にいた多くの聖職者にとって、これは営業妨害だし、とうてい許せない異端である。彼らはまずサラゴーサ市に宗教会議を招集してこのセクトを弾劾し、ときの皇帝グラティアヌスに訴え出た。その結果プリシリアヌスとその同志はイベリアから追放され、フランス大西洋岸のアキテーヌ地方で布教したり、ローマに行って有力者に追放令撤回を頼んだりしはじめる。

その甲斐あってやがて帰国した彼らは、ただちに敵方を中傷罪で告発した。おかげで今度は後者のほうが国外追放の憂き目にあう。しかしそれで紛争が片づいたわけではない。まもなくアキテーヌの首府ボルドーで又もや裁判が開かれ、形勢は二転三転したが、最終的にはプリシリアヌスら七人の被告に死刑の判決が下された。キリスト教内部のセクト闘争の歴史のなかで、裁判によって異端者が死刑になったのはこれが最初のケースである。

それから四百年あまり後に、ガリシア西部の洞窟のなかで古い死体が発見された。これは十二使徒のうちイベリアで布教した聖ヤコブ(スペイン語名サンティアゴ)の遺骸だという噂が広まり、やがて西欧諸国からひっきりなしに巡礼がやってくる。そのうち何割かはイスラム教徒との戦争に参加して、「サンティアゴ!」と叫びながら突撃した。しかし最近の中世史学者のなかには、例の死体が実はプリシリアヌスのものだったと考えるひとが少なくない。もちろん頑強な反対論もあるようだが、熱烈な使徒と異端者とはいつも紙一重なのだから、素朴な巡礼たちにとってはどちらの遺骸でも別に差し支えないだろう。プリシリアヌスは死後にも地元ガリシアで殉教者として長く崇められていた。

プリシリアヌスが処刑されたころビザンチンで開かれていた宗教会議は、アリウス派など幾つかのセクトを改めて異端と断定し、教会の建設、集会そのほか一切の布教活動を禁止した。それに憤慨して反乱をおこした小アジア西部の異端者たちを、ローマ軍は片っ端から虐殺する。キリスト教徒とユダヤ教徒との結婚に死刑が適用されたのもこの時期のことである。かつて政治権力から迫害されていた教会が政治権力そのものになった。

しかしどんな強硬策を以てしても異端はなかなか滅びない。正統と認められたアタナシウス派(のちのカトリック派)にとって最大の問題は、周辺地域の下層民や国境のそとの蛮族のあいだに異端派の根強い地盤があったことだ。しかも蛮族たちはすでに大移動を開始し、続々と帝国の中心部に侵入しつつある。四一〇年にローマ市を略奪、占領した西ゴート族をはじめ、ゲルマン系の有力な部族はほとんどがアリウス派になっていた。ニケーアの宗教会議以後、ビザンチンから追放された異端者の多くがドナウ川の国境を越え、危険をかえりみず蛮族のあいだで布教に励んでいたのだから、これは当然の結果と言うべきだろう。すでに四世紀の中頃にゴート人ウルフィラスは聖書をゴート語に翻訳した。彼を信頼していたアリウス派びいきのヴァレリウス帝が三七六年、フン族に追われて帝国領内に逃げてきたゴート族に土地を与え、そのための条件としてキリスト教への改宗を求めたため、ますます多くのゴート人がアリウス派になったという。

ヴァンダル族

西ゴート族は一時ローマを占領したあと、さらに西へと移動してピレネー周辺に安住の地をつくろうとしはじめた。そのためにひとまずローマ軍と協定を結び、すでにイベリアに侵入していた諸蛮族の討伐という大事業を引き受ける。最初の目標にされたのは四一一年からアンダルシーアを支配していたヴァンダル族の一部である。彼らは執拗に抵抗したが、決戦に敗れてほとんど全滅した。その後まもなく、ガリシアにいた別の一部のヴァンダル族がローマ軍に追い立てられ、戦いながら南へ南へと移動してアンダルシーアにたどりつく。かつて彼らの同胞の縄張りだった土地を、ふたたび彼らが手に入れたわけである。

後世に「ヴァンダリズム」などという言葉を残すだけあって、蛮族のなかでも彼らは特に野蛮だった。占領したすべての土地で手当たり次第に略奪、強姦、殺戮などをくりかえす。グァダルキビール流域では古き良きローマ文化の結晶とも言うべき住宅都市イタリカの劇場、図書館、宮殿などが、内部の彫刻からモザイクの床にいたるまで徹底的に破壊された。すぐ近くの商都セビージャも焼け野原と化したが、カテドラルや教会だけは無事だったので、多くの市民がそこに避難したという。ヴァンダル族もすでにキリスト教徒なので、教会にまでは手を付けかねていたのだろう。

しかし地元の住民は大多数がカトリック派だし、教会の内部装飾や儀式もすべてローマ風だったから、アリウス派には気にくわない。ある日のことヴァンダル王が市内の大きな教会に乗り込み、乱暴狼藉をはたらいたあと、出口のところで不意に倒れて頓死した。まわりにいた市民たちは一斉に神の摂理に感謝する。自分たちより人口のずっと少ない蛮族に武力だけで支配され、反乱をおこす機会すらつかめない日頃からの鬱憤が、このとき一気に晴れあがる思いだったにちがいない。

ヴァンダル族にしてみれば、地元民の敵意がますます露骨になり、外からはローマ側に寝返ったほかのゲルマン民族が攻めてくるという情勢のなかで、いつまでもこの縄張りが維持できるとは思えない。完全に追い詰められる前に、別のどこかに新天地を求めたほうがよさそうだ。さいわいにして対岸モロッコではこのところローマ軍の防備が手薄になっている。あそこになら安定した豊かな国が築けるかもしれない。

四二九年の夏の初めに総勢約八万人のヴァンダル族が海峡を渡り、モロッコ北岸のタンジールに上陸した。そこからアトラス山脈ぞいに東へと進んでマグレブ北部を横断し、十年後にはついにカルタゴ市を攻略する。それ以後一世紀ちかくのあいだ、アフリカのヴァンダル王国は西地中海圏きっての水軍国として、ローマやビザンチンの旧勢力と覇権争いをくりかえした。

(ヴァンダル族は二度とイベリアに帰らなかったけれど、彼らがそこから渡ってきた半島南部をマグレブの住民たちは「ヴァンダルの地」と呼びはじめた。八世紀のイスラム教徒はそれに定冠詞をつけて「アル・アンダルース」と発音し、イベリアでの彼らの領土ぜんたいの名称にしていたから、現在のアンダルシーアよりずっと範囲が広い)

西ゴート族

西ゴート族のほうはヴァンダル族と逆方向に、ピレネーの北へと引きあげてアキテーヌに新しい根拠地をつくった。はじめは大西洋岸とギャロンヌ川流域だけの小さな国にすぎなかったが、時とともに領土をひろげて西欧圏最大の強国になってゆく。四五一年にアッチラの率いるフン族がオルレアンを包囲したとき、それを撃退しうる唯一のキリスト教勢力はすでにローマ帝国ではなく、若い西ゴート王国だった。その領地もやがてロワール川からローヌ川まで南フランスの大部分と、イベリア東南部をほとんどみんな包みこむほど広大なものになる。

しかし西ゴート領のすぐ北には獰猛なフランク族がいて、南の方に進出する機会をたえず狙っていた。彼らは大移動時にもずっとヨーロッパ北部に住み、北方系の多神教を守りつづけていたので、キリスト教には未だに改宗していない。西ゴート王国のほうは支配階級がアリウス派、住民の大多数はカトリック派と大きく二つに割れているが、とにかくみんなキリスト教徒なのだから、異教徒のフラ

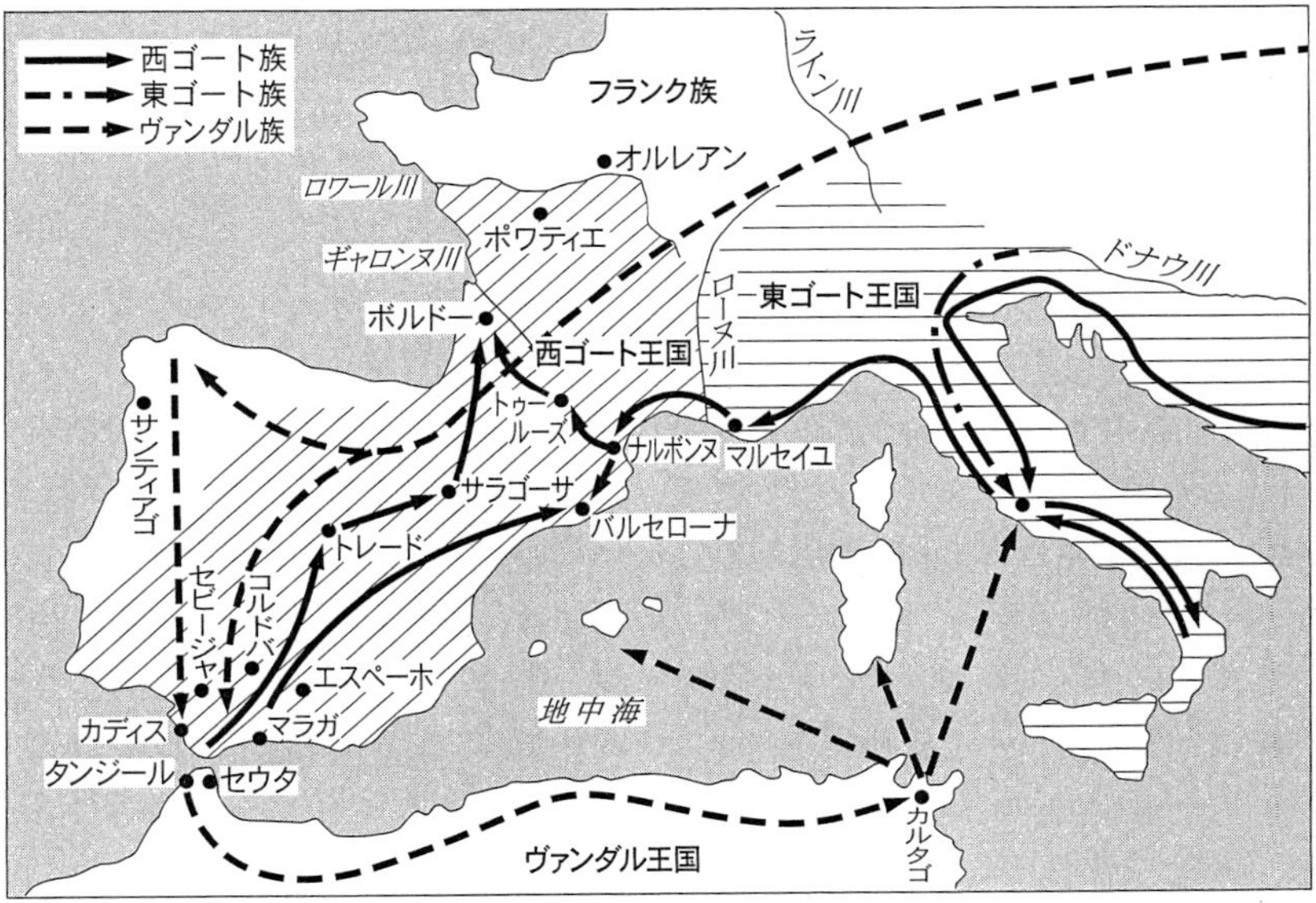

ゴート族とヴァンダル族進入路および6世紀初めの領土

ンク族と手を結ぶ正当な理由も口実もなかった。しかも歴代の西ゴート王はカトリック派にも寛大で、迫害どころか両派の友好関係を固めようと努めている。それがなければ少数者の支配は長く続かないし、フランク族の攻撃も防ぎきれないことをよく自覚していたのだろう。こまかい教義の違いなどには無関心な彼らにとって、宗教の選択はもともと政治の一部だった。

　こうした情勢はフランク王クロヴィスがカトリックに改宗したとたんに一変する。それからわずか十年後に彼が攻めてきたときには、地元の古い住民の多くがフランク勢を歓迎した。孤立無援の西ゴート軍はポワティエ北方の戦いであっけなく撃破され、王も戦死してしまう。生き残った王族はとりあえず地中海岸のナルボンヌへ、さらにバルセローナへと逃げ延びざるをえなかった。おかげでフランク王国領は一挙に二倍にふくれあがる。カトリックへの改宗がおそらくクロヴィスの期待どおり、早くも大きな収穫をもたらした。

これ以後の西ゴート王はまだしばらく、ナルボンヌとバルセローナとの間を行ったり来たりしながら暮らしていた。ピレネー山脈より北にはほとんど領地がなくなっても、そちらが本来の拠点だという観念はなかなか消えなかったらしい。はっきり方針を切り替えるのは五三一年に即位したテウディス王。彼はまず首都をバルセローナと決め、のちには更にセビージャに移した。西ゴート王国はこれで初めて名実とも本格的にイベリアの国になったと言えるだろう。

テウディスはもともと東ゴート王の部下で、フランク族の攻勢を食い止めるために西ゴートに派遣された男である。しかしイベリアに来てから地元の豪族の娘と結婚し、ここを永住の地にする決意を固めたらしく、東ゴート王の意向に逆らって西ゴート王国の独立を守ろうとしはじめた。そのためにはまず当時すでにサラゴーサまで侵入していたフランク勢を自力で撃退せねばならぬ。しかし正面衝突して勝てるほど兵力がなかったので、彼はゲリラ戦をえらび、ピレネー西部の峠道に伏兵を配置した。フランク勢はまもなく戦利品の山をかかえて帰途についたが、国境付近で伏兵たちに攻め立てられ、多数の戦死者も戦利品もみんな見捨てて逃げるしかなかった。

(その二世紀後にはシャルルマーニュのフランク軍も、やはりサラゴーサからの帰りの峠道でゲリラに襲われて壊滅した。叙事詩『ローランの歌』の素材になったロンスの谷の悲劇である。いつの時代にも同じ場所ではほとんど同じことが起こる。どちらの場合にも伏兵の主力は、先祖代々ピレネーの地形をよく知っているバスク族の農民や牧童だったろう）

イベリア半島は文字どおりに半分ぐらい島みたいな場所だから、そこにある国の防御は大陸諸国よりもずっと容易であるかのように見える。問題はしかし海岸線が長すぎることである。国境が山か砂漠なら交通遮断に役立つけれど、海はみんな開けっ放し。造船や航海の技術が進歩すると、大海ですら城を守る濠どころか、陸路より能率のいい大量輸送のルートとして侵略軍に利用される。ましてジブラルタル海峡は幅がせいぜい十五キロ。アフリカ大陸とヨーロッパとを結ぶ最短距離である。ハンニバルの昔からイベリアにとっては常にここが鬼門だった。

だからピレネーの北からくる敵を撃退しただけでは、テウディスも安心していられない。ジブラルタル方面の雲行きがにわかに怪しくなってきた。カルタゴのヴァンダル王国がビザンチン帝国軍に攻められて、あっけなく崩壊したからである。その結果、もしもマグレブ西部にまでビザンチンの手が伸びたら、西ゴート王国の海岸部はみんな直接その脅威にさらされることになる。そんな事態を避けるために、テウディスは取りあえず海峡のすぐ南、モロッコ側の良港セウタを占領することにした。

5　タリーファ岬

ビザンチン帝国領に

タリーファはヨーロッパ最南端の岬である。その先端からさらに南へと百メートルほど伸びている細い突堤の上に立つと、右下にひろがる海は大西洋、左下は地中海。なんだか自分が遠いむかしの海の神ポセイドンであるかのようにゆったりした、広大無辺な気分を味わうことができる。

よく晴れた夏の朝など、岸辺の砂丘に登ってみると沖のほうに一つだけぽつんと、ずいぶん背の高いスマートな緑の島が浮かんでいる。ちょうど明石の浜から見た淡路島ぐらいな感じだが、何という名の島だろう——と地図をひろげて探しても、不思議なことにこの方向にはどこにも島が見当たらない。してみるとあの背の高い島影はアフリカ大陸なのだろうか？

なんだか納得が行かないけれど、まちがっているのはどうやらジブラルタルの地図ではなく、北アフリカを砂漠つづきの平坦地というイメージだけで捉えていた今までの自分の単純な錯覚(おそらくは『カサブランカ』『外人部隊』『モロッコ』など、往年の名画のあやふやな記憶が生んだ固定観念)

のほうらしい。おなじモロッコでもこの海峡の対岸一帯は山また山。もっと奥には海抜四千メートル級の雪山をふくむアトラス山脈がそそり立ち、その主稜線はアルジェリア、テュニジアの海岸線と平行にマグレブ北部を横断してカルタゴへと延びている。総延長約二千四百キロ。日本列島と重ねれば稚内から鹿児島までの山々をすっぽり包みこんでしまう切れ目なしの山脈を思い浮かべてみるといい。

八万人のヴァンダル族がまずタリーファに集結し、この海を渡ってマグレブに押し寄せたのは四二九年の夏の初め。例によって家族づれの民族大移動だから、やはり快晴の日をえらんで船出したことだろう。しかしカルタゴを首都とする彼らのヴァンダル王国は一世紀後に滅亡し、ビザンチン帝国の水軍がジブラルタル海峡あたりまで攻めてきそうな形勢になった。それを予防するために西ゴート王テウディスはモロッコ側のセウタ港に派兵したが、一足ちがいでそこはもうビザンチン勢に占領され、包囲攻撃しても奪回の見込みがない。こうなるとアンダルシーアは胸元に鋭い刃物を突きつけられたかたちである。

当時のビザンチン皇帝ユスティニアヌスはかねてから「ローマ帝国の元の領土をすべて取りもどす」と宣言して、しかもそれを着々と実現しつつある男だった。マグレブの次にはイタリアに攻め込み、東ゴート王国軍と陸でも海でも激烈な攻防戦をつづけている。なかなか勝負がつかないから、まだ当分はイベリアに大部隊を上陸させるほどの余力はなさそうだ。したがって西ゴート王国としては、まず国内のさまざまな人種、宗派、社会階級などの対立抗争を出来るかぎり緩和して、産業や防衛能力の土台を固めるべき時期である。ところが、それをやりかけていたテウディスが王宮のなかで不意に刺客に襲われた。犯人は精神異常者らしいので、許してやれと言い残してテウディス自身は安らかに死んだが、有能な後継ぎのいない王国はまたもや四分五裂になる。

それから二年後にはコルドバ市で、ゴート政権を受け入れないカトリック派の住民たちが反乱をおこした。すぐにそれを討伐するため首都セビージャから押し寄せた王の軍勢は逆襲され、王自身も命からがら北方のメリダ市へと逃げて行く。この敗戦をきっかけに支配階級のゴート族まで分裂して、その一方の旗頭(アタナギルド)がセビージャで公然と反旗をひるがえした。しかし彼にはまだ王とともに戦うだけの力も、住民の支持もない。まもなく孤立して追い詰められ、苦しまぎれにマグレブのビザンチン軍に応援を求めた。

ユスティニアヌスにとってこれは滅多にありえないチャンスである。東ゴート王国との戦いがどんなに苦しくても、将来のために出来るだけこの幸運を利用したい。そこで彼はとりあえず送れるだけの軍勢をシチリア島でかき集めて、内戦の檜舞台になっているアンダルシーアへと送りこんだ。セビージャに籠城していたアタナギルドはこの援軍のおかげで形勢を逆転し、まもなく西ゴート王になる。しかし長い目でみると、そのために彼はあまりにも大きな代償を支払わねばならなかった。ビザンチンの軍勢がイベリア南部に居坐ったまま、まったく彼の言うことをきかない。そのうちに東ゴートを滅ぼして余裕のできたユスティニアヌスが強力な増援部隊をカルタヘーナに上陸させた。

しかもビザンチン勢は少なくともアンダルシーアでは単なる占領軍ではない。グァダルキビール流域をはじめ産業の盛んな地域にローマ時代からの貴族、官吏、大地主、商人などがたくさんいて、都市でも農村でも実質上の自治独立を手放そうとしなかった。彼らにとっては異教徒のゴート政権よりユスティニアヌスの支配のほうが望ましいし、すでにマグレブとイタリアとを征服して地中海の制海権を確保した彼のもとで貿易活動を再開すれば、かつての繁栄を取り戻すことも夢ではなさそうだ。したがって港町や商業都市の住民たちは大多数がビザンチン軍と協力して、ゴート勢を追い出そうとしはじめた。その結果、五五五年ごろにはもうイベリア南部の海岸地帯がほぼみんなユスティニアヌスの帝国領になってしまう。

政争と宗教

アタナギルドはやむをえずカスティージャ高原中央部の要塞都市トレードに首都を移し、できるかぎり防御体制をととのえた。しかしビザンチン帝国の南からの攻勢に独力で対抗することは不可能にちかいし、もしピレネーの北からもフランク勢が押し寄せたら腹背に同時に敵をうけて、ひとたまりもないだろう。だから北の国々との関係だけでも大急ぎで改善せねばならなかった。

さいわいにして、ちょうどそのころ四つの小国に分裂していたフランク領のうち、北東部(アウストラシア)の王から使節がきて、アタナギルドの次女と結婚したいという。たちまち婚約が成立し、彼女はモゼール河畔の町メッツの宮廷へと出発した。ところがそれを聞きつけた西側の隣国(ネウストリア)の王もすぐトレードに使節をよこして、長女のほうを王妃に迎えたいという。この二人のフランク王はもともと仲の悪い兄弟だから、縁談にまで競争意識を燃やしたのだろうが、西ゴート王国

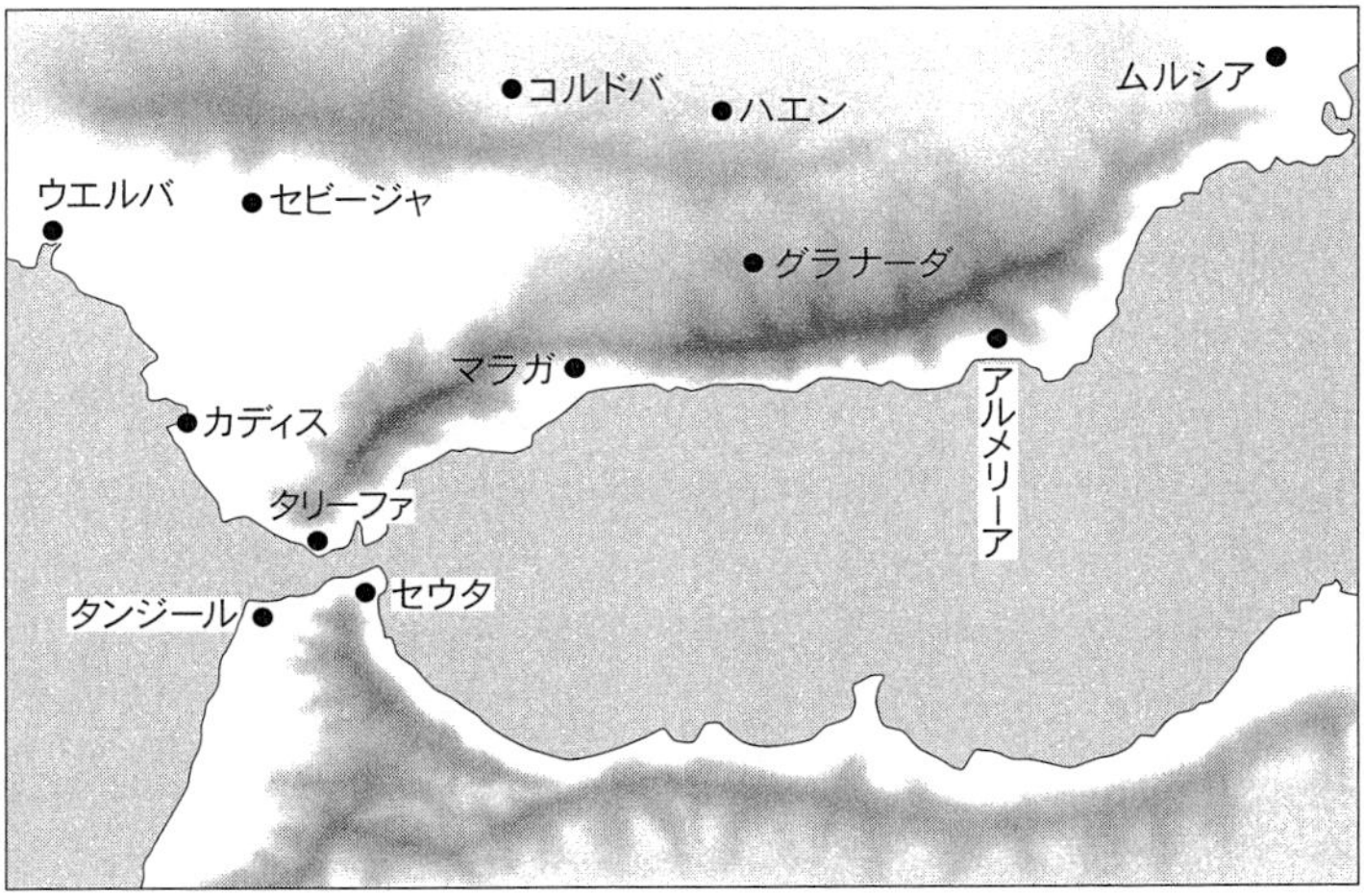

アフリカ北部

の安全のためにはとにかく結構な話である。こちらも問題なく婚約がまとまり、長女はセーヌ川下流域のルーアンへの旅に出た。

ルーアンの宮廷に着いてみると、彼女の夫は王族のなかでも珍しいほど強欲残忍な放蕩児だった。やがて別れて帰国したいと言いだした誇り高いこの妃をよほど持てあましたらしく、情婦と共謀してひそかに暗殺させてしまう。これをきっかけにフランク諸国の王族たちは血で血を洗う果てしない復讐劇をくりかえし、彼女の妹(アウストラシア王妃ブルンヒルデ)が半世紀にわたってその主役を演じつづけることになる。だがトレードの実家では父親のアタナギルドが何も知らないままに死んだ。そのあと西ゴート王国の政治の実権を握るのは彼の未亡人ゴスヴィンタである。

彼女はたぶん国内ではアリウス派の聖職者や貴族から強く支持されていたし、国外にも次女ブルンヒルデとその夫の後ろ盾があるおかげで、トレードの宮廷を思いのままに動かしていたらしい。そのうちに西ゴート王になったレオヴィギルドが彼女を後妻にえらんだのも、権力の基盤を最大限に広げる狙いだったろう。彼にはすでに先妻の残した二人の息子があり、長男は成年に達していたので、その嫁としてゴスヴィンタは自分の孫(ブルンヒルデの娘イングンダ)を呼び寄せることにした。遠い北国からやってくるこの孫娘を彼女は待ちこがれていたはずだが、到着後まもなく犬猿の仲になってしまう。原因は宗派のちがいだった。

西ゴートの王族たちは当然みんな幼少時からアリウス派の教育をうけている。それがブルンヒルデ姉妹のようにカトリック国に嫁入りすると、結婚式のまえに自分がまず改宗して、やがて生まれる子どもたちをやはりみんなカトリックに育てあげる義務があった。その逆の場合も同じことだから、ゴスヴィンタはさっそく孫娘のために改宗の儀式を準備する。しかしイングンダは人並み以上に熱烈なカトリックだったので、容易にそれを受け入れない。怒り狂った祖母が孫娘を折檻して無理やり改宗させたものの、両者の仲は険悪になる一方だった。

困りはてたレオヴィギルドは唯一の解決策として、女性ふたりをなるべく遠く引き離すために、イングンダとその夫(長男ヘルメネギルド)とを当時アンダルシーアでの前線基地になっていたセビージャへと送り出すことにした。これより十四年前にユスティニアヌスが死んだあとビザンチンの勢力はアンダルシーアでも急速に衰え、占領していた町や村を次々に失いつつあったけれど、カトリック派の住民たちの地盤だけは相変わらず根強いから、政治面でも軍事面でも問題だらけの地域である。そこの統治をまだ若いヘルメネギルドに任せたのは、父親がこの長男を信頼しきっていた証拠とかんがえていいだろう。

ところが彼はセビージャに着くとまもなくカトリックに改宗し、みずから西ゴート王を名乗りはじめた。その直接のきっかけは妻イングンダの影響だろうが、もっと昔にさかのぼると彼の母(つまりレオヴィギルドの先妻)がどうやら改宗者で、少なくとも長男の彼だけはひそかにカトリック信者として育てられていたという。こうした噂の真偽のほどは別として、おそらく確実に言えるのは、すでにトレードの宮廷でアリウス派とカトリック派との境目が複雑微妙なものになり、親子、兄弟、夫婦などの間ですらはっきり分からなかったこと。そして女性の役割が大きかったことであろう。彼女たちの大多数は政治よりも宗教をずっと大事にする。その影響で子供たちや夫の宗派が左右され、やがては政治の世界にまで重大な結果をもたらす場合が珍しくなかった。

長男のこの謀反にたいしてレオヴィギルドはきわめて慎重な反応を示す。なにしろ相手がカトリックの旗印をかかげているだけに、あわてて押し潰そうとすると国内のいたるところに飛び火して大規模な内戦になりかねない。しかも西ゴートの周辺諸国はみんなカトリック国である。イベリア北西部のガリシアで今までずっとアリウス派の信仰を守っていたスエヴィ族の王までが最近ついに改宗した。その王がもしフランク族やビザンチン帝国と手をつないでアンダルシーアの反乱軍を援助したら、トレードのレオヴィギルド政権は四面楚歌になってしまう。それを避ける最良の手段はたぶん国内でも国外でも、すべての問題を平和的に解決しようという姿勢で話し合いをつづけながら、徐々に有利な態勢を築きあげることであろう。
そのために彼はまずトレードでアリウス派の宗教会議を開き、儀式上の習慣や教義をできるだけカトリックのそれに近づけた。次には法律を改正して、ゴート族とローマ系住民との結婚を自由化する。これによって宗教や人種の溝が多少なりとも浅くなれば、カトリック擁護という反乱側の旗印もその分だけ威力を失うにちがいない。

こうした戦略が図に当たって、国内でのヘルメネギルドの立場は苦しくなってきた。しかし勝敗のゆくえはやはり周辺諸国の出方ひとつで決まるだろう。だから彼は同志のなかで最も信頼できる人物(セビージャの司教レアンドロ)をコンスタンチノープルに派遣して援軍を催促させたのだが、そのころちょうどビザンチンはペルシア軍やスラヴ族に攻め立てられ、アンダルシーアの帝国領にいる部隊まで呼びもどしたいほどだから、もちろん援軍どころではなかった。北のほうのフランク諸国も相変わらず内輪喧嘩で忙しい。結局のところ実際に援軍を送ってくれたのはスエヴィ族の王だけだし、これも戦況が不利になるとガリシア本国に引きあげて行った。

反乱側の本拠地セビージャがやがて敵の手に落ちたあと、コルドバに籠城していたヘルメネギルドが最後の反撃をこころみるのは五八四年二月。内戦ももう五年目を迎えていた。出陣にあたって彼は妻のイングンダと幼い息子をアウストラシアの実家に送る手順をととのえておいたようだが、同盟軍のはずだったビザンチン勢の裏切りで母子ともに人質として皇帝のもとに送られる羽目になった。
(イングンダはその船旅の途中シチリア島で死ぬ。息子は無事に到着してビザンチン宮廷で育てられたが、人質だから外交上の駆け引きの道具として利用され、いつ殺されるか分からない。それを危惧した祖母ブルンヒルデがわざわざ皇后に手紙を出し、しっかり保護して頂きたいと嘆願したにもかかわらず、まもなく消息が絶えてしまう）

ヘルメネギルド自身の末路も哀れだった。父と弟の軍勢にコルドバ郊外で追い詰められ、生命だけは保証するという条件で降伏したが、アリウス派への再改宗を頑強に拒みつづけたため、一年後にはタラゴーナの牢獄で暗殺された。それを命じたのが父なのか弟なのか、それとも両方だったのか、真相はよく分からない。

反乱鎮圧に成功して勢いに乗ったレオヴィギルドは、これまでの融和政策を捨てて容赦なく反対派を弾圧する。セビージャの司教レアンドロをはじめ長男に味方した聖職者たちは追放され、ガリシアのスエヴィ王国は西ゴートに合併された。これでイベリアのほぼ全土が宗教的にも政治的にも統一されたかたちである。例外はバスク族など北部山岳地帯にいる幾つかの少数民族と、アンダルシーアの海岸部に残っているビザンチンの領土だけ。長男暗殺より一年後に彼が病死したとき、トレードのアリウス派体制はもうすっかり安定したかのように見えた。

再びカトリックに

ところが次男のレカレードは、自分が王位についてからまもなくカトリックに改宗し、宗教政策を百八十度転換する。はたしてこれは突然の転向だったのか？　あるいは兄やアンダルシーアのカトリックと交渉したり戦ったりしているうちに徐々に考えが変わったのか？　それとも実は彼もやはり幼少時からのカトリックで、これまで父の命令どおりに兄を追い詰めたりしながら、自分自身が王になって公然と改宗できる時期を待ちつづけていたのか？　いずれにしても政治的利害の面からかんがえれば、ローマ末期の皇帝たちやクロヴィスの改宗と同じように、まことに賢明な、抜け目のない選択だった。

即位の翌年のレカレードは宗教会議を招集して、カトリックを西ゴートの国教と決める。このとき会議の推進役を務めたのは、セビージャの司教レアンドロをはじめ、追放先から呼びもどされたかつての反乱支持派だった。それとは逆にアリウス派の貴族や聖職者が次々に追放されたり、財産を没収されたりする。つまり賊軍と官軍とが一朝にして入れ代わったわけである。納得できない連中は当然ほうぼうで蜂起した。トレードの宮廷でクーデター計画が露見したときには、すでに老齢のゴスヴィンタもそれに加わっていたため、ひそかに処刑されたらしい。よきにつけ悪しきにつけ、彼女はとにかく最後まで頑固に自分の信仰を貫いたことになる。

浮かばれないのは早々と改宗し再改宗を拒んだために非業の死を遂げた長男ヘルメネギルドである。今や彼は殉教者とたたえられていいはずだが、誰もそのことを言い出さない。事情が複雑すぎるだけに、うっかり言えなかったのだろう。彼を死に追いやった次男レカレードは現在の王であり、カトリックを国教にしてくれた高邁きわまる君主である。だからカトリックの聖職者たちは無条件にレカレードを褒めたたえ、ヘルメネギルドのことは棚上げしてしまう。そして後世に残るのは勝った官軍の記録にすぎない。

（この時代の歴史に関する数少ない資料のうち、もっとも信頼できる『ゴート史』を書いた聖イシドロは、レアンドロの弟だった。兄のほうがビザンチンに援軍を頼みに行ったとき書籍をいろいろ持ち帰ったおかげで、弟の彼も若いころから古典に親しみ、当代随一の碩学になる。その主著『語源』は膨大な一種の百科事典で、中世ヨーロッパの修道院や大学では長いあいだ必読書とされていたらしい。聖職者としても兄のあとを継いでセビージャの大司教になり、カトリックの教義と組織を固めることに尽力した。青年期にはヘルメネギルドとかなり親しかったはずだが、著書のなかでは「父親を裏切った長男」だという否定面だけを強調している）

レカレードは国内でアリウス派の反乱を鎮圧しただけでなく、国外でもネウストリア王と同盟を結び、ナルボンヌ周辺の西ゴート領に攻めてきたアウストラシアやブルグンドの軍勢を撃退した。アウストラシア大后ブルンヒルデにとっては、自分の母親、姉、夫、娘夫婦、そしてビザンチン宮廷で消息を絶った孫など、四世代にわたる犠牲者たちの仇討ちが未遂に終わったわけである。

西ゴート王国はレカレードが死んだあと、ちょうど百十年つづく。その期間にイベリアでは政治風土の基本的構図が次第にはっきり定着して、二十世紀の現在まであまり変化しなかった。権力中枢はほとんどいつも内陸高原カスティージャの中心部（トレードやマドリー）にあり、その外周りの海岸地帯にはカタルーニャ、アンダルシーア、ポルトガル、ガリシアからバスクまでずらりと、みんなそれぞれ独自の文化伝統を保持し、多かれ少なかれ反カスティージャ感情の強い地域が並んでいる。大規模な内乱や独立運動が燃えあがって中央政府が手を焼くのは、いつの時代にもこの周辺地帯だった。

イスラム軍上陸

アンダルシーアのビザンチン領がようやく一掃されるのは六二八年。南からの脅威だけは差しあたりこれで薄らいだが、このときすでに地中海の東のほうではマホメッドが着々と信者を獲得しつつあり、まもなくアフリカ北岸でもイスラム軍が西へ西へと領土を拡大し始める。ビザンチンの旧勢力はいたるところで撃破され、六四七年にはカルタゴ総督も大敗を喫した。こうなるともうジブラルタルの対岸までイスラムの手が伸びるのは単に時間の問題だ。しかもイスラム帝国はビザンチンどころか、ハンニバルのカルタゴよりもずっと恐るべき相手だった。

にもかかわらず西ゴート末期の王たちは、ほとんど最後の瞬間までイスラムの力を見くびっていたらしい。彼らはみんな相変わらず王位継承争いとか、ピレネーの北のフランク勢との小競り合いとか、いわば内輪の目先のことだけに熱中していたから、地中海世界の大状況の変化にまで気をつかう暇も意欲もなかったのか。八世紀の初めに継承争いで不利になった野党派は、当時すでにモロッコ北部を占領していたイスラム軍に応援を求めた。かつて彼らのご先祖がビザンチンに頼んだときと同じように、ほんの一時の援軍のつもりだったにちがいない。その結果、まもなくイスラムの小部隊がタリーファ岬に上陸し、こちら側の防御体制などを偵察して行ったのだが、ときの西ゴート王も野党派も、まさかそれが国ぜんたいの存亡にかかわる重大事件の前触れとは夢にも思わなかったのだろう。翌年の春に今度こそは本物の侵入軍が押し寄せたとき、野党派はもちろん喜んだようだし、王は自分の軍勢を率いてピレネー方面に出かけていた。

6　アル・アンダルース

ヨーロッパ史時代区分

ヨーロッパの歴史を三つの時期(古代と中世と近代)に分ける習慣を作ったのは十六世紀の古典学者たちである。彼らにとって古代とはギリシア・ローマの文学芸術が栄えたころ。近代はそれが復活してから以後。したがって中世とは文字どおり、その中間に割り込んだ暗黒の世にすぎなかった。

十七世紀に西欧諸国で出はじめた世界史概論のたぐいでは、この単純な区分法がすでに常識と化していたし、それぞれの時期の境目についても見解の差はほとんどない。古代の終りは最後のローマ皇帝が蛮族によって廃位された四七六年。中世のそれはビザンチン帝国が滅亡した一四五三年であり、ちょうどそのころルネサンスの開花とともに近代が始まった……と、おおむねそんな調子である。いまでも高校教科書などにはこの古めかしい公式がそのまま書いてあったりして、受験生がせっせと丸暗記するという。しかし西洋史の先生がたはもうこんな薄っぺらな史観にもとづく設問をなるべく避けようとするだろう。

一九二〇年代からヨーロッパの歴史学界では時代区分をめぐる議論がにわかに沸騰しはじめた。その口火を切ったのはベルギーの史家アンリ・ピレンヌ。一九一〇年に彼がヘント大学で初めて講義した中世都市論によると、ゲルマン諸族が権力の座についてからも、ローマ帝国いらいの社会体制は七世紀の終りごろまでほとんど無傷のまま残っていた。ほんものの天災地変がおこるのは八世紀前後である。イスラム教徒が地中海の制海権を握ったため、西欧圏では貿易、産業、都市生活もラテン語文化も急激に衰え、地域ごとに閉ざされた貧しい封建社会へと変貌せざるをえなくなった。だから古代、中世という時代区分を使うのなら、その境目は八世紀ごろと考えるほうが実情に即している……

この新説が巻きおこした長い活発な論争の過程で、欧米やアラブ語圏の研究者たちが彼の理論のさまざまな細部をきびしく批判、修正した。しかしピレンヌが築きあげた中世像の基本的な骨組みはほぼ全員に受け入れられ、すでに歴史学界の共有財になりきった感じである。遠からず日本の〇×式テストでも「西洋の古代の終りは八世紀」が正解と認められるかもしれない。

（もっと細かい数字をどこかに求めるなら、北アフリカのイスラム軍がイベリア征服に乗り出した七一〇年あたりが有力候補だろう。ヨーロッパ社会の体質を全面的に変えてしまうこの出来事とくらべれば、とっくの昔にゲルマン諸族のあやつり人形と化していたローマ皇帝の廃位などはコップのなかの嵐にすぎない）

西ゴート王国の滅亡 70

八世紀初頭のイベリアでは、支配階級のゴート族が大きく二つに分裂して内紛をくりかえしていた。国王ヴィティザのまわりに結集した与党と、アンダルシーアの豪族ロドリーゴを旗頭とする野党である。やがてロドリーゴが武力でトレードを占領して王になると、ヴィティザ派の貴族たちは彼を引きずり下ろすために、最近やっとモロッコ北部の海岸を征服したばかりのイスラム軍に応援を求めた。

イスラム帝国の首脳部にとってこれはまさに願ったり叶ったりの事態である。彼らはすでに地中海沿岸地帯のうち、シリア、エジプトからマグレブまで東側と南側をすべて支配下に収めていた。これからさらにイベリアへと領土を広げれば、フランク王国、ビザンチン帝国など北側のキリスト教圏を三方から締め上げるかたちになり、制海権も貿易の利潤もたちまち独占できるだろう。

当時のマグレブ総督はムーサという百戦錬磨の老将軍だった。政治的手腕においても並々ならぬ人物で、ごく最近まで頑強に抵抗していた地元民ベルベル族の首長たちを次々に手なずけ、イスラム教に改宗させたり傭兵として使ったりしながら着々とモロッコを平定しつつあった。しかも次の目標になるイベリア半島の情勢に早くも注目していたらしく、ヴィティザ派から頼まれるとすぐ偵察のための軍勢を送り出す。

七一〇年の夏、セウタ港から出帆した四隻の船がベルベル族の小部隊(歩兵四百と騎兵百)をタリーファ岬に上陸させた。地元の防備がきわめて手薄だったので彼らはアルヘシーラスまで進出し、偵察のかたわら付近の町村を荒らしまわったあげく、捕虜の男女と大量の戦利品とを積み込んで悠然と帰途につく、このときの隊長の名タリーフが、岬とそこの港町の地名になって残っている。

ターリクとムーサ

翌年四月の終わりには総勢約九千人のベルベル族が押し寄せた。こんどは大きな船団だし、引きつづき増援部隊を送るつもりでムーサは作戦を練ったらしく、新しい上陸地点を選んでいる。タリーファより遠いけれど、広大なアルヘシーラス湾を見下ろす天然の要塞ジブラルタルの麓である。この峻険な岩山をフェニキアの船乗りたちはカルペ(高所)と呼び、ギリシア人はヘラクレスが建てた柱だと信じて畏怖し崇拝していたはずだが、ベルベル族の兵士たちは指揮官ターリクの名にちなんでジャバル・アル・ターリク(ターリクの山)と改称した。のちにはこのアラブ名がさらに訛ってジブラルタル、近代のカスティージャ語ではヒブラルタルになってしまう。アンダルシーアの歴史そのものを反映した波瀾万丈の経歴だが、時とともに着実に落ちぶれて行った気配がある。

西ゴート王ロドリーゴはこのときピレネー方面で反乱軍と戦っていた。ジブラルタルに上陸したイスラム勢を迎え撃つためには、強行軍でイベリア半島を縦断して千キロ以上の道を南下せねばならぬ。とにかく緊急事態だから彼はただちに出発し、途中で軍勢を呼び集めながらグァダルキビール下流域にたどりつく。決戦場になったのはカディス港とタリーファ岬のちょうど中間にそそぎこむバルバーテ川のほとりだった。イスラム側の兵力は援軍を加えて一万二千。西ゴート側は十万と伝えられているけれども、その何割かを占めていたヴィティザ派が寝返ったせいで惨敗して、ロドリーゴも行方不明になる。西ゴート王国はこの日かぎりで実質上どこにも存在しなくなった。

これですっかり勢いづいたターリクはまさに無人の野を行くかのように、まずコルドバを攻略し、そのまま一気に北上して首都トレードに入城する。マグレブにいた総督ムーサもみずから一万八千の軍勢を率いてカディスに上陸し、セビージャへと押し寄せた。ここにはバルバーテ戦の敗残兵やアンダルシーア各地からの避難民がたくさんいて、頑丈な城壁を頼りに抵抗したが、やがて食糧が尽きたために降伏を申し込む。ムーサは彼らを寛大に受け入れ、生命財産の安全、信仰の自由などを保障したうえに今までよりずっと税金を軽くしたので、ロドリーゴ派の幹部以外は喜んで新政権の支配を受け入れるようになった。

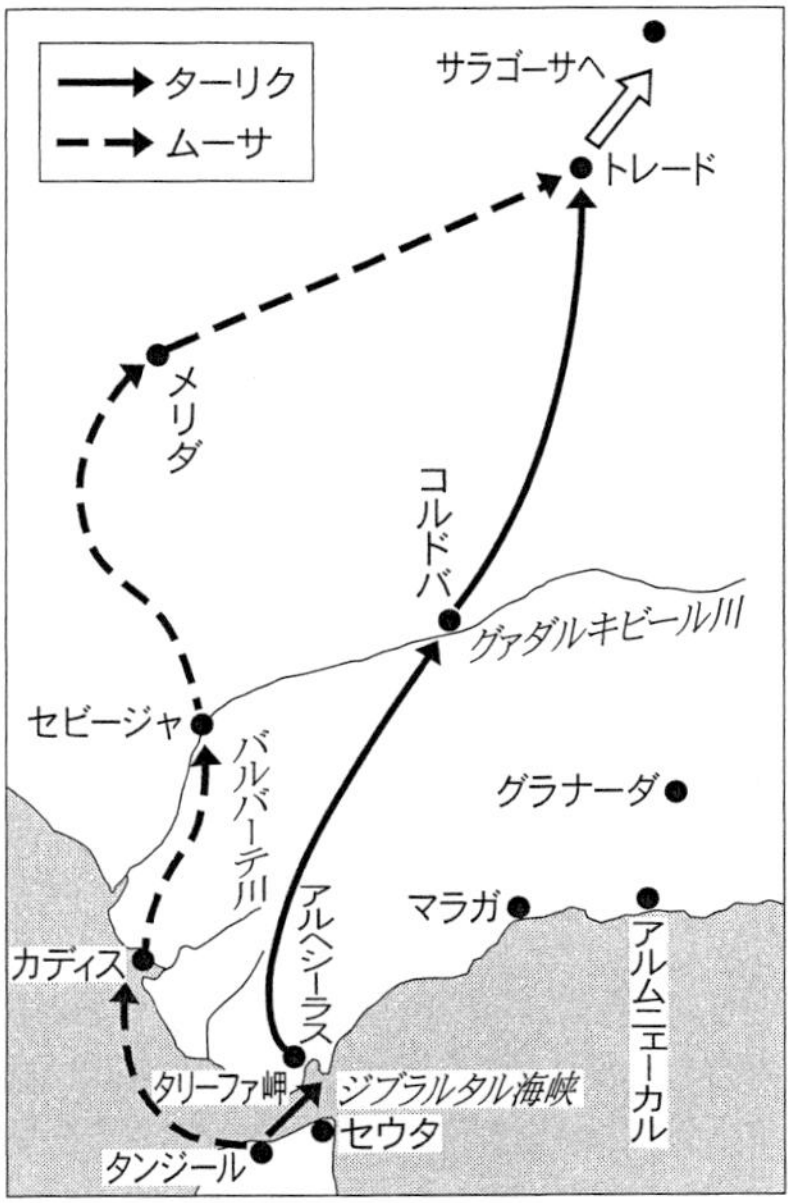

イスラム軍の進路

このときのイスラム軍にはアラブ人やベルベル人のほかに、かなりの数のユダヤ人が参加していたという。彼らの大半は西ゴート末期に異教徒迫害の手を逃れてマグレブに渡った亡命者の子孫だから、ムーサのおかげで祖国復帰の宿願がようやく叶ったわけである。またイベリアに残っていた同胞たちにも呼びかけて、さっそく彼らは新政権の片腕として活躍しはじめた。ムーサも彼らの能力をさまざまな面で抜け目なく活用する。降伏直後のセビージャでは防衛、治安、行政などをみんな彼らに任せたまま、自分は軍の主力を率いてふたたび進撃を開始した。行く先々のどこの都市でも彼はユダヤ人コミュニティやヴィティザ派の残党の全面的な協力をあてにすることができる。そうした背景がなかったら、わずか数万のイスラム軍がイベリア半島のほぼ全土をまたたく間に征服するという奇跡はおこらなかっただろう。

その後ムーサはトレードに着いてターリク勢と合流し、北東部の要衝サラゴーサを攻略した。ここまで来ればもうピレネーは目と鼻の先にある。バンプローナ街道を北上すればフランク王国への近道になるロンス峠、エブロ川の谷筋を西にさかのぼればロドリーゴ派の残党が逃げ込んだアストゥリアス山地、東に下れば地中海岸のタラゴーナ等々、選択肢が多すぎて迷ってしまう交差点だ。ムーサとターリクはここで別れて西と東をそれぞれ担当したらしい。おかげでエブロ川流域の大きな町はほとんどが彼らの目標になった。

中世のアラブ語圏を代表する歴史家イブン・ハルドゥーンの説によると、ムーサはこのときカタルーニャからビザンチンへとヨーロッパ南部を横断し、小アジアを経てイスラムの首都ダマスカスまで地中海岸の北回りルートで帰国する計画を抱き、彼の軍勢は事実すでにローヌ河畔のアヴィニョンを占領していたという。さらに進んで終点まで着いたらハンニバル以上の壮挙である。しかしそのころ彼のもとにダマスカスから南回りルートで飛脚便が舞い込んだ。内容はカリフの勅令だった。部下ターリクと共に大至急宮廷に出頭せよ、という。やむをえず彼はイベリアに引き返してジブラルタルへの道を急ぎ、アフリカ北岸からパレスティナ、シリアまで半年がかりの旅に出た。

このときムーサは手土産として膨大な戦利品のほかに数千人の捕虜や奴隷と、西ゴートの王族四百人とを連れて来たので、ダマスカスの城門から市内への凱旋行進はまことに絢爛豪華だった。ところがいよいよ謁見式の席で色とりどりの献上品を披露したとたんに、カリフが彼を叱りつけた。イスラムの掟どおり戦利品の二割を献上すべきなのに、お前は誤魔化して着服したから死刑にする――と、弁明の余地もあたえない居丈高な宣告である。ムーサは巨額の罰金を払って死刑だけは免れた。しかし追放処分になり、八十歳の老将軍はアラビアの僻地で乞食をしながら野垂れ死にしたらしい。ターリクのほうはそれっきり消息不明だが、おそらく同じ運命を辿ったのではないだろうか。

イベリア制圧

ムーサにはアブデルアジーズという息子があり、旅に出た父に代わってイベリア半島でのイスラム領(アル・アンダルース)の統治を引き受けていた。軍事、政治の両面で父にも劣らない手腕を発揮し、ポルトガルからマラガやバルセローナまで南東部の海岸一帯で領土を広げただけではなく、首都セビージャの行政組織を整備したり、人種、宗教、派閥などの対立抗争を防いだり、着々と実績を上げつつある。しかも西ゴート最後の王(ロドリーゴ)の未亡人と結婚して、地元とのつながりを強化した。おかげで彼はダマスカスのカリフの臣下というよりも、アル・アンダルースの王のような存在になりかけている。

彼の父ムーサを追放したスレイマンの立場からすれば、息子のほうの下剋上もとうてい許せないことだ。しかし遠いイベリアまで討伐軍を送るというのは難事業だし、たとえ送っても勝てるかどうか分からない。そこで彼はセビージャに刺客を派遣することにした。この大役をあてがわれた二人の男は、どちらもアブデルアジーズの従兄弟だったという。七一六年のある日の朝、市内のモスクで彼が祈っていたときに刺客たちは役目を果たした。

この事件をきっかけにセビージャ周辺の豪族たちはダマスカス政権の横暴をますます憎むようになり、反乱の気配もあったので、スレイマンはまもなくアル・アンダルースの首都をコルドバに移すことにした。だが、その程度のことではもう国内の不安はおさまらない、おまけに地中海東部でもそのころイスラム帝国の権威が揺らぎはじめていた。

アブデルアジーズ暗殺の年にスレイマンはビザンチン帝国領に大軍を送り込み、陸と海からコンスタンチノープルを包囲したが、味方の損害ばかり多くてまず攻略の見込みはない。しかも翌年には彼自身が失意のうちに病死した。次のカリフ(オマール)は戦線縮小の方針をとり、全軍に撤退を命じたけれども、帰途についた大船団がギリシア水軍の追撃と嵐にやられて全滅した。アル・アンダルースの情勢も悪化する一方だったので、オマールはイベリア半島からも全面撤退しようかと真剣に考えていたらしい。

オマールは敬虔なイスラム教徒で、享楽や征服よりも学問を好み、神の思し召しに適う理想社会を夢見ていた。聖戦(ジハード)などというものは戦利品欲しさの侵略の口実にすぎないと確信して、思い切りよく平和政策に転じたのだが、即位後わずか三年目に彼も病死してしまう。ダマスカスの君主がこれほど早いテンポで交代し、そのたびに方針が変わるのだから、植民地での政策に一貫性がなくなるのはむしろ当然の事態だろう。

(後世のスペイン人が創作した有名な警句に「イスラム教徒がわずか八年で征服したイベリアを、キリスト教徒が取り戻すには八世紀かかった」というのがある。ここでの「八年」を額面どおりに受け取ればターリクからオマールまでの時代だが、その間の征服事業のプロセスはけっしてこの警句が暗示しているほど順調なものではなかった)

オマールの次の次のカリフ(ヒシャム)は珍しく寿命が長く、十九年ものあいだ無事に王座を守っていた。この時期にアル・アンダルースの総督がポワティエ付近まで遠征してフランク軍に撃破される。西欧諸国の歴史家たちはこの事件を特筆大書するけれども、カリフの目からすればあれは末端の愚かな指揮者が少々出過ぎてつまずいただけのこと。敵がピレネーの南まで追撃してきたわけでもないから、まずは無事の部類だった。

アル・アンダルースの王

イスラム史上でそれよりも大きな意味のある出来事の一つは、かつての西ゴート王の孫娘サラが、カリフに直訴するためにセビージャからはるばるダマスカスへと上京したことである。事情をよく聞いてみると、サラはセビージャ周辺の広い土地を相続するはずだったのに、コルドバにいる叔父の一人がそれをみんな横取りして、どうしても返さないという、それだけのことなら別にカリフ自身が介入するほどの大事件ではない。しかし最近のイベリア南部の政治情勢を考えると、現地の官吏に任せないで、宮廷で慎重に検討する必要があるのかもしれない。

アル・アンダルースの首都がコルドバに移ったとき、それまでセビージャに住んでいた地元の支配階級も大部分はそちらのほうに引っ越した。ただし遠い昔からの地主貴族の層のなかには相変わらず先祖代々の領地で暮らしつづけている大家族も少なくない。彼らの多くはもともとイスラムの征服者をあまり歓迎しなかったし、今になってその御機嫌をとりながら甘い汁を吸っている連中を、たとえ親類縁者でも裏切り者だと思っている。だから最近のセビージャは反コルドバの陰謀、反乱などの家元と化しつつあり、ひとつ対策を誤ると大変なことになりかねない。まして、かつての西ゴート王の直系の孫であり、現在でもみんなが敬意をこめてサラ・ラ・ゴーダ（ゴートの王女サラ）と呼んでいる娘を疎略に扱ったりすれば、一族郎党が決起して本格的な戦争をはじめる可能性がある。

ヒシャムは聡明なカリフだったから、こうした微妙な情勢をよく理解していたのだろう。コルドバの叔父とやらの肩を持たず、全面的にサラに味方して土地を取り戻したうえに、自分の腹心の部下のひとりと結婚させた。これでもうサラがコルドバの連中から苛められたりする恐れはないだろう。

このときサラはダマスカスの宮廷で、ヒシャムの孫アブデルラーマンと知り合ったらしい。可愛らしいこの少年がのちにコルドバの君主（アブデルラーマン一世）になり、イスラム世界ぜんたいに大地震を起こそうとは誰も夢にも思わなかったことだろう。しかしそれが十数年後に実現して、彼とサラとはアル・アンダルースでふたたび出会うことになる。

ヒシャムが死んでからまもなくダマスカスのウマイヤ朝は滅亡した。それに代わって登場したアッバス朝のカリフたちは、ウマイヤ系の王族の子孫を根絶やしにするためならどんな手段でも使う。アブデルラーマンも何度となく間一髪で死をまぬがれ、パレスチナからエジプトへ、さらにマグレブへと逃げて港町セウタにやって来た。彼の母がベルベル族出身の女奴隷だったので、その親族を頼ってここまで来たのだという噂がある。いずれにしても彼はここで対岸アル・アンダルースの情報を集めたり、そこにいる友人知己と連絡をとったりしながら、渡海して旗揚げするための準備に専念したらしい。

七五五年の四月なかばにアブデルラーマンはマラガ東方のアルムニェーカルに上陸した。ごくささやかな港町だが、峠を越えてグラナーダ盆地やグァダルキビール平野に向かう便利な道の起点なので、フェニキア人、ギリシア人がすでに貿易基地として利用していた場所である。アブデルラーマンが来たときにはここに有力な味方がいて、軍勢を提供したり、今後の進路を指示したり、いろいろと力になってくれたのだろう。

彼の味方が日ごとに増えて行くのを見て、コルドバにいる総督は懐柔策をとりはじめた。首都に招待したいとか、自分の娘とぜひ結婚してほしいとか。しかしアブデルラーマンのほうはそれに取り合わず、グァダルキビールへの道筋のおもな町を次々に攻め落としながら進撃した。そして翌年三月にはついにセビージャに入城し、つづいてコルドバを占領して、自分はアル・アンダルースの王（アミール)であると宣言する。かつて地中海圏の東の果てのダマスカスで一世紀ちかくのあいだ繁栄し、六年前に滅ぼされたウマイヤ朝が、西の果てのコルドバでこのとき復活したわけである。

アブデルラーマンとサラ・ラ・ゴーダが久しぶりに対面したのはセビージャ入城のときだろうか? 彼にとって彼女は大切な味方だから、それ以前にどこかで会って今後のことを相談したのかもしれない。少なくとも手紙や使者のやりとりは彼がセウタにいたころに始まっていたはずだ。旗揚げに関して彼はサラに協力を求め、彼女のほうも喜んでそれに応じたにちがいない。のちに王になってからも彼は昔のことを忘れなかったらしく、サラにはいつも親切のかぎりをつくしている。機会あるごとに彼女を招待して貴重な品物を贈ったり、肥沃な農地を提供したり。やがて彼女が未亡人になったときには、頼りになる次の夫の候補者をすぐに探してやったらしい。ダマスカスでの偶然の出会いが彼にとっても彼女にとっても、思いがけないところで大きな幸運をもたらした。

しかしアブデルラーマン一世の前途はまだまだ多難だった。アッバス朝のカリフたちが彼の独立宣言を黙って認めるはずはないし、アル・アンダルースのほうぼうで早くも彼の政権を倒そうとしている敵も多い。過大な報酬を期待して彼に味方した地元の豪族、貴族たちは不平不満のかたまりと化し、反乱の機会をしきりに狙っている。ようやく王座についたものの、いつ、どこで何がおこるのか彼自身には見当もつかない。

7　唯一の神の名において

ベルベル族

八世紀の初めにイベリア半島に侵入したイスラム勢は大半がベルベル族だったという。彼らはもともとヨーロッパ育ちの紅毛碧眼人種だが、古代エジプト王朝のころアフリカに渡り、ナイル川から大西洋までの広大な海岸地帯とサハラ砂漠に根をおろした。そのうち特に人口の多いマグレブは農業・牧畜が盛んだし、貿易基地として絶好なので、遠い昔から絶えまなく地中海諸国に狙われて、カルタゴ、ローマ、ヴァンダルやビザンチンの領土になる。しかしいずれの場合にも、すっかり平定されるのは北部の海岸一帯だけ。アトラス山脈の谷間とか、もっと南のオアシスとかで暮らしている勇猛果敢な部族にまで支配の手が伸びたことはめったにない。セム語系の彼らの言語をローマ人はベルベル(ちんぷんかんぷん)と呼び、そのまま民族の名前にした。

イスラム軍は七世紀にシリア、パレスティナとエジプトをわずか十年で征服し、まさに破竹の勢いだったが、マグレブに一歩踏み込んだとたんに勝手が違ってきた。いたるところで誇り高いベルベル族の反撃に出会って悪戦苦闘。カルタゴ市南方の平原にやっと築いた要塞都市(カイラワン)すら何回となく攻め落とされ、生き残りの将兵もナイル川へと逃げ帰らざるをえなかった。のちに老練な総督ムーサがようやく幾つかの部族を手なずけ、傭兵として使いながらモロッコ北岸まで平定したのは七十年後のことである。(マグレブという地名はアラブ語で「日没の地・西の果て」を意味する)

そのあと直ちにイベリア征服に乗り出したムーサは、最初の年(七一〇年)の偵察にも、翌年の本格的上陸にもベルベル部隊を起用した。おそらくその狙いのひとつは、彼らがジブラルタル水域で先祖代々海賊業をやりながら磨きあげた土地勘と経験とを最大限に活かすため。もうひとつは、対岸にいる新しい敵の軍勢にまず彼らをぶつけてみて、その手応えを確かめたうえで今後の長期計画を立てるためだったろう。結果においてはただ一度の短期決戦で勝負がつき、ベルベル族がますます自信を持つようになった。

彼らの多くはごく最近イスラムに改宗したばかりで、ほとんどアラブ語を知らないし、もちろんコーランの字も読めない。しかしマグレブの海岸部にはすでにローマ時代からユダヤ教、キリスト教のさまざまなセクトがひっきりなしに流れこんでいたおかげで、住民たちは東のほうからやってくる一神教に慣れている。イスラム教もやはりその新しい波のひとつとして、格別の違和感なしに受け入れられたにちがいない。

ベルベル族のあいだで特に歓迎されたのは、ハーリジ派というイスラム最初の分派だった。その教義は当時としては異常にラディカルな平等主義で、人種、部族、家系の別なくすべての信徒に平等な権利があると主張し、たとえマホメッドの親戚とか、メッカ、メディナやイェーメンの名門とかでも特権はいっさい認めない。したがって首都ダマスカスからマグレブやアル・アンダルースに派遣された軍人、官吏などが、すでに改宗した現地人を差別したり、こき使ったり、横車を押したりするのはイスラム教徒として許せないことである。

こうした平等思想のせいでハーリジ派はアラビア、シリア、ペルシアなどでは徹底的に弾圧され、血統を重んじるシーア派のような大勢力にはならなかった。しかしベルベル族のあいだには深く広く浸透して、やがて幾つもの強力なセクトや新王朝を生む。アブデルラーマン一世らとウマイア朝の落ち武者がダマスカスから逃げてきたとき、マグレブではすでに総督府に反抗していたベルベル族が親切に彼らをかくまって、対岸イベリアまで無事に送り込んでくれた。当時コルドバにいたアル・アンダルース総督も、部下の内部分裂のせいでアブデルラーマンの進撃を阻むだけの力がなく、みすみすウマイア朝再建を許す結果になってしまう。

『ローランの歌』

しかも分裂していたのはベルベルとアラブだけではない。後者のうち昔から仲の悪かったイェーメン系とシリア系との諸部族が、アル・アンダルースに来てからも遺恨試合をくりかえし、収拾のつかない状態になっていた。上陸直後のアブデルラーマンを助けたのは主にイェーメン系だったが、即位後に彼がシリア系にも寛大な態度で接したため、それに憤慨した部族は早くも反旗をひるがえす。もともと彼の新ウマイヤ朝を認めないアッバス朝のカリフ(マンスール)がそれに味方して、ますます戦火をあおり立てた。ベルベル対アラブ、イェーメン対シリアという三つ巴、四つ巴のいがみ合いに、王朝どうしの争いまで絡んできたわけである。こうなるともうどの派閥も戦国乱世の常として、ただ生き延びることだけで精一杯。その時々の情勢次第で相手かまわぬ合従連衡《がっしょうれんこう》をやりはじめた。

たとえばピレネー方面ではサラゴーサにいたイェーメン派の首領たちが、アブデルラーマンと戦うためにキリスト教徒の応援を求め、シャルルマーニュの宮廷に使節を派遣した。七七七年のことである。当時シャルルマーニュは北方のサクソン族との戦争に大わらわだったが、イベリアの王になれそうなこのチャンスは見逃せない。ただちに準備にとりかかり、翌年早々にフランク軍の主力を率いて南下した。ところがサラゴーサに着いてみると、どうやら市内で政変があったらしく、城門を固く閉ざして入れようとしない。包囲攻撃してもなかなか落ちないので、やむをえず帰国する途中、ピレネーの峠で伏兵に襲われた。のちに叙事詩『ローランの歌』の主題になるロンスの谷の悲劇である。

シャルルマーニュの軍勢は険しい道を登るにつれて隊列が長く延びきってしまった。そのとき山の頂上で待ちかまえていたバスク族が一気に斜面を駆け下りて最後尾の輜重隊と、それを護衛しながら主力部隊の後方を固めている殿軍とに襲いかかり、谷底に追い落としてから攻め立てて全滅させた。そのあと彼らは戦利品を掻き集め、おりから迫る夕闇にまぎれて、あっという間に四方八方へと姿を消した。

(アインハルト『カール大帝伝』第二巻九章)

同時代の史家のこの的確な証言によると、襲ってきたのは地元のバスク人――遠い昔にピレネー山地に住みついて、宗教や生活習慣は未だにほとんど原始のまま、政治的にもローマ、ゴートからイスラムまで、外来のどんな権威にも従わなかった種族である。しかも彼らは交通量の多い峠を唯一最大の資本とするプロの山賊業者だから、相手は誰だってかまわない。キリスト教徒の軍勢だろうと、イスラム教徒のそれだろうと、戦利品さえ多ければ歓迎すべきお客なのだ。シャルルマーニュの殿軍の場合も、やはりアインハルトの見解によると、「バスク族のいつもの罠に引っ掛かった」だけのこと。宗教とも政治とも無関係な、一種の交通事故にすぎない。

ところが、それから二百五十年後に西欧全土で人気の的になりはじめた『ローランの歌』では、話がまるで変わっている。ロンスの谷に攻めてきたのはイスラム教徒の王みずからが指揮する約十万の精鋭部隊。シャルルマーニュは(実際にはまだ三十代のフランク王だったのに)キリスト教圏ぜんたいの帝王たるにふさわしく純白の頰ひげ、顎ひげを長く垂らした二百歳の神々しい老人。だから今回の戦闘は、絶対に許してはならぬ邪教との天下分け目の決戦である。それを前に騎士ローランは勇気凜々たる声で、「異教徒は間違っている。正しいのは我々キリスト教徒だ！」と叫ぶ。

『ローランの歌』が完成したのは十一世紀の末だという。パレスティナへの第一回十字軍の直後だから、西欧圏ではイスラム教徒への敵意がおそらく史上空前のレベルにまで達していたことだろう。後世のヨーロッパ史のなかにこれと匹敵しうる例をさがしても、十六世紀のプロテスタントとカトリック、二十世紀の共産主義と資本主義ぐらいしか候補は見あたらない。それほど熱狂した空気のなかでは具体的な事実ですらごく簡単に変質して、似ても似つかぬものになる。これは『ローランの歌』だけではなく、イスラム時代のイベリアに関するほかの史料や伝説にもほぼ共通の運命だった。

シャルルマーニュはロンスの谷の事件以後にも何度か軍隊を送りこんで、ピレネーの南に着々と領土を広げようとしていた。しかし神聖ローマ皇帝に任命される前後から、あまりにも多忙な彼に代わって息子のひとり(のちの敬虔王ルイ)がイベリア戦線を一手に引き受けたかたちになり、占領政策も少しずつ変わってくる。ルイは熱烈なカトリックだから、新たに攻略した地域で住民たちの宗教を統一することに全力をそそいだ。さいわいにしてカタルーニャやアラゴンの山岳地帯には、まだイスラムに征服されたことのない昔ながらのキリスト教徒が残っていたし、アル・アンダルースから逃げてくるモサラベ(イスラムに改宗しなかったキリスト教徒)の数も次第に増えつつある。人口の面からかんがえても、努力さえすればイベリア北部は遠からずカトリック一色になるかもしれない。

ただしモサラベの信仰には、ローマ教会の目でみると異端邪説にちかい不純な成分がまじっていた。彼らはみんな南のほうで最近まで異教徒たちと一緒に暮らしていただけに、そんな経験が全くない北国の連中とは宗教や人種についての考え方がどうもうまく嚙み合わない。フランク軍の将兵にとってイスラムとは撃滅すべき敵という抽象的な集団にすぎないが、モサラベたちの記憶のなかでは一人ひとり顔も声も性格もちがう色とりどりの男女だし、こちらがアラブ語をおぼえてから話し合ってみると、意外なほど物分かりのいい相手もいる。だからモサラベのあいだでは、キリスト教とイスラム教との相違点より共通点を重視して、両者が共存できる道を開こうとするセクト(アドプショニスト)が多くの支持者をあつめていた。

ルイをはじめ占領軍の立場からすれば、こんな宗派は異教徒の文化にかぶれて堕落した卑怯者、裏切り者としか思えない。彼らの思想をつきつめるとイスラムとの聖戦までが戦利品や領土めあてのありふれた侵略戦争になってしまう。したがって、ルイもシャルルマーニュもこのセクトをはっきり異端と断定し、宗教会議にかけて正式に禁止した。ロンスの谷の悲劇から二十一年後のことである。

コルドバの大虐殺

そのころのコルドバではアブデルラーマン一世の孫(ハカム)が王座につき、ウマイア朝の支配体制を固め直そうとしていたが、宗教をめぐる情勢はこちら側でも目にみえて変りつつあった。その最大の原因は、アラビア南部の有名なイスラム法学者(マーリク)の弟子たちがアル・アンダルースに持ち込んだ一種の原理主義である。彼らはコーランの条文からひどく窮屈な戒律を引き出し、それに従わない信者たちを容赦なく摘発する。たとえ相手が王や政府の高官でも、歌舞音曲、狩猟そのほか贅沢な娯楽に耽ったりすると激しい批判を浴びせるので、権力と無縁な庶民の層に人気があり、いわば行政府をチェックする最高裁判所のような役割を果たしていた。なにか問題がおこるたびに人々は王の命令より法学者たちの意見を聞こうとする。しかも当時のコルドバは多人種、多言語、多宗教の複雑きわまる大都市だから、日常生活の場でも絶えず新しい微妙な問題にぶつかるし、共通の価値基準がないだけに判断のつかないことが多い。人望の高い法学者たちの出番は日毎に増えていく一方だった。

この時期のコルドバの住民たちを階層別に上のほうから並べると、最も恵まれた場所にいるのはもちろんイスラム教徒だが、これもおおむね人種ごとに三つのグループに分かれている。いちばん上はアラブ系、中間にベルベル系、下のほうがムラディー(征服以後にイスラムに改宗した元キリスト教徒)である。それより更に下にいる異教徒のうち、ユダヤ教徒とキリスト教徒はどちらもイスラムと同じように旧約聖書から出た一神教の信者だから、多少余分に税金さえ払えば自分たちの教会で昔ながらの礼拝をつづけ、それぞれのコミュニティの掟や習慣を守りながら暮らすことができる。こうした点でイスラム社会はカトリック圏よりもはるかに寛大だった。

それ以外のグループのなかで特に目立つのは、王の護衛をつとめている黒人やスラヴ人の奴隷たちだ。

(地中海圏の権力者は自分の同族がライバルだらけで全く信用できないとき、しばしば遠い未開地から護衛兵を仕入れてくる。ローマ帝国の末期以降にはほうぼうでスラヴ族の奴隷が珍重されたため、やがて西欧諸国語では彼らの名前が「奴隷」という普通名詞になってしまう。英語の「スレイヴ」もその一つである)

彼らはほかの住民とは容貌風采がはっきり違うし、アラブ語もラテン語もしゃべれない異様な外人部隊だから、とかく地元の庶民たちの軽蔑や憎悪の的にされた。ときにはそれが原因で刃傷沙汰がおこったりするが、その程度のことなら政府も別にあわてない。大都会には付きものの小さな交通事故である。ところが八一八年の春にはコルドバ近郊で前代未聞の大暴動が突発した。その震源地は王宮やモスクのある都心部から、ローマ様式の長い橋でグァダルキビール川を越えた対岸の下町地区。（メリメの小説『カルメン』では、この川岸で主人公が初めてヒロインのジプシー娘と出会うことになっている。イスラム時代にはジプシーはまだいなかったが、メリメのころよりずっと多種多彩な顔ぶれが行き来する賑やかな町並みだったにちがいない）

ある日のこと、ハカム王とその親衛隊が郊外での狩猟の帰りにここを通りかかったとき、群衆の一部が口汚なく護衛兵たちを罵りはじめた。親衛隊は犯人らしき野次馬を十人ほど逮捕し、見せしめのためにその場ですぐ磔《はりつけ》の刑にする。その噂が広まるにつれて武器をかかえた地元民が続々と駆けつけ、橋を渡って王宮に攻め寄せようとした。対岸で守りを固めていた親衛隊もたちまちこの反徒の波に押しつぶされ、とても鎮圧どころではない。

この光景を王宮のバルコニーから眺めていたハカムは、腹心の部下たちに策をさずけ、裏門からひそかにグァダルキビールの上流へと迂回させた。そこで川を渡渉したあと、彼らは下町の家々に片っ端から火をつける。その煙に気づいて浮き足立った反徒の群が橋を渡って帰ろうとしたとき、ハカムの軍勢は両岸から彼らを挟み撃ちにした。こうなるともう戦闘というより手当たり次第の大虐殺だ。それが下町一帯で三日間つづいたあげく、生き残りの住民のうち三百人が死刑、ほかはみんな追放になった。

このときの反乱にはどうやらまだ宗教戦争の匂いはない。庶民たちの十人十色の恨みつらみが護衛兵事件をきっかけに大きな一つのかたまりになり、格別の目的意識も計画もなく不意に爆発した感じである。しかしその底のほうを流れていた社会一般の風潮のなかでは、宗教がすでに重要な役割を演じていたのかもしれない。当時マリーク派法学の最高権威として名声の高かった人物は、反乱を煽動した嫌疑で追放され、トレードへと亡命せざるをえなかった。はたして彼が事実上の黒幕であったかどうかは別として、ハカムの政府はかねてから彼の思想と影響力をひどく恐れていたからこそ彼に嫌疑をかけたのだろう。

ハフスンの乱

それから三十年後には、たしかに過激な煽動者が表舞台に登場する。しかもそれが今度はイスラム教徒ではなく、モサラベのなかで例外的に熱烈な何人かのキリスト教徒だった。主役を演じるのはエウロヒオという聖職者、おもな動機は無気力な同胞たちに活を入れて、イスラム勢力との対決へと駆り立てることである。そのために彼らがえらんだ方法は一種の焼身自殺だった。なるべく人目をひきやすい場所で、彼らは白昼堂々とマホメッドを罵り、コーランの教えの愚かしさ、邪悪さを強調する。イスラム法ではこれは死にあたいする罪だから、彼らは処刑されて、望みどおり殉教者になることができた。それからの数十年はコルドバでは彼らを見習おうとする殉教志願者が続出し、モサラベのなかの穏健派は何とかブレーキをかけようとしたが、いったん燃えついた狂信の炎が簡単に消える見込みはない。どうにか下火になったのは指導者エウロヒオが処刑された八五九年ごろ。そのあとコルドバでは比較的平穏な時期がつづき、産業や文化のレベルもどうやら着実に向上しつつあった。

しかし安定した地域はイベリア半島ぜんたいから見ればほんの一部である。北のガリシアやアストゥリアスでは西ゴート王国の残党たちが徐々に縄張りを広げつつあり、アル・アンダルース内部のモサラベにも呼びかけてコルドバ政権を倒す機会を狙っていた。それと協力してフランク軍も相変わらず執拗な攻勢をくりかえしている。イスラム側の体制がほんとうに安定していれば何とか凌いで行けそうだが、どこかでそれが崩れたら大変なことになりかねない。だから問題は外側よりも内側からの脅威だった。

八八〇年代に首都コルドバのお膝元とも言うべきマラガ周辺の山岳地帯で、住民がいっせいに蜂起した。このときの反徒は首領格のオマール・イブン・ハフスンをふくめて、大半がムラディーだったらしい。アル・アンダルース社会の多種多様な階層のなかでも、彼らは最も微妙な立場に置かれていた。宗教においては上層部のアラブやベルベルの仲間なのに、人種的には下層部のモサラベの同胞なのだから。どちらとの絆のほうを大切にすべきか？　それによって敵と味方とが完全に入れ代わることになる。

反乱の初期にオマールはもっぱらムラディーとモサラベとの連帯を強調していた。共通の敵はコルドバ政権とアラブの特権階級だが、悪いのは彼らの信仰ではなく政治である。われわれ下積みの被征服者にたいする彼らの苛斂誅求《かれんちゆうきゆう》、傲慢無礼などを許すべきではない。今こそ彼らを打倒して、元来われわれのものだった土地と自由を取りもどそうではないか。

こうした素朴なナショナリズムが地元の民衆の共感を呼び、反乱軍は兵力も士気も日毎に盛り上がってきた。おかげでオマールは三十年にわたってコルドバ政権を苦しめ、ときには崩壊寸前にまで追いつめる。ところが晩年になってからオマールは突然キリスト教に改宗した。そのために彼は自分の最大の支持層だったムラディーたちを敵にまわし、勝利への可能性からも完全に見放される。それなのに彼は改宗した。まだ若かったころ同胞たちを蜂起へと駆り立ててから最後のこの回心に辿りつくまで、変化にみちた彼の足跡を一つ一つ追ってみれば、動乱時代のアル・アンダルースの雰囲気が多少なりとも味わえるのではないだろうか。

8　花の都コルドバ

「フラメンコ」の語源

かつて日本がフジヤマとゲイシャの島であったように、多くの外国人にとってアンダルシーアの象徴は今もやはりフラメンコとトーロ（闘牛・牡牛）であるらしい。このうちトーロに関しては古代のクレタ島いらい地中海圏一帯にさまざまな神話伝説があり、語源も古いギリシア語の「タウロス」にまでさかのぼる。現代スペインの日常語のなかでは最も遠い昔から経緯がよく分かっていた基本的語彙のひとつと言えるだろう。

それに引き換えフラメンコはずっと新しい言葉なのに、どうも素性がはっきりしない。いま手元にある西和中辞典（小学館、一九九〇）の記事によると、語源は中期オランダ語の「フラメンク」。原義は「フランドルの（人）」だった。それ以後の意味の変化は「フランドル人の」→「血色の良い」→「きらびやかな」→「ジプシーふうの・フラメンコの」の順序で起こったらしい、という。まことに親切な解説だし、地元スペインでの定説もこれと大差ないけれど、なんだか無理に辻褄を合わせようとした感じで、いまひとつ説得力がない。どうせ確実な証拠がないなら幾つかの少数意見のうち、アンダルシーアの風土や社会伝統としっかり結びついた説に賛成したくなってしまう。

イベリア南部の農村はイスラム時代以前からごく少数の地主貴族に支配され、ほかは農奴かそれに近い貧農だけ。都市にも奴隷がたくさんいた。そのうち生活苦に耐えかねたり、お尋ね者になったりした連中はなるべく辺鄙な山岳地帯に逃げこんで何とか生き延びようとする。彼らのことをアラブ語でフラーメンガ(逃亡奴隷)と呼んだらしい。ひょっとするとフラメンコはそこから来たのではないだろうか?

アンダルシーアの地中海側には雑木林もろくに育たないような、見るからに不毛な山が多い。なかでもマラガ市の西にあるロンダ付近の山塊は、高度こそ二千メートルに達しないが、軍隊や警察ですら嫌がってめったに踏み込まないぐらい険しい岩山つづきなので、昔からお尋ね者の隠れ家として利用された。おかげで今でもスペインには「人を殺したらロンダに逃げろ」という明快な諺が残っている。

しかし岩だらけの山奥で生計を立てることは難しい。ほとんどの場合に、せいぜいのところ谷間の貧しい村落から穀物や家畜を盗んでくる以外には方法がないわけだが、そうした面でもロンダは恵まれた場所だった。ほぼ真南にジブラルタル海峡と天然の良港アルヘシーラスを控えている。そこの町で対岸モロッコと取り引きしている貿易商人を襲ったり、脅かしたり、密輸に加わったりする才覚があれば、警察を買収するほどの実力者に成り上がることも不可能ではなかった。

（メリメの小説ではカルメンとホセが軍人を殺してセビージャから脱出したあと、アルヘシーラス一帯でしばらく密輸をやっていたが、官憲に追われて結局はロンダ山腹の隠れ家へと逃げて行く。このあたりの筋書きや地形、風俗の描写はいずれもアンダルシーアの犯罪者の伝統的なパターンを細かいところまで丹念に、実に正確に踏まえている）

アブデルラーマン三世

山賊とフラメンコや闘牛とはおよそ無関係みたいだが、何らかの理由で村八分になったり差別されたりした人間が腕一本で出世する見込みのある職業は、たいていどこの社会でもマフィアと芸能とスポーツしかない。かつての日本での河原者、アメリカならイタリア移民か黒人の立場である。近代スペインでジプシーに有名人が多いのはフラメンコと闘牛だし、イスラム時代のフラーメンガの場合には、もっぱら山賊業だったろう。

そうした山賊の親分のひとり（オマール・イブン・ハフスン）が九世紀の終わりちかくにマラガ周辺の山岳地帯で広大な縄張りを築き上げ、何回となく討伐軍を撃破して、コルドバのイスラム政権を崩壊寸前にまで追いこんだ。ロビン・フッドをもっとずっと大型にしたような男である。彼はもともとムラディ（イスラムに改宗したキリスト教徒）のなかでは珍しいほど裕福な家庭の生まれなのに、闘争心が強すぎて若いころに人を殺し、父親にも勘当されて山奥へと逃げたという。やがて渡海してモロッコで苦しい生活をつづけていたとき、やはりアンダルシーア出身の亡命者らしい老人が親切に忠告してくれた。こんなところで貧乏しているぐらいなら帰国して頑張ったほうがいい。お前なら将来きっとイスラム政権を打倒して多くの同胞に感謝され、国王にでもなれるはずだ……

これで発奮したハフスンが郷里に帰って叔父と相談した結果、とりあえず家の子郎党を四十人ほど譲ってもらうことができた。この連中とともに彼はボバストロという険しい山の頂上にあったローマ時代の城跡を修復し、そこを根拠に着々と勢力を広げてゆく。親分肌の人柄のせいか、まわりじゅうから貧農、奴隷、フラーメンガなどが続々と傘下に馳せ参じて、みんな彼の指示どおりに動きまわるようになった。凶暴な一匹狼ばかりだった山賊の巣窟がいつのまにかムラディやモサラベ（改宗しなかったキリスト教徒）の共同社会へと早変りしたわけである。ハフスンを逆賊と見なしていたイスラム側の史家ですらこれには感心したらしく、「彼の領内では金銭や品物を持った女がよその村への山道をひとりで歩いていても、襲われたり脅かされたりする恐れは全然ない」とか、「彼自身の息子もやはり皆とおなじ掟によって裁かれる」とか、当時としては異様なほど公明正大な雰囲気が行き渡っていたことを詳しく書き残している。

イスラム政権は彼のこの独立運動を圧しつぶすために、次から次へと討伐軍を送り込んだ。ときにはそれが成功してハフスンに降伏を誓わせたこともあるが、しばらくすると彼はかならずボバストロに舞い戻り、ますます戦力を強化する。王がみずから出陣しても逆襲されて逃げ帰ることが多くなったので、コルドバの権威は低下するばかり。それに乗じて四方八方の豪族がやはり事実上の独立国をつくったり、ハフスンと同盟を結んだりしはじめた。しかもこの時期のおもな同盟者の経歴を見ると、ムラディ、モサラベやベルベル族出身の有力者のほかに、アラブ系の古い名門貴族までが何人も顔を連ねている。

たとえばセビージャの大地主イブン・ハッジャージの先祖は、かつてアブデルラーマン一世を助けてウマイア朝を再興した譜代大名のひとりである。それと結婚したサラ・ラ・ゴーダは西ゴート王直系の孫娘だったから、アル・アンダルースにこれ以上の血統はまずありえない。それほどの名門貴族ハッジャージが相手もあろうにムラディの山賊ふぜいと同盟して、ウマイア朝の現在の王に公然と反旗をひるがえした。王の立場から見ればまさに世も末、絶対に許せない悪逆無道の裏切りだが、政府にはそのころセビージャに討伐軍を派遣するだけの力も残っていない。なにしろハフスンの勢力圏がアルヘシーラスからムルシアまで、つまりイベリア東南部の大半にまで広がっていたし、もしも彼がそこで集めた大軍をみんな率いて押し寄せてきたら最悪の事態になる。それに備えて首都コルドバの防御態勢を固めるだけで精一杯の有様だから、ハッジャージ一族の反乱のほうは見て見ぬふりをするしかなかった。

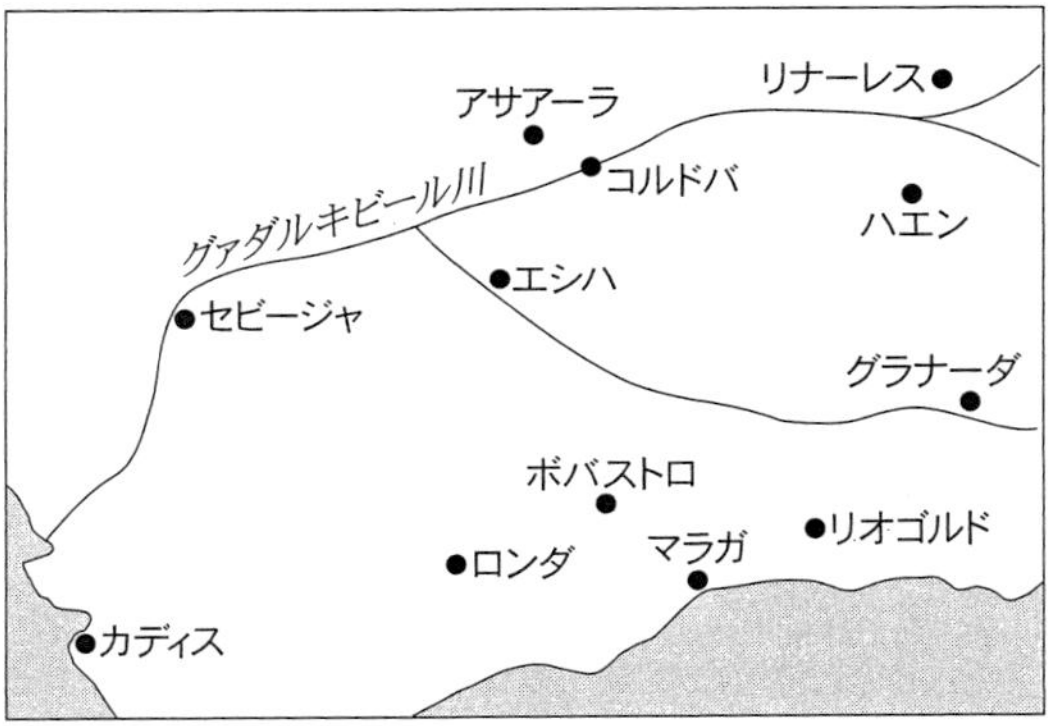

ハフスンの乱

それほど勢い盛んだったハフスンの一揆が目にみえて下火になるのは九一二年に、まだ二十歳そこそこの王子(アブデルラーマン三世)が即位してからのことである。その最大の原因はおそらく、内戦がすでに三十年以上もつづいたため反乱軍の将兵が心身ともに疲れ果てたことだったろう。政府の側も疲労困憊していたが、王位継承に関してはむしろそれがプラスの結果を生んだらしい。アブデルラーマンの父親は皇太子のころ暗殺されたし、母親はどうやら女奴隷だった。そんな境遇の若者が満場一致で選ばれるなどということは奇跡にちかい事件である。普通の場合ならまず確実に血で血を洗うお家騒動が起こるはずだ。それが起こらなかったのは、首都の防衛すら危うくなったことに気づいて宮廷人種もさすがに切実な危機感をいだき、それを打開するためにはよほど実行力のある聡明な若い君主が必要だと感じていたおかげだろう。珍しくみんなの希望がほぼ一致したこの時期に、たまたまアブデルラーマンは緊急の必要条件をすべて備えた唯一の国王候補だった。

ハフスンの改宗

心身の疲れがマイナスの方向にだけ働いたのは反乱軍の側である。稀代の戦略家ハフスンも老いて根気が衰えたのか、準備不足のまま攻勢に出たりするので、兵力の消耗が激しくなった。脱走兵の数も目にみえて増えてゆく。そのきっかけは彼が突然カトリックに改宗したことだったらしい。いままで彼を支えていた最大の勢力であるムラディの層が、この転向を自分たちへの裏切りと感じて続々と山から下りてしまう。アラブ系、ベルベル系の同盟者たちもやがて彼に見切りをつけ、コルドバ政権を打倒するせっかくのチャンスが日毎に遠ざかって行った。

　したがって後世の歴史家のなかには、彼の転向宣言があまりにも唐突な、政治的にはまったく無意味な自殺行為にすぎなかったと考える人が多い。しかし当時のハフスンはすでに老練な政治家だから、自分が公然と改宗すれば仲間が減るという程度のことは当然よく分かっていたにちがいない。そのマイナスを計算に入れても、すこし長い目でみれば結果はきっとプラスになると判断したのではないだろうか。そして彼の一揆をとりまくイベリア各地の当時の情勢を見わたすと、カトリックへの転向が大きなプラスを生む確率は確かに上昇しつつあった。

　というのは、もともとコルドバの支配力があまり浸透しなかったイベリア北部のキリスト教徒が次第に南へと進出し、それに呼応してサラゴーサ、トレード、メリダなど主要都市のモサラベたちも反乱を起こした。はじめのうちは地域ごとに孤立していた彼らの動きが、そろそろ一つの大きな波になりそうだし、もしもそれに南からハフスンの軍勢まで加われればコルドバを包囲攻撃して一気に壊滅させることも今やおそらく不可能ではない。しかしそれを実現するには、まず彼自身がカトリックであるとはっきり宣言して、ほかのキリスト教徒との信頼関係を強化するのがおそらく最良の策であろう……

　こうした読み筋がはずれた理由は、ひとつには予想をずっと上回る数の味方が脱落したこと。もうひとつには崩壊寸前のウマイア朝に意外きわまる名君が登場したことである。人の和と天の時とが、どちらもハフスンを見放した。わずかに残ったのは峻険な岩山という地の利だけ。それを活用して彼はなおも頑強な抵抗をつづけたが、若いアブデルラーマンが即位してから五年後には寿命が尽き、ボバストロで死んでしまう。

(彼のこの本拠地の所在については今でもまだ種々さまざまな仮説がある。マラガ市の東北方のリオ・ゴルド付近だとか、いや、ロンダ市そのものだとか。この論争のおかげで一つだけほぼ確実に分かってきたのは、現在ボバストロと呼ばれている岩山がどうやら本物ではないことだ。しかしその頂上にある小さな城跡はすばらしい展望台だから、夏のマラガかロンダに立ち寄った旅行者が半日を割いて訪れても後悔はしないだろう)

アブデルラーマン三世は宿敵ハフスンが死んでからも、その息子らが受け継いだボバストロの攻略を最優先の課題にして、立てつづけに討伐軍を派遣する。ようやく攻略できたのは九二八年のことだから、ウマイア朝はハフスン一味に半世紀のあいだ休みなく悩まされていたわけである。コルドバのお膝元でのこの一揆がようやく消滅したおかげで、アブデルラーマンは北のキリスト教徒との戦争だけに全力を傾けることができた。そしてまもなく昔からの領土をみんな取り戻し、政治的にも経済的にも安定した支配体制を築きあげる。その頑丈な土台のうえにコルドバ文化が絢爛たる花を咲かせることになった。

ボバストロ陥落の翌年にアブデルラーマン三世はさっそく自分の称号をアミール(司令官・王)からカリフ(イスラム圏の教主・皇帝)に切り替え、バグダードのアッバス朝から完全に独立する。後者はすでに没落して名目だけのカリフにすぎなかったから、この改称は既成事実を表沙汰にしただけのことだ。しかし少なくとも心理的には大きな意味があったらしい。コルドバの知識階級はそれまで学問芸術から生活習慣、料理、服装にいたるまですべてバグダードを手本にして、忠実にそれを模倣することだけに熱中していたが、この時代から徐々に師匠を凌ごうとしはじめた。文化面での植民地が本国よりも活発な中心地へと成長する段階に踏み込んだわけである。

コルドバ文化の花

こうした傾向は当時アル・アンダルースだけではなく、程度の差こそあれイスラム圏各地で目立ちはじめていた。バグダードの力が衰えた分だけ地方文化が活気づく。ただしその基盤はやはりコーランの言葉としてイベリアからイランに至る全土に普及した古典的なアラブ語だし、これが健在であるかぎり政治上の分裂はあっても、文化交流や貿易まで途切れてしまうことはない。むしろバグダード周辺の社会不安が深まるにつれて、ますます大量の知識階級が亡命したり、新天地に職場を求めたりするので、それを受け入れた土地では文化の平均水準が高くなる。アル・アンダルースはその典型的なケースだった。

アブデルラーマン三世が手がけた新しい建設事業のうち、とくに豪華だったのはコルドバの西約八キロ、グァダルキビール川を見下ろす斜面の山裾を切り開いて造った大規模な離宮である。メディナ・アサアーラ(花の都)というその名称は、死んだ寵妃サフラの名にちなんだもので、もともと彼女を記念するための離宮だったという。イスラム圏の帝王が女性に捧げたモニュメントとして東洋のタジマハールと好一対だが、アサアーラのほうは完成後わずか半世紀で戦火に遭い、地下に埋もれてそれっきり所在も知れなくなっていた。ようやくそれが判明したのは二十世紀になってから。本格的な発掘調査が始まったのは第二次大戦後のことである。その作業が進むにつれて全盛期のコルドバ建築の洗練された趣味嗜好がますます高く評価されるようになった。

そのころの記録によると、外交使節の謁見や接待のためにも使われたこの離宮には、ビザンチン帝国をはじめキリスト教諸国の王族、貴族、高官などが続々とやってきたらしい。ドイツからは神聖ローマ皇帝になろうとしていたオットー大帝の使節。イベリア北部からはガリシア王、ナバーラ女王などが自分でわざわざ挨拶にきて、それぞれ援助を求めたり内輪もめの仲裁を頼みこんだりした。コルドバのカリフの名声が絢爛豪華なメディナ・アサアーラの評判とともに、キリスト教圏の隅々にまで広まっていたのだろう。

文人や学者はもっと遠い国からも大勢ここに集まった。たとえば当時の皇太子ハカム二世の家庭教師になる学者詩人(アルカーリ)はアルメニアの出身者。若いころバグダードへと上京して修業を積んだが、そこでは才能を認められる機会がないので、すでに中年に達してからアル・アンダルース行きを決意した。その甲斐あってコルドバでは皇太子にまで信頼され、恵まれた環境のなかで次々に本を書くことができた。すぐれた弟子の数も多く、言語学から歴史までさまざまな分野に彼の学風を広げてゆく。

彼らの関心はイスラム世界の枠をこえて古代ギリシアの哲学、文学から自然科学にまで及んでいた。

その端的なあらわれはビザンチンの修道僧ニコラス、ユダヤの医者ハスダイなど色とりどりの外国人を呼んできて翻訳学校を開いたことだ。そうしたスタッフの努力によってアリストテレスやプトレマイオスをはじめギリシア語の古典のアラブ語訳が次々に生まれることになった。

（それから三百年後にはカスティージャの王がトレードに翻訳学校をつくり、コルドバの先輩たちのアラブ語訳を今度は更にラテン語やカスティージャ語に訳させた。のちにイタリア・ルネサンスの先駆者になる人々は、もっぱらそのラテン語訳を読んで勉強したらしい。まるでインドの経典が日本までくる過程のように複雑な翻訳リレーである）

革命そして乱世へ

アブデルラーマン三世のあとを継いだハカム二世は聡明王と呼ばれるだけあって、根っからの学問好きだった。中近東や地中海のおもな都市にわざわざ学者を派遣して貴重な写本を買いあつめた結果、アサアーラ離宮の図書館の蔵書は四十万冊を越えたという。土木建築にも熱心な人で、みずから指図して離宮の工事を完成し、市内の大モスクを拡張したほか、全国各地の道路と橋を作り直して交通網を整備する。おかげで商業や家内工業も活気づき、コルドバ皮（コードバン）をはじめ高級な特産品がいろいろ作られるようになった。市内の人口もめざましく増えて、古い文献には五十万という数字があり、少なめに見積ってもたぶん十万以上だから、当時の西欧圏内ではもちろん最大の都市である。（そのころすでに百万に近かった大都市は、エジプト、コンスタンチノープル、モスクワなど東の方

に集中していた)
　こうした好景気のなかで特に目立つのはユダヤ商人の活躍だった。彼らは外国語が達者だし、社会的にもイスラム教徒とキリスト教徒との中間に置かれているだけに、国際市場では恵まれた立場にある。とくに奴隷貿易などは彼らが参加しないかぎり成り立たないような企業だった。黒海沿岸からアフリカの奥地まで広大きわまる地域から連れてこられた十人十色の子供たちを、まずフランスのヴェルダンで男女別に教育して高級奴隷に仕立て上げる。それをやがてアル・アンダルースに送ってからの最も有利な売り込み先は、女ならハレム、男ならカリフ直属の王宮警備隊員だ。彼女も彼もすでにアラブ語、ラテン語をはじめ種々さまざまの知識や技能を身につけているのだから、それぞれの職場でたちまち出世する機会がある。アブデルラーマン三世が貴族の勢力を押さえるため解放奴隷を官吏に取り立てたせいもあって、アサアーラの宮廷では重臣のなかにも奴隷出身者が珍しくなかった。寵妃サフラもバスク生まれの女奴隷だったという。
　よきにつけ悪しきにつけこれほど国際的だった首都コルドバの雰囲気は、ハカム二世が死ぬと同時に消えてしまう。跡継ぎ息子がまだ幼かったため、後見役になった将軍アルマンソールの独裁政治がはじまった。軍人としては彼はきわめて有能な男で、北方のキリスト教国との戦争を再開して、いたるところで目ざましい戦果をあげる。国内でも容赦なく反対派を弾圧し、そのために図書館の蔵書をみんな焼き捨てるほどだったから、少なくとも彼の生前には大きな反乱は起きなかった。しかしその恐怖政治への恨みが社会のあらゆる層に積みかさなり、力では押さえきれなくなる。彼の死後十年とたたないうちにコルドバで革命が突発した。あとは又もや戦国乱世の時代である。

そんな動乱のさなかではアサアーラ離宮も安全地帯ではなかった。さまざまな宗教、人種や地域ごとに群雄割拠した諸勢力がここを攻め落とそうとする。一〇一〇年にはベルベル族の部隊がまず手当たり次第に略奪したあと、建物まで壊して焼き払った。その結果、すでに跡形もなくなっていたハフスンのあの山城と同じように、こちらも行方不明になる。ひとつの時代が完全に終わったことは確かだが、これほどの破壊のあとに何がくるのか、おそらくはどんな宗派の神様にも分からないような混乱がつづいていた。

9　王様と女奴隷

女奴隷ルマイキーヤ

十一世紀にコルドバのカリフ政権が倒れたあと、アル・アンダルースはたぶん二十か三十かの小王国(タイファ)に分裂し、いたるところで血なまぐさい縄張り争いをくりかえしていた。そのうち三つの都市国家がそれぞれ地の利を活かしながら、時とともに着実に勢力を伸ばしてゆく。ピレネーに近い北東部ではエブロ川一帯の農産物集散地サラゴーサ、中央部のカスティージャ高原では要害堅固なトレード。そして南部の広大な平野では、グァダルキビール川という絶好の貿易ルートを押さえている商人の町セビージャ。いずれもローマ帝国のころから波瀾万丈の歴史のなかで独自の文化伝統をきずきあげた古都である。

この時期にセビージャ王の宮廷は、没落したコルドバに代わってイスラム文学の中心地になり、さまざまな詩人が活発に創作活動をつづけていた。とくに名声が高いのは三代目の王ムタミドと、その臣下であり親友であり、のちには宰相の地位につくベン・アマール。なにしろ乱世のことだから、二人ともたびたび出陣して職場を駆けめぐっていたが、セビージャに帰ってくると骨休めに川のほとりを歩きまわり、四季それぞれの風物を心ゆくまで楽しんでいたらしい。

よく晴れた夏のある日、彼らは町の対岸(トリアーナ地区)への舟橋を渡ってから、雑草だらけの河原のなかで立ち止まった。幅の広い川一面のさざ波が太陽光線を弾き返し、まぶしくきらめきながら悠然と流れている。ムタミドがとつぜん朗々たる声で発端の詩句を唱えはじめた。

風にそよぐ川の面は
ひかりかがやく鎖かたびら

即興の名手アマールも、おそらくはこの奇抜な比喩にたじろいで、とっさに次の句が浮かばない。しきりに苦吟していたとき、どこからか風に乗って若々しい女の声が流れてきた。

もっとずっと素晴らしいわ
もしもこのまま凍りついたら

なにげない独り言みたいだが、韻律、内容ともに完璧な付け句である。おどろいた彼らがあたりを見まわすと、すぐそばの水際で、みすぼらしい夏衣すがたの娘がひとり、忙しそうに洗濯をしていた。

まさかと思って四方八方を眺めても、それらしい女性がほかに見あたらない。まもなく立ち去った娘のあとをアマールがあわてて追いかけ、身元を問いただすことにした。

彼女の本名はイティマドだが、ルマイクという大商人の奴隷なので、みんなからルマイキーヤと呼ばれている。毎日のおもな仕事はトリアーナにあるルマイクの陶器工場に行って、粘土を踏んだり焼き物の下絵を描いたりすることだという。

（トリアーナはすでにカルタゴの昔からの質のいい陶器の名産地で、それが葡萄酒、オリーブ油と肩をならべる重要な輸出品になっていた。三世紀の末に殉教したフスタ、ルフィーナ姉妹もやはりここで働いていたようだし、どんなに身分が低くても彼女たちは当時の先端産業をほとんど一手に支えていた知的レベルの高い女性層である。だからこそ世間に先駆けて禁断のキリスト教を受け入れたり、ひそかに詩歌をたしなんだりする変り種もいたのだろう。コロンブス時代にセビージャが新大陸への唯一の窓口になってからは、ヨーロッパ最初のタバコ工場などが出現したために、焼き物業はもう唯一の花形ではなくなった。にもかかわらずトリアーナには現在でも、陶器のしにせや古めかしい窯場がずらりと軒をつらね、絵心のある娘たちに格好の職場を提供している）

商人ルマイクの話によると、ルマイキーヤは理解力も気立ても器量も申し分のない奴隷だが、仕事場で始終なにか考えこんでいるらしく、うわの空になる癖があるのであまり役には立たないという。そのせいか彼は、やがて王様から彼女をぜひ売ってほしいと頼まれたとき、気前よく無料でさしあげることにした。すっかり喜んだムタミドはただちに彼女を奴隷の身分から解放し、後に正式の妻にする。

宰相アマール

いらいセビージャの宮廷にはアラブ語圏の各地からますます多くの文人が集まってくるようになった。生まれながらに洗練された歌舞音曲のなかで暮らしてきた王様と、奴隷あがりの若い美しい王妃と、すばらしく頭の切れる野心家の宰相アマールと、それぞれ個性のはっきりしたこの三人が先に立って真剣に詩歌の腕を競うのだから、文学で身を立てようとする男女にとってこれほど恵まれた場所はない。ルマイキーヤは王の寵愛を一身にあつめ、恒例の歌合せや戦勝祝賀の宴会をみごとに取り仕切っただけではなく、次々に男児を出産して王室の前途を明るくした。

アマールのほうは軍事、外交と国内政治を抜け目なく切りまわす。そのころイベリア北部ではレオン、カスティージャ、ナバーラなどキリスト教諸国がにわかに勢いづき、アル・アンダルースの混乱に乗じて容赦なく攻め込んでくるようになった。それを持てあましたイスラム側の王たちは、武力よりも金銭ずくで問題を解決しようとする。侵入や略奪暴行をやめてもらう代償として保護料(パリア)を支払うという、一種のマフィア対策である。セビージャ王国の場合には、すでにムタミドの父の代からカスティージャ王と契約を結んでいたが、一年ごとに大量の金貨(合計約百キロ)をラバ十頭に積みこみ、極上のアラブ馬十頭とともに送り出すという容易ならぬ負担なので、期限にまにあわないことが多い。そのたびに相手は必ずきちんと脅かしにやって来た。

それを何とかなだめるのがアマールの重要な役目である。伝説によると彼はある日、セビージャのすぐ近くまで攻めてきたカスティージャ王(アルフォンソ六世)の陣営を訪ねて豪華な手土産を献上した。白檀、黒檀の寄せ木細工で作らせた大きなチェス盤と、象牙製の精巧きわまる駒一式。どちらにも金粉などがふんだんにちりばめてあったという。

かねてからチェスの腕前を自慢していたアルフォンソがこれで機嫌を直したころ、アマールはぜひ一局お手合わせをと願い出た――と、ここまでは史実なのかも知れないけど、これから先はあまりにも紋切り型の話だから、たぶん真に受けないほうがいい――知恵者アマールは賭金代わりに、負けたほうが幾粒かの小麦を差し出すことにしようと提案した。チェス盤の隅っこの区画にまず二粒、次の区画から四粒、八粒と倍々に増やしながら、逆の隅っこに達するまでの数を合計する趣向である。負けたアルフォンソは案の定、実際に計算させてみて狼狽した。自分の領土の全地域から徴収したって、とうていその量に達しない。やむをえず彼はアマールに頭を下げ、今回だけはおとなしくセビージャ領から撤退することにした。

これとよく似た伝説は古今東西、たいていどこにでもあるようだし、アマールの場合もおそらくは二番煎じか三番煎じなのだろう。言わんとするところは要するに彼が機略縦横の政治家だったことである。

(ついでにここでもう一つ、やはり万国共通の古い諺を持ちだすなら、策士はとかく策に溺れて身を滅ぼす)

アマールの出身地はポルトガル西南端にある海岸地帯の首都シルヴェス。ムタミドがまだ元服したばかりの皇太子だったころ、この土地を自分で征服した直後にたまたまアマールと顔を合わせ、並々ならぬ秀才ぶりに感心してすぐ側近に取り立てた。詩歌ばかりか政治にかけても有能な、精力抜群の男である。まもなく宰相に成り上がってキリスト教圏の王侯貴族と面識ができると、さっそく彼らをそそのかして出兵させ、隣り近所の国々を山分けにしようと企てた。手始めにまずグラナーダに攻め込むためアルフォンソ六世を口説きにかかったが、めったにひとを信用しないアルフォンソはこの提案にも乗ってこない。わざわざ大軍を動かして維持費ばかりかかる領土を広げるより、まわりじゅうの国をみんな定期的に脅かしながら保護料の額をふやして行くほうがずっと有効だと考えていたのだろう。

そこでアマールは目標を切り替え、地中海岸のムルシアを分割しようとする。その北側の大領主バルセローナ伯は当時しきりに勢力を広げようとしていたので、アマールの誘いに応じてムルシアへと進撃してくれた。このとき協力の条件として、両者が互いに信用できる人質を交換することになり、アマールはどうやら独断でムタミドの王子のひとりを差し出すと約束したらしい。

ところがムタミドがどうしてもそれを承知しなかった。契約違反に激怒したバルセローナ伯は矛先をセビージャ勢のほうに向け、アマールと王子を二人とも捕虜にしてしまう。この紛争は結局のところムタミドが巨額の補償金を支払うことで一応解決したようだが、王と宰相との仲はもう取り返しがつかないほど険悪になっていた。

その後どうにかムルシアを支配下におさめたアマールは、宰相というより独立国の王のように勝手気ままな行動をはじめる。おまけにムタミドだけではなく、ルマイキーヤとその子供たちのことまで罵倒する風刺詩を次から次へと公表した。愛妻家ムタミドにとって、これだけは絶対に許せない行為だったろう。

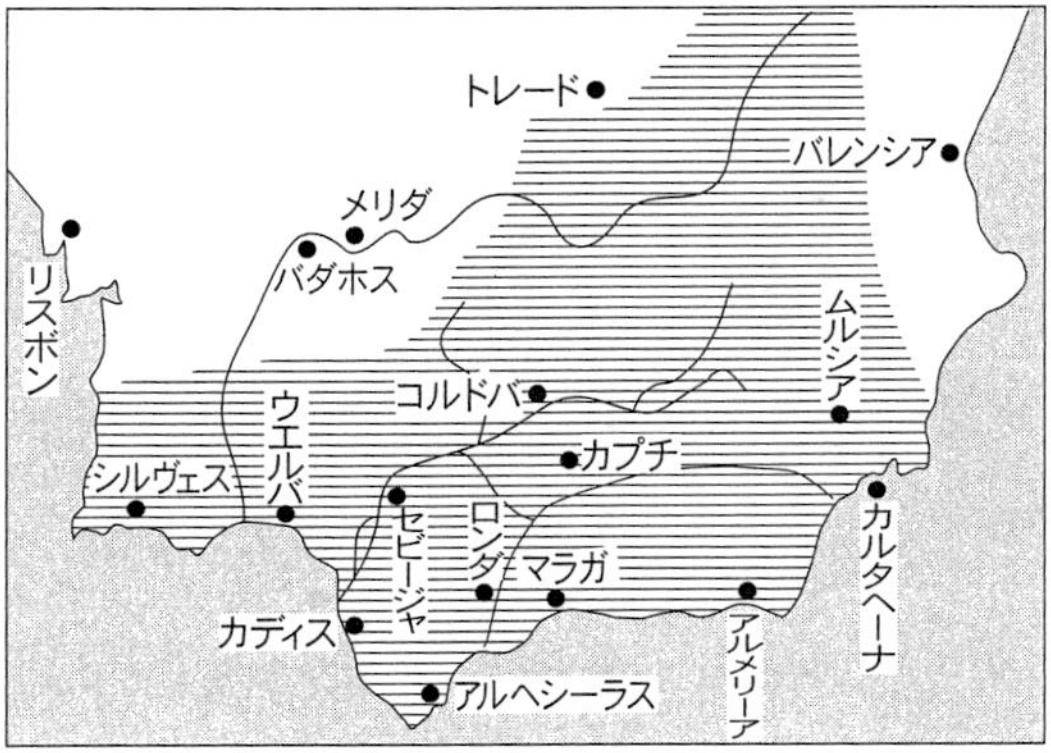

セビージャ王国全盛期（1080 年ごろ）

まもなくしかしアマール自身も腹心の部下に裏切られ、どこかに亡命するしかない苦しい立場に追い込まれた。まずカスティージャのアルフォンソ六世に泣きついて、にべもなく拒絶される。やむをえず遠いサラゴーサ王国へと落ちのび、しばらく傭兵隊長として使われているうちに、ピレネーの谷間で伏兵に襲われた。

（ピレネー山脈一帯はローマ帝国の昔から今世紀の市民戦争にいたるまで、いつの時代にも有名無名の落ち武者たちの墓場だった。アマールより約四百年後にはマキアヴェリズムの権化のような策士チェーザレ・ボルジアが、やはりここで傭兵として働きながら悲惨な末路を辿っている）

アマールはこのとき命だけは助かったものの、彼を捕虜にした山賊どもが出来るだけ多額の身代金を稼ぐために、ほうぼうの王に呼びかけて一種の競り市を催した。いちばん高い値をつけたのは、かつての主君ムタミドからの使者である。やがてセビージャの宮廷まで護送されてきたアマールは、土下座して王に命乞いしたが、ムタミドはもちろん聞き入れず、即座に自分で彼の首を切り落とした。そのために使った刃物はアルフォンソ六世が送ってくれた金の斧だったらしい。王と王との連帯意識の表れと言うべきか。

エル・シッド

しかしアルフォンソは保護料の支払いに関するかぎり、ムタミドをいっさい容赦しなかった。一〇七九年の末にセビージャまで督促に来たのは、カスティージャ王国きっての勇将ロドリーゴ・ディアス――のちに叙事詩の主人公エル・シッド(またはミオ・シッド)として、スペイン史上最大の英雄になる男である。

彼はもともとアルフォンソの兄(強力王サンチョ)の忠実な部下だった。王室のお家騒動で兄弟ふたりが激しく戦っていたころにも、終始サンチョの片腕となって目ざましい戦果をおさめている。やがてサンチョが暗殺され、アルフォンソに疑いがかかったとき、エル・シッドはカスティージャ王国全土の騎士階級を代表してアルフォンソをきびしく尋問し、神にかけて無罪であると誓わせた。そのおかげでアルフォンソはようやく王になれたのだが、あまりにも人望の高いこの名将は彼にとって、ただでさえ煙たい存在である。しかも当時のニュース屋だった吟遊詩人らがほうぼうで撒き散らしつつ、ある噂によると、アルフォンソは尋問されたとき良心の痛みに耐えかねて顔面蒼白、いまにも失神しかねない有様だったし、エル・シッドに強いられて三度も誓いをくりかえした、ということになっていた。

だからアルフォンソとしては、もうこれ以上エル・シッドに手柄を立てさせたくないけれど、なにしろ有能な男だから、難題が生じたような場合にはやはり頼らざるをえない。セビージャ王を脅かすにも、彼ならあまり大部隊を必要としないだろう。もしも人数が足りなくて、失敗して帰って来るならそれはそれでまことに結構なことである。

ムタミドはこの高名な使節を丁重に迎え入れ、グァダルキビール河畔にあった夏の離宮(現在のサンクレメンテ修道院)に案内した。当時イベリア半島では最大の商業都市だったセビージャの賑わいと、そこの宮廷での豪奢な暮らしに、カスティージャの騎士たちは目を見張ったことだろう。彼らの大半は無学文盲の田舎侍。持っている武器だけは立派だが、生まれたときから高原地帯のまずしい農村風俗と粗衣粗食に慣れている。イスラム芸術の粋をきわめた室内装飾、絨毯、家具、食器類から歌舞音曲にいたるまで、見聞きするもののすべてが驚異だったにちがいない。

ところがそこに悪い知らせがとびこんだ。グラナーダ王、ムルシア王とカスティージャ貴族(ナヘラ伯)の連合軍がセビージャ領に攻め込んできたという。エル・シッドは躊躇なくそれを迎え撃つことにした。保護料をくれる相手の領土は保護せねばならぬ。たとえ敵側にカスティージャの騎士が参加していようと、こちらの兵力が少なかろうと、ただちに出陣することが今の自分の義務である……

ムタミドをはじめセビージャの住民たちは不安な思いで彼の帰還を待ちわびていた。エル・シッドがいくら名将でも、わずか二百騎の手勢だけで敵に勝てるはずはない。負傷して捕虜になるとか、戦死するとか、そんな運命だけは何とか免れても、この町にはもう二度と帰らないのではないか。

しかし何日も経たないうちに、彼は勝って帰ってきた。コルドバ南方の城下町(カブラ)にあった敵の本陣を奇襲して、グラナーダ王、ナヘラ伯など主将格数人をまとめて捕虜にしたらしい。しかも見せしめのために彼らを町はずれの四つ辻に並ばせ、何日間も晒しものにしておいた。そのうえでようやく釈放してやるとき、彼らはみんなエル・シッドのまえで今後二度とセビージャ領には侵入しないと固く誓いを立てたという。

このすばらしい戦果をあげた凱旋将軍を迎えるために、セビージャの住民たちは市の城門から王宮まで道の両側を埋めつくしていた。彼の姿が見えてきたころ、群衆のあいだで誰からともなく、「シディ・ロドリーゴ!　シディ・ロドリーゴ!」という大合唱が湧きあがる。

(「シディ」はアラブ語の殿様だが、このとき以来それが彼の仇名になり、少しずつ発音が変わったりスペイン語の定冠詞がついたりして、「エル・シッド」へと転化した。強いて日本語に訳せば「殿様」か「親分」。叙事詩の題名『ミオ・シッドの歌』の場合には、「わが殿」と「うちの大将」とのちょうど中間ぐらいな感じである)

援軍要請

ところがこのときの勝ちいくさが、やがては彼の大きな不運のもとになった。カブラで負けたナヘラ伯が帰国後にしつこく彼を中傷し、それを真に受けたアルフォンソはまもなく彼をカスティージャ王国から追放する。もともとアルフォンソはエル・シッドを厄介払いしたがっていたのだから、ナヘラが介入しなくても遅かれ早かれそうなる運命だったと考えるべきかもしれない。とにかく彼はこれからあと一介の傭兵隊長として生きて行かざるをえなかった。

(現存する『ミオ・シッドの歌』の写本は最初の数ページが欠けているため、追放以前のいきさつについては何の記述もない。しかし元の作品自体は諸国を遍歴する吟遊詩人が口から耳へと語り伝えてきた物語なのだから、発端の部分もみんなよく知られていたにちがいない。エル・シッドがスペイン語圏最初の、そして最高の叙事詩のヒーローとして後世に名を残したのは、不当に追放されたために広く世間のひとびとの同情を集めたおかげである。その意味ではカブラでのナヘラ伯との衝突こそが彼のほんとうの幸運の始まりだったと言えるかもしれない)

アルフォンソ六世はエル・シッドを追放したあと、セビージャ王国にますます大きな圧力を加えた。保護料を吊り上げただけではなく、領土まで譲り渡せと要求する。一〇八五年に彼がトレードを占領してイベリア中央部の大半を支配下におさめる前後から、その圧力は一段と激化したらしく、これまで内輪喧嘩だけに熱中していたイスラム圏の王たちも自分の身を守るために団結せざるをえなくなった。そこでムタミドは東のグラナーダ、北のバダホスなど近隣諸国の王たちを呼び集め、みんなで今後の作戦を相談することにした。

その結果だいたい一致した意見によると、いま勢いに乗っているカスティージャ王と戦うには自分たちだけでは力不足だから、どこかよその強国と同盟する必要がある。問題はどこの相手と手をつなぐかということだ。まず頭に浮かぶのは、最近モロッコを統一して大勢力になりつつあるアルモラビデ王朝である。ほかにもピレネー周辺のサラゴーサ、バルセローナ、ナバーラなど、かなり有望な候補があるけど、国力から見ても連絡や輸送の便を考えても最良の相手はやはりアルモラビデだろう。

こうした結論にもとづいて彼らは海峡の対岸に使節団を派遣した。アルモラビデ王からの返事は非常に好意的だったが、いつまで待っても肝心の援軍をよこす気配がない。困り果てたムタミドは、みずから渡海して王と王とで直接に交渉しようと決意した。しかしそれを打ち明けられた年長の王子は即座に反対したらしい。そんなに深入りするとあとで大変なことになりますよ。ひさしを貸して母屋を取られたらどうしますか？

ムタミド王自身もおそらくは、このとき心の片隅で同じことを思っていたにちがいない。しかし目前の緊急課題はカスティージャ王の大攻勢からいかにして自分の国と家族とを守るかということだ。そのための手段は今すぐに援軍を呼んでくるしかない。長い目でみてどんな結果が出てくるのか、それは自分にも分からないが、最悪の事態になったときの覚悟だけはできている……

舟に乗るまえにムタミドは息子に向かってこんなことを言い残した。「私はカスティージャで豚飼いになるより、アフリカで駱駝飼いになることを選ぶ」

10　レコンキスタの歌

最初の十字軍

イベリアにおけるキリスト教徒のレコンキスタ（再征服）は八世紀にはじまって十五世紀までつづく。その途中で最大の分水嶺にあたるのが十一世紀後半の激動期だった。それまで北のほうだけの貧しい小国にすぎなかったカスティージャやアラゴンが戦力において明らかにイスラム側より優位に立ち、中央部の要衝トレードを攻略したばかりでなく、ずっと南のセビージャ、グラナーダ、バレンシアなどに押し寄せて、ついには残らず占領しかねない勢いを示す。追いつめられたセビージャ王ムタミドは、やむをえず対岸モロッコから大軍を呼び寄せた。おかげで目前の戦況だけは確かに好転したものの、ムタミド自身をふくめてアル・アンダルースの王たちのほぼ全員がまもなくモロッコ政権に追い落とされてしまう。このとき以後、キリスト教徒のほんとうの敵はもうイベリアに根をおろした古いイスラム教徒ではなく、サハラ砂漠の奥地で育って次々に北上して来るベルベル族の新興国である。

レコンキスタという長い激しいドラマには、参加者の種類に応じて幾つもの舞台があった。表舞台はもちろんイベリア半島だが、それより奥の両側――つまりピレネーの北側とジブラルタルの南側とに、それぞれ大規模な合唱隊や応援団が控えている。この連中は芝居の山場がくるたびに表舞台の主演者よりも興奮して、応援だか野次だか指図だか、いずれにしてもあまり意味のないことばかり口々に叫んでいた。そのせいで実際に舞台を支えている役者たちのせりふはあまり聞きとれない。まして両側から応援団が表舞台に雪崩れこんで勝手に暴れはじめたら、主役はみんな逃げまわるのが精一杯。本来のドラマの筋書きも約束事もすべて踏みにじられてしまう。

北側の応援席の最前列で張り切っていたのは、ピレネー付近に領地のあるフランス西南部の貴族である。彼らにとってアル・アンダルースは略奪暴行お構いなしの敵地だから、絶好の稼ぎ場になっていた。八世紀末のシャルルマーニュ遠征軍を皮切りに、一旦ここまで踏みこんだフランク勢は帰りにかならず膨大な戦利品をかかえている。それをとっくに承知のうえでピレネー山地のバスク族が峠道で襲いかかり、めぼしいものを横取りする伏兵戦略を磨きあげた。ほかの産業には不利な山奥という地理条件の唯一の利点を活用した抜け目のない生活技術である。

しかしこのあたり一帯の峠道がやがてガリシアのサンティアゴへの巡礼路になってからは、おもにクリュニー派の修道士らの努力によって治安も少しずつ改善され、パンプローナからブルゴスにかけての宿場町では商工業がますます栄えるようになった。軍用道路としても以前よりずっと役に立つ。十一世紀のイベリアでキリスト教徒の勢力が急激に伸びたのは、ひとつにはこの巡礼路のおかげだった。

そうした峠道に近いアラゴン高原の一角にバルバストロという町がある。いまでこそ別に目立たないささやかな谷間の登山基地だが、レコンキスタの最中には重要な城壁都市として争奪戦の的になっていたらしい。一〇六四年の夏、アラゴン勢がここを包囲したときには、ローマ法王の要請でフランク諸国やイタリアからも義勇兵の大群が応援に馳せ参じた。これがどうやら史上最初の本格的な十字軍だったという。パレスティナへの第一回十字軍より三十年以上も前のことである。

（リチャード獅子王やサラディンをめぐる派手な伝説のせいか、欧米でも日本でもたいていの人が十字軍すなわちパレスティナと思い込んでいるらしい。しかしそんな蜃気楼を取り払って地中海の端から端まで見わたせば、十字軍はそもそもの発祥の地だけではなく、長いあいだ続いたのも、参加者や犠牲者の数が多いのも、あとあとまで深い傷跡を残したのもすべてイベリアのほうである）

ロマンス語の短歌ハルチャ

この最初の十字軍に参加したフランク勢の総大将は、リチャード獅子王の母方の先祖にあたるアキテーヌ公ギヨーム八世。部下はみんな思いきり稼ぐつもりで出てきた応援団だけに、傍若無人の振舞いが多くて地元アラゴンの将兵をひどく憤慨させたという。後者にとってバルバストロ付近の住民は、たとえイスラム教徒でもみんなアラゴン人である。十字軍と称する他所者の暴徒ばかりの集団に何の罪もない農牧民や商人や女子供まで苦しめてほしくない。フランク勢は旅先だから平気で恥知らずな真似をするが、あとに残るわれわれの立場はいったいどうなるのか？

しかしギヨーム八世らも略奪暴行だけに明け暮れていたわけではない。暑いさかりに何か月も包囲戦が続いたので、ある日のこと陣中での退屈しのぎに、戦争捕虜として奴隷にしたイスラム女性を駆りあつめ、アル・アンダルースで流行っている歌と踊りをやらせてみた。それがみな意外なほど素晴らしい出来栄えだったので、総大将以下フランク軍の荒武者どももすっかり病みつきになったという。やがて彼らがバルバストロを攻略してピレネーの北へと帰るとき、ギヨーム八世は歌舞の達者な若い女奴隷だけを何百人か選び出し、戦利品の一部としてはるばるアキテーヌまで引き連れて行った。大西洋岸のボルドーとポワティエとにあった彼の宮廷では、それ以来城内のいたるところで彼女たちの歌声が朝な夕なに響きわたる。まもなく生まれた彼の長男(後のギヨーム九世)は四六時中それを聞きながら育ったおかげで、成人の後にはフランス最初の吟遊詩人として文学史上に輝かしい名前を残すことになった。今様に言うなら、シンガーソングライターの花形第一号である。

この女奴隷たちはバルバストロやアキテーヌで、いったいどんな歌を愛唱していたのだろう？　可能性がたぶん最も高いのは、ちょうどそのころアル・アンダルースのほうぼうで異常な人気を呼んでいたごく単純な小唄だが、その成立の過程にはどうやらこの時代ならではの複雑きわまる社会事情が密接に絡みあっている。

当時イベリアの裕福なアラブ人の家庭では、多くの場合にラテン語系の現地女性を何人も雇い入れ、乳母、子守り、奥女中、料理、掃除、洗濯など家事の大半を任せていた。彼女らはたいてい下層階級の貧しい家庭で育ったためアラブ語をまったく知らないことがあるし、知っていてもなかば無意識の歌となると、やはり幼いころ耳でおぼえた子守歌や恋歌が口をついて出てしまう。そんな女性に取りかこまれているうちに、アラブ人の子供たちの記憶の底にもその種の歌の断片が次から次へと溜まってゆく。そして青年期以後にふと思い出したときにはもう、ラテン語をとくに勉強していなくても歌の意味はもちろんのこと微妙な余韻や情緒までが身にしみてよく分かる。しかもそのひとつひとつに、とうてい別の言語には置き換えられない独特の味と香りがあったりするので、それを逃がさないためにアラブ詩人のひとりがやがて恐ろしく風変わりな詩型を発明した。最初の作品が現れたのは一〇四二年ごろだから、バルバストロの包囲戦より二十年あまり前のことである。

この新形式では古典的なアラブ語の長歌のあとに、そこだけラテン系俗語による折り返し句(ハルチャ)がついていた。後者は例外なくきわめて簡素な、ひなびた恋歌だったけれど、とかく技巧に流れがちで型にはまった長歌よりも迫力のあることが多い。おかげでハルチャは瞬く間にアル・アンダルースの全土にひろまり、農民、職人からユダヤ商人、アラブ貴族にいたるまでみんなが愛唱するようになった。アキテーヌの宮廷でギヨーム九世が子供のころ絶えず耳にしていたのも、おもにその種の恋歌だったにちがいない。

文献のうえでハルチャという詩型が確認されたのは第二次大戦後のことである。一九四八年にアル・アンダルースのユダヤ詩の草稿を調べていた言語学者が、どうやら古いラテン系俗語の発音をそのまま移したと思われる詩句のまじった作品を発見した。それから四年後に別の研究者が、こんどはアラブ詩のなかで同じような例に出会って、新しい証拠を続々と提出する。これでもう疑問の余地はない。当時のアル・アンダルース社会ではアラブ人もユダヤ人も、自分たちの詩のなかにラテン語系現地人の恋歌をそのまま組みこんで歌っていた。しかもそれが南仏一帯の吟遊詩や、その流れを汲むルネサンス期の恋愛詩にまで繋がっているとなると、ヨーロッパ近代文学史の第一章をすっかり書き直さざるをえない。これは大変な革命だから、最近の歴史家のなかにはハルチャの発見をロゼッタ石や『死海の書』のそれに喩える人さえある。

（ただしその反面では、この繋がりを未だに頑固に否定する学説がないではない。歴史においても文学においても、ヨーロッパの特産物と信じ切っていたものにイスラム圏の影響があったと考えたくない一種の国粋主義である。これとよく似た例は日本の国学者にも多かった。欧米の歴史学界では昔からカトリックとプロテスタントとの対立が目立つけれど、イスラム対キリスト教とか東洋対西洋とかの問題になると、喧嘩腰に一段と気合いのこもる愛国心専売業者もいるらしい）

セビージャ落城

ムタミド王の宮廷のあるセビージャは、もともとバルバストロあたりよりずっと多彩な言語文化が栄えていた大きな貿易都市だけに、ハルチャのような新機軸をますます歓迎したことだろう。ここではラテン系の語彙でも日常生活に必要な俗語ぐらいはみんなが何とか使いこなすし、民謡の文句もたくさん覚えている。ましてムタミドの宮廷で絶えまなく詩歌の腕を競い合う文人たちのあいだでは、俗語どころか古典的なラテン語で詩や散文を書いたり読んだりすることも当然の修行の一部になっていた。

しかしこれほど開放的で寛容、闊達だったアル・アンダルースの雰囲気は、モロッコからアルモラビデ朝の援軍が雪崩れこんで来たとたん雲散霧消してしまう。この王朝の原動力はきわめて偏狭な一種の新興宗教だった。九世紀頃ようやくイスラムに改宗したサハラ南部のベルベル族が、新改宗者にふさわしく戒律も生活習慣も極端に厳しい教団を結成し、次第に勢力を広げながら北上して最近モロッコを征服したばかりの新王朝である。ムタミドが呼んできた王(ユースフ)をはじめ、首脳部ですらアラブ語をあまり知らない砂漠の民(現在のトゥアレグ族)だったという。

それだけに彼らは戦争には強かった。ユースフはアルヘシーラスに上陸するとすぐムタミドらの軍勢とともに中西部のバダホスへと進撃し、その北方の平原でアルフォンソ六世のカスティージャ軍主力をほぼ全滅させる。久しぶりに勝利の気分を味わったアル・アンダルースの王たちは大喜び。もう当分は大丈夫だとそれぞれの領地に引きあげたが、そこで彼らを待ちうけていたのはカスティージャのキリスト教徒より更に情け容赦のないモロッコ勢の支配だった。

アルモラビデ政権のなかの狂信者たちの目でみれば、アル・アンダルースの連中がキリスト教徒ふぜいに押されたり負けたりするのはイスラム教徒らしくもなく堕落しきっているからだ。神の教えに逆らって葡萄酒を飲んだり、外国語まじりの歌舞音曲に聞き惚れたり、重臣や武将までが歌合わせとやらに血道をあげたり。しかもその席にはルマイキーヤとかいう女が平然としゃしゃり出て、化粧した顔を隠しもせずに一座を取り仕切っている。もとは奴隷女のくせに今や王妃に成りあがり、国じゅうに腐敗の種をまきちらす張本人であるらしい。そんなやつに操られている亭主などは直ちに王座から追い出さねばならぬ……

こうなると地元のイスラム王たちの頼みの綱はむしろキリスト教徒である。これなら古い相手だけに、憎くても気心だけは分かっていた。次にどんな手を打つか、ほんとうは何を狙っているのか見当がつくし、人質の交換とか保護料の支払いとか、微妙なことに関しても先例やルールが出来ている。すくなくとも最近サハラから出てきたばかりの狂信者よりは扱いやすい暴君だった。

そこでムタミドは方針を切り替え、セビージャに籠城してモロッコ勢と戦いながらアルフォンソ六世に使いを出す。それに応じてアルフォンソはすぐトレードから援軍を派遣したが、途中で簡単に撃退された。孤立無援のセビージャもやがて落城し、ムタミドとその妻子は戦争捕虜としてサハラ砂漠に送られる。彼らの船がグァダルキビール川から出帆するときには、多くの住民が岸辺に立って別れを惜しんでいたという。一〇九一年の終りちかく、彼は五十一歳だった。

ムタミドよりも三つ年下のエル・シッドは、ちょうどそのころバレンシア周辺の地中海岸で活躍していた。十年前にカスティージャ王国から追放され、どこかの傭兵隊長として生きざるをえなくなったとき、彼は自分に忠実な百人ほどの手勢とともにバルセローナ伯のもとへと落ちのびたが、追い払われたので河岸を変えてイスラム教徒のサラゴーサ王に雇ってもらう。浪人の身だから宗教の別を問わず、なるべく待遇のいいところで働くのがそのころは当然のことだったし、新しい主人をけしかけて元の君主と戦うような人物も珍しくなかった。しかしエル・シッドの場合には、そんな復讐をしないことが彼の異常な人望の土台になっていたらしく、アルフォンソ六世に迷惑の及びそうな行動はなるべく避けようとする。後者がモロッコ軍に負けて途方に暮れていたときなど、態勢挽回のために大いに力を貸してやった。おかげで一旦は追放を解除され、しばらくトレードに帰っていたこともある。ただアルフォンソ王を取りまく宮廷の空気がやはり彼の肌には合わなかったのだろう。またすぐサラゴーサに舞い戻り、イスラム王の家来というよりも軍事、外交などを一手に引き受ける頼もしい客分としてふたたび縦横に動きまわる。

バレンシア落城

モロッコ勢の侵入はイベリア情勢を一変させた。キリスト教徒はもちろんのこと、古いイスラム教徒たちも彼らから身を守るために相手かまわず合従連衡をくりかえしながら、すこしでも有利な場所に勢力をひろげようとする。とくにみんなに狙われていたのは地味がゆたかで貿易にも便利なバレンシアだった。当時ここの君主はすでにエル・シッドに保護料を支払っているイスラム教徒で、アルフォンソもその既得権を承認していたのに、約束を破って攻めてきた。しかもこのときはジェノヴァ、ピーザ(英語名ピサ)などイタリア北部の港町の強力な水軍まで呼び寄せて、海と陸から一気に占領する構えである。にもかかわらずエル・シッドはやはりアルフォンソとの正面対決を差し控えた。そのかわりに、むかし自分を中傷して追放の憂き目にあわせたナヘラ伯の領地を片っ端から荒らしまわる。やがてバレンシア攻略に失敗したアルフォンソは、せめて本拠地カスティージャの安全を確保するためにエル・シッドに詫びを入れ、バレンシア方面の形勢のほうはすべて彼に任せることにした。

しかし今やモロッコ勢もこの裕福な城壁都市を狙っている。そのためにまず城内の過激派を煽動して王を追い詰め、有無を言わせず死刑にした。これに激怒したエル・シッドはサラゴーサから南下してバレンシアに押し寄せる。といっても彼の手勢はわずか八千人。追放当初の百人にくらべればずいぶん増えたけれど、大きな都市をまともに囲んだりしたら背後から救援部隊に蹴散らされるだけだろう。だから彼はゲリラ戦で徹底的に食料輸送を妨害した。そのせいで飢えた敵は降伏せざるをえなくなり、一〇九四年六月にエル・シッド軍は堂々とバレンシアに入城する。

城主として彼が最初にやったのはイスラム教徒を安心させることである。そのために呼び集めた群衆にむかって、わざわざ彼は分かりやすい流暢なアラブ語で語りかけた。この美しいバレンシアの町ではすべての人種や宗教が平和に共存することができる。陸でも海でも、農業、漁業であれ商業であれ自由に仕事をつづけるがいい。ここにいる徴税担当者(アルモハリーヘ)は今後いかなる理由があろうと、コーランの定めた十分の一税以外のものを取り立ててはならぬ。すべての人間の所有地が尊重されるべきだし、正当な権利の侵害を防ぐために、この私エル・シッドは毎週月曜日と木曜日にかならず自分で法廷をひらく……

こうした方針が行政組織の末端でどこまで実現していたのかは疑問だが、とにかくこの町では住民たちが珍しいほどよく結束していたらしく、エル・シッドの指揮のもとにモロッコ軍の総攻撃を何回となく撃退した。ほかの場所では地元勢が負けてばかりいた時期だけに、ここでの孤軍奮闘は一段と光っていたにちがいない。ただしそれもエル・シッドが生きていた間だけ。一〇九九年の夏、彼が病死すると同時に戦況も傾きはじめ、二年後にはついに落城した。キリスト教徒がふたたびバレンシアを占領するのは、アル・アンダルース全土でイスラム勢力が見る影もなく衰えきる十三世紀なかばに近いころである。

エル・シッドが死んだころパレスティナでは第一回十字軍がエルサレムを攻略し、キリスト教圏の聖戦意識は最高潮に達していた。『ローランの歌』が完成したのもやはりこの時期だったせいか、ローランという崇高きわまる人間像の土台には異教徒への憎悪がある。白と黒とのこの価値観に従えば、エル・シッドなどは英雄どころか二股膏薬、裏切り者、金銭ずくで誰にでも味方する唾棄すべき成りあがり者である。そんなやつをヒーローにするとは何事だ、と叙事詩のほうの作者まで軽蔑したくなるだろう。たしかにエル・シッドは無条件の崇拝とか、神格化とかの意欲をそそる人物ではない。頑張ってるな、凄いなと肩でも叩いてやりたい感じの男である。レコンキスタや十字軍の最中にも、建て前はともかくとして実際にはちゃんと金勘定もしたり、味方でも厭な野郎は蹴飛ばしたり、そんな振る舞いの多いのが近くから見た人間の自然な姿ではないだろうか。ドン・キホーテと同じように、人並みはずれてはいるがエル・シッドも確かにひとつの現場で生きていた原寸大の像である。応援席のほうで勝手に熱狂したがる物好きなファンに適した幻影ではない。

ムタミド王は彼よりも数年前にアフリカの奥地で、極端な貧困に苦しみながら病死した。ルマイキーヤもまもなく後を追ったらしい。アキテーヌに連れて行かれた女奴隷たちについてはほとんど消息がないようだが、バルバストロ時代を回顧する記録のなかにこんな一節がある。彼女たちの父親のひとりが娘を返してもらうために、ユダヤ商人を使いに立ててアキテーヌ公に高価な織物を贈ろうとしたが、それを受け取ろうともせずに彼は断言した。彼女の歌は私にとって何物にも代えられない楽しみだからね、たとえ全財産を積まれたって手放さないよ、と。

11　シエラ・モレーナ

レオン王国

イベリア半島の特色のひとつは、かなり正確な略図が簡単に書けることだ。だいたいの輪郭は一辺約千キロの正方形。その中心のマドリーを通るやや右上がりの線を引けば、ちょうどぴったりその両端——つまり大西洋岸と地中海岸とに、それぞれ重要な港町(リスボンとバルセローナ)がある。最近のイベリア社会は人口、言語、文化から産業、政治にいたるまで何もかもこの三大都市を軸にして動いているようだから、人文地理の基礎作業はひとまずこれで完了と見なすことにしよう。

山々や川が織りなす絵模様にも明快きわまるパターンがある。まず中央部のカスティージャ高原では、先ほどの右上がりの線をほんのわずか北へと平行移動したあたりに、切れ目なしの山脈ふたつ(グレードスとグァダラーマ)が長々とつらなり、いわば半島ぜんたいの棟木の役割を果たしている。ほかの山脈や川筋もおおむねこれと並行して東西方向に走っているので、白地図に色鉛筆で大まかな線を書き入れると、赤と青の横縞のポロシャツ(肥満型)のような図柄になる。

レコンキスタのキリスト教徒はこの横縞を北から順に一本ずつ乗り越えながら、八百年がかりで根気よく領土を拡大した。そもそもの出発点はピレネー山脈からまっすぐ西へと大西洋岸ぞいに延びるカンタブリア山脈。その北斜面(アストゥリアス地方)の一角でペラーヨというゴート族の武将が、侵入直後のイスラム軍に抵抗する同志たちを呼び集めて、ごくささやかな国をつくる。これが次第に大きくなり、十世紀の初めには半島北西部の全土にまたがるレオン王国が成立した。

カンタブリアの北斜面はイベリアにしては珍しく雨の多い地域だが、稜線を越えて南下すると森林や牧草地の湿度が目にみえて低くなり、やがてドゥエーロ川流域の広大な高原(旧カスティージャ地方)にさしかかる。レオン王国の縄張りがようやくこの川の線まで広がったころ、高原の東の端にあるブルゴス市のまわりでカスティージャ伯が着々と自治権を強化し、一〇三〇年代に国王と名乗りはじめた。それから百年後には西の端でもポルトガル伯が独立する。こうしてレオン王国は左右両翼から若々しい分家にはさまれたかたちになり、時とともに本家の権威すら衰えて、どちら側にも睨みが利かなくなってしまう。

とくにカスティージャ王国は幼いころからレコンキスタの先頭に立って活躍し、イベリアのキリスト教徒仲間では最大の勢力にのしあがる。

(ピレネーの南斜面で成長したナバーラ、アラゴンやバルセローナもそれぞれ活気のある国だが、すぐ目の前のエブロ川流域にサラゴーサをはじめ強力なイスラム諸国が立ちふさがっているため、西寄りのレオン一族ほど順調には南に発展できなかった。したがって半島ぜんたいの歴史地図を見渡すと、イスラム側との境界線はすでに初期の段階からはっきり右上がりの波状曲線。その傾斜度や振幅はもちろん両側の国々の盛衰とともに変動し、カスティージャが強くなれば中央部のその縄張りだけ異常に膨れあがるけれど、右上がりの曲線という基本的なパターンは最終段階まで生き残った）

十一世紀の後半にカスティージャ、レオン両国の王になったアルフォンソ六世は、まずドゥエーロ川南岸の新しい領土を確保したあと、さらに南へと進出する機会を狙っていた。しかし次の目標になる新カスティージャ(ラ・マンチャ)地方への途上には、グレードスからグァダラーマにかけての中央稜線が控えている。これさえ越せばあとはまた坦々たる高原だし、レコンキスタの主戦場をイベリアの北半分から南半分に移すという画期的な事業が実現するわけだから、当面のこの稜線はいかにも目ざわりな障害物だ。

グァダラーマ山脈の核心部はセゴビア市のすぐ南にあり、冬ごとに雪に閉ざされる奥深い森林地帯である。最近これがヘミングウェイの戦争小説『誰がために鐘は鳴る』のせいで国際的観光地と化しつつあるけれど、彼が作品の舞台に選んだナバセラーダ峠は何千年かの昔からマドリー、トレード方面への最短ルートを押さえている重要戦略地点だった。標高一八六〇メートル。歩いて登ると大変な坂道で、まわりの山々もいずれ劣らず峻険だが、実際の高さは目でみた印象ほどではなく、みんな二千メートル級だという。この半島の北と南の両極端にそそり立つピレネーとシエラ・ネバーダはどちらも三千四百メートル以上である。だからもし真横から眺めれば、イベリアの顔は鼻筋よりも額と顎が突出した三日月タイプにちがいない。

アルフォンソ六世がグァダラーマの線を越えて要衝トレードを攻略したのは十一世紀の末ちかく、やっとこれでラ・マンチャにも安定した足場ができ、南のアンダルシーアへと進撃する態勢がととのった。当時の彼の勢いなら、これから先はもうあまり時間を要しないだろう。アンダルシーアのイスラム教徒は幾つもの小王国(タイファ)に分裂して内輪喧嘩に忙しいし、あわてて団結してみても反撃に転ずるほどの力はない。はるか北のアストゥリアスから始まったレコンキスタが、四百年にわたる悪戦苦闘の果てに、ようやく最終段階へと踏みこんだ感じである。

ラ・マンチャの大平原

トレードからアンダルシーアへの道はどこまで行っても乾ききったラ・マンチャ南部の大平原。夏のさかりに旅をすると百何十キロかのあいだ滅多に木陰らしい木陰がない。先祖代々こんなところに住んでいたら憂い顔の老騎士ドン・キホーテならずとも精神に異常をきたすだろう。すっかり歩き疲れたころ行く手に朦朧と浮かびあがる蜃気楼じみた稜線がシエラ・モレーナ(黒っぽい山々)だ。その名にふさわしく地味な感じの山ばかりで、高度もグァダラーマにすら遠く及ばないけれど、低きがゆえに賤しからず。地理的にも歴史的にも、境界としての役割にかけてはピレネーに次いで第二位と称する資格をそなえている。

キホーテはあの小説の第一部でトボーソ村からほぼまっすぐ西南方向へと馬を進め、シエラ・モレーナに取りついて稜線付近まで登りつめた。現在ではマドリー・セビージャ間の新幹線特急列車が一

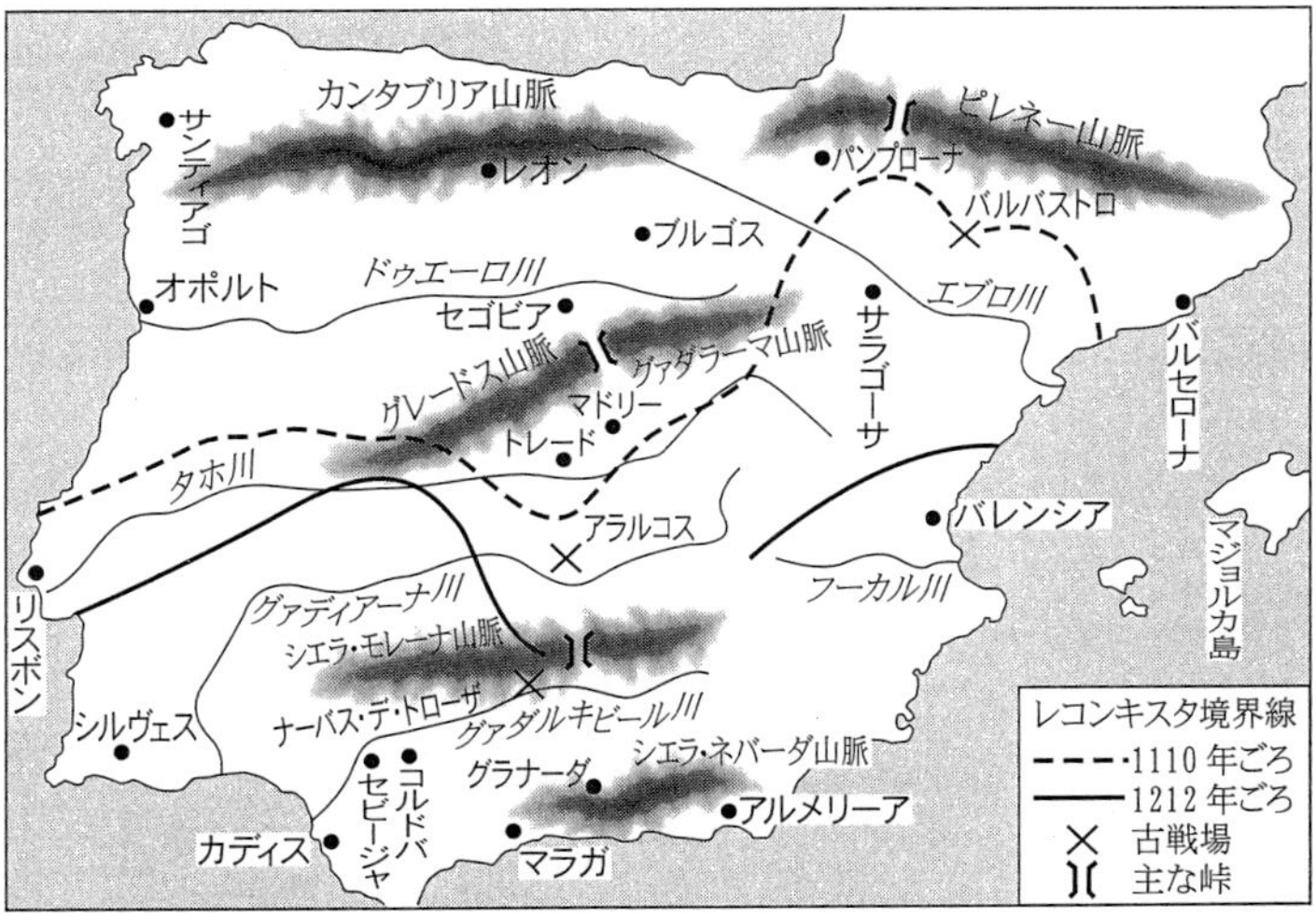

800年がかりのレコンキスタ

瞬にして駆け抜けるアルクディア盆地である。そこを彼は何日もかけてゆっくり歩き回っていたのに、つい目と鼻の先にあるアンダルシーア方面には足を向けようとしなかった。この盆地の街道筋や宿屋で出会う顔ぶれはたいていみんな最近そちらから出て来たり、これから行ったりする旅人だし、それぞれ面白い情報や身の上話を抱えている。キホーテもずいぶん熱心にそれを聞いていたのだから、関心が薄いわけではない。それなのになぜ自分では近づこうともしないのか？

　さしあたり思いあたるのはアンダルシーア地方にたいする無意識の警戒心である。交通が便利になった現在でも、地域ごとの文化風土の差にこだわるスペイン人の心情には恐ろしく深い根があるらしい。ましてキホーテの時代にはその傾向がもっと強かったはずだから、よほどの変人奇人でも心の底にはたっぷりそれが染みこんでいたにちがいない。シエラ・モレーナの稜線まで来たとき、おそらくは父祖伝来のラ・マンチャ人の本能が、ここで止まれと彼の耳にささやいた。これまでの世界なら、つまりカスティージャ圏内なら、どこを歩きまわろうと気候風土、人情、文化伝統などに際立った違いはない。ひどい失敗や怪我をしてもそのたびに何とか立ち直り、すぐ再出発できるほど勝手知ったるわが家の垣根のなかである。それがはっきりここで終る。これから先のアンダルシーアは大西洋とか地中海とか、その対岸のアフリカとか、得体の知れぬ外界からの潮風に絶えず全身をさらしている不用心な、無節操な、あまりにも変り身の早い世界——つまり単純率直なカスティージャ人の理解を越えた、何ひとつ当てにならない海洋文化圏なのだ。

アルフォンソ六世はキホーテより五百年前のカスティージャ人だが、レコンキスタの熱意に燃えていたせいか、べつに不吉な予感もなく意気揚々とこの稜線を越えたらしい。そしてたちまち思いもかけぬ天災地変に見舞われた。モロッコからとつぜん渡って来たイスラム王の大軍が逆にシエラ・ネバーダよりずっと北まで押し寄せて、カスティージャ軍の主力をほとんど皆殺しにしてしまう。アルフォンソ自身も命からがらトレードへ逃げ帰り、この根城だけは守り抜いたものの、あと一息のつもりだったレコンキスタはこれですべて元の木阿弥。イスラム勢との境界線が最初のトレード攻略のころより明らかに後退したのだから、今回の大遠征は何もかも軽率きわまる無駄騒ぎだったと考えざるをえない。

それでもアルフォンソは諦めないで何度も反撃をこころみたが、あせればあせるほど損害が大きくなる。晩年にはトレード東方のウクレース攻防戦で又もや負け、たったひとりの幼い息子まで戦死した。そのあと王位を継いだ娘ウラーカの時代にはお家騒動の絶えまがない。彼女の最初の夫だったポルトガル伯の息子(のちのアルフォンソ七世)や再婚相手のアラゴン王まで巻きこんで、キリスト教徒どうしの激しい戦争がつづいていた。ようやくそれが下火になるのは即位後のアルフォンソ七世が苦労に苦労を重ねながらカスティージャ王家の実力をやっと回復してからのことである。

アルフォンソ七世の無念

その間にイスラム勢はますます北へと侵入し、ふたたび中央稜線を越えてドゥエーロ川にまで達していた。それを切り崩すためにアルフォンソ七世は新戦術を採用する。敵の領土の奥深くひっきりなしに遠征隊を送り込んで社会不安をあおりたて、ほうぼうの野党派やムラディ(改宗イスラム教徒)たちに反乱の火種をあたえることである。この作戦が成功して彼はまもなくトレードを奪回し、そこを足場にアンダルシーア各地を荒らし回るようになった。

当時のアルモラビデ政権は早くも衰弱しきっていて、まともな抵抗もできなかった。わずか半世紀前にモロッコから渡ってきたころのあの猛烈なエネルギーが信じられないほどである。あれからまもなく全盛期に達したアルモラビデの勢力圏は、イベリアとマグレブ地方だけではなくサハラ砂漠の西南部まで包みこみ、そこから運んでくる金塊のおかげで財政がきわめて豊かだった。ひととおり戦火がおさまると地元の暮らしも安定して、政権の前途には何の不安もないかのように見えた。

(彼らが鋳造した金貨は地中海周辺のすべての国々で信用され、ルネサンスの初期にもまだ大量に出回っていたという。スペインでは十九世紀まで残っていた「マラベティ」という貨幣単位も、元来は「アルモラビデが鋳造したもの」という意味だった)

それほど恵まれた環境のせいか、彼らはまもなく初期の意気込みを忘れ、新興宗団のきびしい戒律とも縁切りして、アンダルシーア特産の葡萄酒、美女、歌舞音曲などに熱中しはじめた。かつて彼らが口をきわめて罵った詩人王ムタミドの優雅な宮廷生活が、彼らの息子の世代にはすでに真面目に模倣すべきお手本と化している。もちろん趣味の洗練度ではまだまだ遠く及ばないけれど、軍事面、政治面での衰弱度にかけてはムタミドをはじめタイファ時代末期の王侯貴族をすら上回っていただろう。

アルフォンソ七世はそれに乗じて遠慮なくグァダルキビール川流域の表街道を突き進み、一一四六年にはついに古都コルドバに入城した。さらにセビージャを攻め落として一気に川口へと南下すれば、いよいよ待望の大西洋。北の果ての海岸付近で始まったレコンキスタが南の果ての海岸線まで拡大されるわけである。

しかしここで彼もやはり祖父アルフォンソ六世と同じ災厄に見舞われた。対岸モロッコから新興宗団アルモアーデ(統一派)の大軍がカディス港に押し寄せ、退廃しきったアルモラビデと交替してキリスト教徒をみんな撃退しようとする。これで情勢は一変した。グァダルキビール流域では先の見込みが立たなくなったアルフォンソ七世は、やむをえず進路を西から東へと切り替え、地中海岸の港町アルメリーアまで軍の主力を移動させる。最近そこに北イタリアのジェノヴァから大船団が到着し、こラの頑丈な城壁都市を包囲するため彼の協力を求めていた。

そのころジェノヴァ市はヴェネツィアと並ぶ強大な海洋帝国にのしあがり、いたるところでイスラム水軍に対抗して制海権を広げていた。東洋との貿易につながるビザンチンやパレスチナはもちろんのこと、南仏海岸、コルシカ島、マジョルカ島からイベリアまで西地中海一帯でも商売仇のピーザ(英語名ピサ)と激しく競争しながら、ジブラルタルめざして着々と前進基地を固めつつある。アルメリーアはアンダルシーアだけではなくアフリカ貿易に割り込むためにも絶好の港だから、何としてでも手に入れたい。そのためにジェノヴァは前代未聞の大船団(ガリー船六十三隻と小型船百隻)をつくり、最新型の高価な武器や戦闘員を満載して遠征することに決めた。

この船団の総提督カッファロはジェノヴァ水軍の全盛時代を築き上げた男で、後世のコロンブスらの世代にまで崇拝されていた人物だ。政治家、外交官としても有能だし、主著『年代記』は地中海圏の歴史をめぐる詳細でしかも正確な同時代資料である。それによると、アルメリーア占領後には「この都市の三分の二がカスティージャ王、三分の一がジェノヴァ市のものになるほか、前者は攻城用具の建造費二万マラベディを二回に分けて後者に支払い、後者は今後独力で征服したすべての都市に商館、教会、製パン所を一戸ずつ建てる権利と、カスティージャ領の全土における完全な免税特権とを認められる」という約束になっていた。

この文章が露骨に示すジェノヴァ側の目標は、ひとつでも多く有利な基地を獲得することである。そのために彼らは抜け目なくローマ法王に働きかけて十字軍の体裁をととのえ、コルドバまで使節を送って丁重にアルフォンソの協力を求めた。後者はまもなくアンダルシーアをみんな征服しそうだから、ここで味方につけておけば長い目でみてアルメリーアの居留地が安全確実なものになる。市街の大半を譲ることもいわば防衛費の前払いだ。ここに自分の領地があればイスラム勢に囲まれたとき本気で援軍をよこすだろう。

アルフォンソ七世としても、おもにジェノヴァが努力して自分の領地が広がるのは結構な話である。まして十字軍という大義名分まであるからには当然受け入れるべきだろう。ただ、困るのは十字軍なるものが地元の利害をとかく無視して勝手に動きまわることだ。今回のアルメリーアの場合にもイスラム側の領主は金銭ずくで身の安全を図ろうとしたのに、ジェノヴァ軍が承知せず、攻略後に敵方の二万人を虐殺したほか婦女子をふくむ一万人を奴隷にして、膨大な戦利品とともに船に積み込んで帰国した。それにたいするイスラム教徒の反応や、自分の領内での後始末のことも考えざるをえないアルフォンソにとっては、まことに迷惑千万な、余計な挑発行為である。

カディスに上陸したアルモアーデは、まず西南部で旧勢力アルモラビデを一掃したあと、東部と北部でも本格的な反攻作戦をくり広げた。アルメリーアに大軍が来たのはキリスト教徒の占領から十年後のことである。アルフォンソもただちに自分で救援に駆けつけ、残っていた守備隊員だけは助け出したものの、港も町も見捨てて撤退するしかなかった。再挙を期しながらトレードへと真夏の道を引き返す途中、シエラ・モレーナ東部の峠(デスペニャペーロス)付近にあった樫の木陰で彼はとつぜん死んだという。困難な時代に出来るかぎりの努力をした五十二歳の大往生だが、アンダルシーア征服の夢は今度もこれで水の泡になってしまう。

レコンキスタの完成間近

このあとの半世紀あまりはイスラム側もキリスト教徒の王族も、まるで前回の成り行きを正確にコピーするために生きていた感じである。アルフォンソ死後のキリスト教諸国は内輪どうしの泥仕合に明け暮れて、もっと広い世界のことを考えてみるゆとりもない。アルモアーデのほうはますます勢いづき、全盛期のアルモラビデと同じようにジブラルタルの両岸のイスラム勢力を包みこむ軍事大国をきずきあげた。しかしまもなく衰弱して、広がりすぎた縄張りの内部の収拾がつかなくなる。その間カスティージャ王国では、わずか二歳で即位したアルフォンソ八世(七世の孫)が成年に達し、徐々に国力を回復して又もやアンダルシーアへと遠征するほどになった。

しかしこの時も前回と同じような事故がおこる。一一九五年に再びモロッコから応援にきたアルモアーデの軍勢は、ラ・マンチャ西部のアラルコスで徹底的にカスティージャ軍を痛めつけた。イスラム側の記録によると敵の死者が約三万、味方は五百以下だったというから、かなり割り引いて受け取ってもまず完璧な勝利である。このため翌年にはトレードやマドリーまでが包囲され、一時は王国そのものの存続が危うくなったので、アルフォンソ八世はとりあえず十年間の休戦を申し入れて時間を稼ぐことにした。

その間に彼が全力をそそいで実現したのはキリスト教圏の団結である。カスティージャにとっては両隣りのレオンとナバーラの王たちは、昔から何度もイスラム側に味方して彼を引きずり下ろそうとしていた。これをやめさせないかぎり形勢逆転の見込みはないし、そのための決め手はやはり十字軍という最良の錦の御旗だろう。ときの法王(イノケンチウス三世)の承認をえて彼はフランス、イタリア、ドイツなどの義勇軍をふくむ大部隊をトレードに呼び集めた。到着の最終期限は一二一二年五月である。

この年の春から、ピレネー以北の国々の義勇兵たちが続々とトレードめざして動きはじめた。戦争専門の騎士もいるが、もっとずっと多いのは徒歩の雑兵、農牧民、商人、乞食、犯罪者、破産者、およびその妻子たち。いずれも十字軍参加による前科や負債の帳消しとか、一攫千金の戦利品とかの魅力にひかれて郷里を捨てた色とりどりの群衆の民族大移動である。おもなルートは初めのうちサンティアゴへの巡礼路と同じだから、地元も旅人に慣れきっているけれど、今回はなにしろ人数がちがう。食料不足、強盗、強姦、新種の疫病の蔓延など、まさに暴風雨の襲来だった。

ピレネー山麓からトレードへの道筋は、さながら初期のレコンキスタを忠実に再現したファクシミリ版である。まず旧カスティージャの高原を南下し、グァダラーマの峠を越えて、首都周辺でキャンプ可能な原っぱを探す。長道中の疲れのあと超満員の集結地での不自由な暮らしを強いられて彼らは不平満々だが、本番はいよいよこれからだ。目のまえに広がるラ・マンチャ平原のかなたには決戦場シエラ・モレーナと、山のような戦利品とが待っている。そろそろ到着しはじめたイベリア諸国の軍勢とともに、一日も早く出発しようと彼らは猛り立っていた。

12　レオノールの系譜

レオノールの結婚

すくなくとも十六世紀の末ごろまで、ヨーロッパでは王族どうしの結婚が国際情勢を左右するきわめて重要な事件だった。それによって国と国とが合体したり分裂したり、大戦争がおこったりする。中世末期のピレネー付近を例にとると、この山脈の南と北(アラゴンとアキテーヌ)でそれぞれの領土を相続した女性ふたりが、どちらも一一三七年に婚約をむすび、周辺諸国の力関係を一変させることになった。

アラゴン王国の場合には当時わずか二歳の王女(ペトロニーラ)がバルセローナ伯の長男(当時六歳のラモン・ペレンゲール四世)と婚約する。実際の結婚はそれから十三年後だったけれど、とにかく彼らの婚約によってアラゴンとカタルーニャとの連合が決まり、イベリア北部からプロヴァンス東部にまたがる大国が地中海の一角にとつぜん出現したわけである。

(これより前に先代のバルセローナ伯が、やはり結婚政策によってプロヴァンス伯領を手に入れた結果、マルセイユなど主要な港のほとんどを支配下に収めていた。したがって肩書きこそ「伯」にすぎなくても、経済力や軍事力では明らかにアラゴン王以上である。称号と実力とのこうした矛盾は当時どこにでもあったことだし、合体以後のアラゴンはもうピレネーの山国ではなく、おもに東方貿易で栄えている「カタルーニャ・アラゴン連合国」だ。便宜上の略称「アラゴン王国」があたえる印象とは全く異質なこのイメージで捉えないと、中世末期の西欧や地中海の情勢に関してとんでもない勘違いをする恐れがある)

アキテーヌ公国の跡継ぎ娘(アリエノール即ちレオノール)はフランス王ルイ七世と結婚した。彼女の領土は今のフランス西南部の大部分を包みこみ、パリ周辺の王領よりずっと広かった上に、戦略的にも大西洋への出口という重要な位置を占めている。だからフランス王国は彼らふたりの結婚のおかげで名実ともに神聖ローマ帝国と肩をならべる大国になった。このときレオノールは十五歳。パリからわざわざボルドーまで丁重に彼女を迎えにきた花婿ルイは十七歳。政略結婚にしては珍しく無理のない、どちらも適齢期の夫婦である。こうした幸運にも恵まれてフランスの前途はますます洋々たるものに見えた。

ところがそれから十五年後に彼らは正式に離婚する。おもな原因は男の子が生まれなかったことと、性格の不一致――というよりも、それぞれが幼少時から親しんできた文化環境の違いらしい。レオノールの祖父ギヨーム九世は近代西欧文学の開祖とも言うべき優れた吟遊詩人であり、その領地アキテーヌは中世ヨーロッパに例がないほど開放的な新文化の中心になっていた。もともと海岸地帯だけにイギリスやイベリアとの貿易が盛んだし、内陸交通では北方諸国からサンティアゴに向かう巡礼路と、地中海から大西洋への商業ルート(現在のミディ運河の線)との交差点にあたるので、四方八方の新しい宗教思想や科学技術が流れこむ。ビザンチンとイスラムの先進文化がケルト、ゲルマン、ヴァイキングなどの基盤にかぶさって来て、いずれおとらず多彩な要素の目まぐるしい乱舞である。のちにダンテらルネサンスの先駆者たちはこの新文化を手本にして科学知識を取り入れたり、俗語叙情詩を書いたりした。

アキテーヌからプロヴァンスにいたる南仏一帯の話し言葉(オック語)は、パリ中心のオイル語(のちの標準フランス語)よりイベリアやイタリアの諸方言にずっとよく似た言語である。しかも中世末期にはそれが西欧ぜんたいで叙情詩の共通語になったため、ラテン系はもちろんのことゲルマン系の国々ですら詩人たちはオック語を使おうとする。内容においてもほぼ全員がアキテーヌの宮廷風俗を模倣して、もっぱら高貴な女性への片思いを大げさな文句で歌いあげた。レオノールは生まれたときから四六時中そんな熱っぽい空気のなかで育ってきた活発な文学少女である。

だからパリに移ってからの彼女は言葉の違い、北国の風土、古めかしい人間関係などを初めて体験して気が滅入ったにちがいない。しかし何よりも憂鬱なのは夫のルイが、たいていの聖職者より生真面目な、おそろしく引っ込み思案の宗教青年だったことだ。「わたしは王様と間違えて僧侶と結婚してしまった」と彼女はひそかに嘆いていた。はじめ何年かはルイのほうが懸命に調子を合わせようとしたようだが、やがてその無理の反動がきたらしく、以前にもまして偏狭な、頑固一徹の中年男になってゆく。夫婦そろってパレスティナ十字軍(第二回)に参加し、二年間も東方で暮らしたことまでが結果においては双方の反発をますます深刻なものにした。

離婚の二か月後にレオノールが再婚した相手(アンジュー伯アンリ)は、彼女より十一歳も年下の頑健きわまる男だった。政治的野心も旺盛で、結婚の翌年にはイギリスに攻めこみ、やがて王位を獲得してヘンリ二世と名乗る。これで又もや西欧の国際情勢が一変した。大西洋岸の北部を占めるアンジュー領と、南部のアキテーヌ領とが繋がったうえに、海峡の向こうのイギリス領まで加わったのだから、十二世紀の西欧では疑問の余地なく最大の勢力圏である。

おまけにこの夫婦は子宝にも恵まれた。結婚の次の年に誕生した長男だけは早く死んだが、あとにつづく男子四人、女子三人が青年期までみんな無事に育っている。それに引き換えルイのほうは、初婚のレオノールも、二番目の妻も女の子をそれぞれ二人生んだだけで、嫡出の皇太子がいないという不安な状態がつづいていた。領土もすっかり狭くなったフランスで将来もしもお家騒動がおこったら、国家の存続まで危うくなる。

だからルイは二番目の妻の死後ただちに三人目を迎えることにした。その甲斐あって初めての男の子(のちのフィリップ二世)が生まれたのは、一一六五年。すでに四十五歳のルイは当時としては老人の部類だが、これですっかり元気づいたらしく、外交面でも着々と態勢挽回のための策をめぐらすようになった。

娘レオノール

ちょうどそのころレオノールは最後の子供(のちの失地王ジョン)を生んだあと、ロンドンから海のかなたのポワティエに引っ越し、イギリス王妃というよりも元通りのアキテーヌ領主として振る舞いはじめた。年下の夫ヘンリの亭主関白や妾狂いに愛想が尽き、自分の郷里で子供たちだけを相手に伸びのびと暮らしたかったのだろう。アキテーヌにいればルイとの間の娘二人もたえず気軽に訪ねてくるから、母親の喜びを満喫しながら少女時代さながらの華やかな雰囲気を再現することができる。とくに長女マリー(シャンパーニュ伯夫人)はトロワにある自分の城に有能な詩人を呼び集め、フランス国内で新文学の全盛期をきずいたほどの才媛なので、ポワティエでも一家団欒の中心になって妹たち、弟たちを感化した。武人肌の三男リチャード(のちの獅子王)ですらオック語、オイル語の両方で立派な詩を残している。この時代まで無学文盲の多かった西欧の騎士たちが読み書きを身につけ、競争心に駆られて詩まで作りはじめるのは、おもにレオノールとその子供、孫などが四方八方に持ちこんだ叙情詩ブームのおかげだった。

ヘンリとの再婚後に生まれた娘のうち、母の名をもらった次女レオノールは一一七〇年にカスティージャ王と結婚した。このとき彼女はまだ九歳。花婿アルフォンソ八世は十四歳である。たまたま彼女の兄リチャードがアルフォンソと同年配だったので、ピレネーの峠を越える盛大な嫁入り行列の指揮者になり、古都ブルゴスでの結婚式にも立ち会って義兄弟の絆をさらに強化する。いらい両国の友好関係はあまり深刻な紛争なしに四百年ちかく続いた。その間に王族どうしの結婚が幸福な結果を生んだ例も少なくない。こうした長い伝統が十六世紀にとつぜん途絶えてしまうのは、それを受け継いだ最後のふたり(ヘンリ八世とその長女メアリ一世)がどちらも跡継ぎに恵まれず、しかも夫婦関係の破綻がただちにカトリック対プロテスタントの争いの場へと転化して、国と国との関係までが和解不可能になったためだ。宗教改革期ならではの異常な熱気がもたらした衝突事故とでもいうべきか。

ヘンリ二世を皮切りに代々のイギリス王がカスティージャと同盟をむすぶ目的は終始一貫、宿敵フランスを牽制することにあった。かつてレオノールの母親の離婚と再婚がもたらした英仏間の新情勢が、軍事面での必要からアキテーヌおよびイギリスをにわかにイベリア半島に接近させたわけである。北の国から花嫁を迎えたカスティージャ側では、さしあたり文化の面で大きな変化があらわれた。オック諸国の吟遊詩人が続々とブルゴスやトレードの宮廷を訪れるのも、レオノール(アリエノール)、ヘンリ(エンリーケ)、リチャード(リカルド)などという北方系の人名がカスティージャ国内に普及するのも、このときの華やかな嫁入りが生んだ流行現象の一部である。

いずれにしてもレオノールとアルフォンソとの縁組みは予想以上の大成功だった。夫婦仲は申し分なく円満だし、国際外交の舞台でも二つの国が助け合う。アルフォンソにとって何より有り難かったのは、ヘンリ二世の仲裁によって新興大国アラゴンとの和解が成立したことであろう。おかげで後顧の憂いなくイスラム教徒との戦いに努力を傾け、キリスト教国ぜんたいでの評価を高めることができた。のちにローマ法王が彼のために大規模な十字軍を組織するのも、こうした名声がもたらした成果のひとつと言えるだろう。

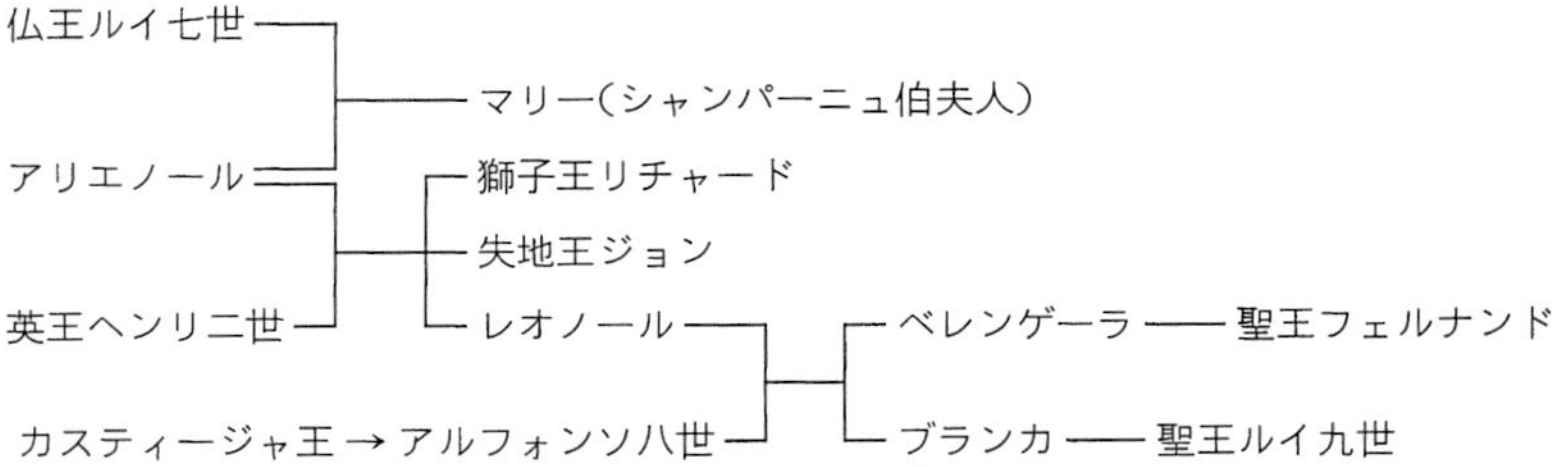

アキテーヌ公女レオノール（現地発音アリエノール）の子孫たち

しかしイギリスとフランスとの関係のほうは時とともにますます混んがらがってきた。次女レオノールの結婚後まもなく、アキテーヌでは彼女の兄たち三人が父親にたいする反乱をくわだて、ルイ七世の援助を求めてパリに亡命する。この陰謀の黒幕だった母レオノールも変装してパリへと逃げる途中でイギリス軍に逮捕された。いらい彼女は夫ヘンリの捕虜としてイギリス南部で十五年も監禁される羽目になる。

その間に大陸側では息子たちが父の軍勢に追い詰められて和解したり、また反抗を試みたり、兄弟喧嘩をはじめたり、収拾のつかない有様だった。ルイ七世はやがて死んだが、跡継ぎのフィリップ二世も相変わらずイギリス王家の内紛をあおり立てようとする。ヘンリのほうは末っ子のジョンだけに望みを託すしかなかった。年上の息子たちのうち次男と四男が死んでからも、残った三男リチャードは容赦なく父を攻めたてる。最後にはジョンまでが敵に回ったので、絶望したヘンリはロワール川付近のシノン城に引退して孤独のうちに死んで行った。

これでやっとレオノールは監禁生活から解放され、アキテーヌに帰ることができた。王位を継いだリチャードは母親思いだから、今度こそ気ままに暮らせそうだ。彼女もすでに六十七歳。息子五人のうち三人は死んだし、娘は二人とも嫁に行って孫が何人か育っている。レオノールとしても、もうそろそろ外交や政治の面倒な駆け引きから遠ざかり、気に入った修道院で静かな余生を過ごしたいと考えていた矢先に、頼みの綱のリチャードが即位後まもなくパレスティナ十字軍に参加して、末っ子ジョンが留守番を務めることになった。

孫娘ブランカ

そのジョンが次々に領土をフランスに奪われて「失地王」と呼ばれたことは周知のとおりである。四年後にようやく帰国したリチャードがあっけなく死んだあと、ますます苦境に立ったジョンは平身低頭して停戦を請わざるをえなくなった。そのきっかけを作るにはやはり母親レオノールが乗り出して、フランス王家が喜ぶような縁談を持ちかけるしかなさそうだ。さいわいにしてフィリップの長男(ルイ八世)がまだ独身なので、レオノールの孫娘のなかで本人も親たちも評判のいい花嫁候補を探せばいい。すぐに頭に浮かぶのは、ちょうど適齢期に達しつつあるカスティージャの王女たちだが、そのうち誰が理想的かは祖母レオノールが自分の目で確かめる必要があるだろう。なにしろこれはアキテーヌとイギリスの将来にかかわる問題だし、事態はすでに一刻をあらそう段階まで来ている。

そこで彼女は大急ぎでカスティージャへの旅に出た。一二〇〇年一月だというから、そろそろ八十に近い身で雪に閉ざされたピレネーの峠を越えたわけである。次女レオノールもすでに三十八歳の立派な王妃になっていた。その娘たちのうち最年長のベレンゲーラはこれ以前にレオン王と結婚したので、当面の候補は十二歳のウラーカと十一歳のブランカだが、結局は後者がえらばれる。理由は前者の名がフランス語に馴染まないという全く偶然の事情だった。しかし結果においてこれがフランスに大きな幸運をもたらす。のちにブランカ(フランス名ブランシュ)が生み育てたルイ九世は、歴代のフランス王のなかで唯ひとり聖者の列に加えられる徳望の高い人物だ。(ベレンゲーラの息子フェルナンド三世ものちに聖者になる。つまり次女レオノールの孫にあたる王のなかから聖者がふたり出たわけである。中世の女性にとってこれ以上の栄誉はありえないだろう)

選ばれた孫娘ブランカは祖母とともにすぐブルゴスから出発し、やがてボルドーに到着する。これより先は祖母自身が六十年あまり前の少女期に、やはり盛大な行列をつらねて嫁入りしたパリへの道だが、今回はもう終点まで同行するほどの力がない。フランス宮廷での心得については今までの旅のあいだにブランカにくわしく言い聞かせておいたから、せめて自分のときよりは無事に暮らせと祈りながら別れるしかなかった。これから四年後に彼女は死ぬ。

次女レオノールは母とブランカが去ってからもブルゴスの近郊で、自分の夢を盛り込んだ建物を仕上げることに専念していた。それは女子大学と病院と駆け込み寺と養老院を兼ねたような修道院だ。ブルゴスはかつて彼女とアルフォンソが結婚式をあげた土地だし、それを記念する意味で建てたこの修道院を完璧なものにするために彼女は全力をかたむけた。派手なところはないけれどレオノールの人柄を偲ばせる繊細優美な初期ゴチックの傑作なので、この施設(ウエルガ女子修道院)は今でもブルゴス周辺の名所のひとつになっている。

夫アルフォンソのほうの悲願はイスラム勢に今度こそ正真正銘の決戦をいどみ、シエラ・モレーナ山脈を越えて敵の本拠地アンダルシーアを占領することにあった。一二一一年の夏、応援の十字軍とともに集結地トレードから南下したカスティージャ、ナバーラ、アラゴンの連合軍はアンダルシーア側の斜面にある盆地(ナーバス・デ・トローサ)で、イスラム王みずからが率いる大軍を壊滅させる。これでもうレコンキスタの完成も目前に迫った感じだったが、次の年にカスティージャ全土がひどい凶作に見舞われたため、大規模な遠征は延期せざるをえなかった。さらにその翌年にはアルフォンソ自身が旅先で病死する。それからわずか一か月後にはレオノールも夫のあとを追ったので、両者の遺骸はおなじ時期にウエルガ修道院に埋葬された。

海へ

アラゴン王国はこの前後にもっと手きびしい打撃をうけた。ことの起こりはアルビジョワ十字軍と称する暴徒の大群がプロヴァンスからトゥールーズ伯領まで南仏一帯に攻め込み、見境なしに地元民を虐殺しはじめたことだ。アラゴン王ペドロ二世はナーバス・デ・トローサの決戦でめざましく活躍した勇将だが、この惨状を目前にして怒り狂ったにちがいない。シエラ・モレーナから帰ってきたばかりの騎士団に休養の暇もあたえず、ただちにトゥールーズ援助のためにピレネーを越えることにした。

トゥールーズ伯とアラゴン王はかねてから南仏海岸部の覇権を競うライバル同士だった。しかし今回のアルビジョワ十字軍はほぼ全員がフランス人だし、カタール派の異教徒退治を口実にして南仏海岸部の征服を狙っている。戦況はすでに北と南、オイルとオックの全面衝突になってきた。カタルーニャ地方はもともとオイル文化圏の一部であり、言語や叙情詩に関しても区別というほどの区別はない。もしもトゥールーズが潰れれば次はアラゴンの番である。それを防ぐには南の仲間が結束するしかないだろう。

百戦錬磨のアラゴン勢がトゥールーズ市に到着したとき、市民たちは救世主を迎えたかのように元気づいた。勝利の前祝いを兼ねた歓迎の宴がひらかれ、トゥールーズ伯一族をはじめ主人側の騎士たち、貴婦人たちと遠来の客人たちが居並ぶ会場で、双方の吟遊詩人が次々に立ちあがり、声高らかに祝賀の即興句を弾き語りしたという。その高揚した雰囲気は全盛期のポワティエ宮廷を思わせるほどだったらしく、後世の語り草になっている。一二一三年の秋の初めのことだった。

その数日後にペドロ二世が戦死する。前の年にイスラム軍を蹴散らした自信が仇になったのか、先頭に立って突撃して乱戦のなかで死んだという。大将をなくしたアラゴン勢もその場でほとんど全滅した。

あまりにも意外なこの敗戦で南仏のオック語圏の運命はすでに定まったと言えるだろう。トゥールーズ伯は戦死をまぬがれたが、それ以後も苦難、屈辱の連続だったし、領土は結局すべてフランスの手に渡る。アラゴン王国もピレネー以北の縄張りを放棄せざるをえなかった。西寄りのアキテーヌでは失地王ジョンが愚行をくりかえし、おかげでフランスは地中海岸だけではなく、大西洋側にも大きな出口を獲得する。パリ周辺の内陸国がこのときから海洋国へと徐々に変貌しはじめた。それを一挙に推進するのはブランカの息子ルイであり、目的は北アフリカに大量の十字軍を送り込むことである。

それより先にベレンゲーラの息子フェルナンドも、やはり内陸国カスティージャに水軍をつくるという慣れない仕事に取り組んでいた。祖父アルフォンソ八世の遺志を継いでアンダルシーアに侵入した結果、海岸部でイスラム水軍と戦わざるをえなくなったからだ。どうやら時代の焦点がはっきり海に絞られてきた感じである。ジェノヴァ、ヴェネツィアなど根っからの港町だけではなく、もともと陸軍専門だったフランスとカスティージャまでが本気で海に出ようとする。しかも不思議なめぐりあわせで、その立て役者は二人ともレオノール母娘の子孫だった。

13　水軍ことはじめ

カスティージャの陸軍

古代いらいイベリア半島のまわりの海では大きな異変がいつも東のほうから来た。フェニキアやギリシアの商人たちも、カルタゴ、ローマ、ビザンチン、イスラムなどの侵入軍も、みんな東から出発してジブラルタル海峡付近の港とか、カタルーニャの海岸とかに上陸する。したがってこの半島の権力者たちは海洋に関するかぎり、もっぱら東南方向さえ警戒していればよかった。

とつぜん情勢が変わるのは八四四年の夏、ヴァイキングの大船団がイベリア北部の大西洋岸を荒らしまわり、さらに南下してリスボンやカディスを襲ったときである。そのあと彼らはグァダルキビール川を百キロあまり溯航しながら途中の町でイスラム軍を敗走させ、十月上旬にはセビージャに攻めこんで略奪、破壊、殺戮など乱暴狼藉のかぎりを尽くした。当時のコルドバ王(アブデルラーマン二世)はこれに懲りて、セビージャ市の城壁を改築したうえ、川岸に造船所を設けて水軍の強化に努力する。おかげでそれから十五年後にふたたびヴァイキングが来たときにはセビージャよりも下流で撃退できたけれど、イスラム政権は今や地中海だけではなく大西洋から押し寄せる敵にも備えざるをえなくなった。

キリスト教徒のアストゥリア・レオン王国もやはりこれをきっかけに北海岸の防御体制を改善し、おもな港で大型のガリー船を造ったりしはじめる。しかし有力な貴族のうち、ちょうどそのころ内陸部のブルゴス周辺で独立国を築きつつあったカスティージャ伯の場合、ヴァイキングの脅威などはまだ自分とあまり関係のないことだ。全力をそそいで戦うべき相手は地つづきの南のほうから攻めてくるイスラム勢だし、そのために必要なのはカスティージャ高原一帯の牧畜民を駆りあつめて頼もしい歩兵や騎兵に仕立て上げることである。

こうした陸軍一辺倒の傾向は、カスティージャがやがて中央部の大きな王国になってからも長い間根強い伝統として生きつづけた。歴代のカスティージャ王はみんな陸兵の力だけでイスラム勢に立ち向かう。縄張りがますます広がって地中海岸の貿易港を攻める必要が生じたような時には、もっぱらジェノヴァとかピーザとかイタリア西岸の都市国家の海軍力に頼るという習慣が出来ていた。たまにしかない海戦に備えて自前の水軍を育てるより、その方が手っとり早くて有効だし、しかもずっと安上がりなのだから。

水軍が要る

アルフォンソ八世がナーバス・デ・トローサの決戦に勝った一二一二年以後、アンダルシーアのイスラム政権は四分五裂のありさまだった。それに乗じて本格的征服戦をはじめたのはアルフォンソの孫にあたるフェルナンド三世。(この大事業に彼は文字どおり生涯をささげたので、後世には聖者の列に加えられた。「サン・フェルナンド」という名称は現在でもカディス付近の軍港をはじめ、中南米、フィリピンなどスペイン語文化圏のいたるところで地名になって残っている)

一二二〇年代から彼は何度となくアンダルシーアに遠征し、グァダルキビール上流域で着々と勢力圏を拡大した。その甲斐あって十数年後にはついに古都コルドバを占領するが、やがて重病に冒されたため軍事、外交などの実務をまだ若い皇太子(のちの聡明王アルフォンソ十世)に任せることが多くなった。この青年のデビューを飾る大仕事は、おりから帰順を申し入れたイスラム教徒のムルシア王と交渉し、自分で現地に出陣して領土を接収するという複雑微妙な作業である。

このとき初めてアルフォンソは水軍の必要を痛感した。ムルシア地方はアンダルシーアとバレンシアとの中間で地中海岸に接しており、そこの良港カルタヘーナはアフリカ北岸のカルタゴへの最短距離の基地として、ハンニバル以来さまざまな強国の争奪戦の的になった重要戦略地点である。強力な水軍なしにこの地方を治めることは不可能にちかい。そこで彼はすでにカスティージャ領になっていた北の大西洋岸から海戦経験者を呼び寄せ、とりあえず水軍らしきものを組織させた。しかしこれはあくまで当座の間に合わせにすぎない。近い将来にカスティージャがグァダルキビール下流域や南部一帯の海岸線を占領し、海峡をへだててモロッコと絶えず睨み合う形勢になったら、必要不可欠なのはまず自前の本格的な水軍であろう。

そのころフェルナンド三世は病身に鞭打って出陣し、セビージャ包囲の態勢を固めつつあった。しかしこの大きな都市は城壁も頑丈そのものなので、まともに強襲しただけで陥落する見込みはない。決め手になりうるのは兵糧攻めだが、これも容易なことではなかった。なにしろ城壁のすぐ西側をグァダルキビール川が流れており、河口からここまでなら大きな船でも溯航できる。したがって、いよいよセビージャが危うくなれば、川下の平野や北アフリカのイスラム教徒が大量の食糧と援軍を送りこむにちがいない。

それを阻止するには何としてでも大至急、イスラム水軍に対抗しうるほど強力な船団をつくらねばならぬ。この困難な大事業をフェルナンドは意外な人物に一任した。カスティージャ高原の内陸都市ブルゴスで市長の役を務めていたラモン・ボニファスという商人である。

しかし彼は結果において王の期待に立派に応えることになった。まずバスクからガリシアまで北海岸の港町を駆けまわり、大型船をみんな集めて整備させたうえに、その船団をみずから指揮してポルトガル沖を回りこみ、グァダルキビールの河口付近にたどりついた。陸軍国カスティージャの歴史のなかでは前代未聞の快挙である。

ブルゴスの一商人にそんなことがどうして可能だったのか？　この疑問を解く鍵はどうやらラモン・ボニファスの長い経歴のなかにある。もともと彼はボニファチオというイタリア系の出稼ぎで、出身地はジェノヴァだったという。若いころからマルセイユ、モンペリエなど南仏海岸の港町で働いていたが、のちにブルゴスに移住し、やがて市長に選ばれるほどの大商人になった。当時ブルゴスはサンティアゴ巡礼路ぞいの活発な商業の中心地だったし、羊毛をはじめ北海岸の港から輸出される高原地帯の産物もほとんどがここを経由していたから、カスティージャでは経済的に最も活気のある町だ。ボニファスは有能なジェノヴァ人の常として、たぶん自分の親類縁者の家族企業の先頭に立ち、南仏からやがてアラゴンへ、さらにカスティージャへと取引先を広げていったにちがいない。その過程では地中海でも大西洋でも港町の船主たちとつきあう必要があったはずだし、ブルゴスの市長になるころには船のことでずいぶん無理が通せるような立場にいたのではないだろうか。フェルナンド三世が船団づくりを一任したのも、彼のそうした能力を高く買っていた結果であると考えれば別に不思議なことではない。

みずから船団を指揮するという異例の能力に関しても、彼の前歴がすべてを説明してくれる。中世のジェノヴァでは商人、職人その他どんな人間でも海のことに詳しかった。断崖が水際まで迫っていてまともな道路すらなかったため、毎日のようにみんなが小舟を利用するし、市民の話題もおのずから波風の模様、舵や帆の操作、海賊対策、貿易の利潤などに関することが多い。子供たちが聞かされる英雄譚の主人公はたいてい海外で成功した男であり、野心的な青年はみんなそれを真似ようとしていた。織物工の息子であり自分自身も機織りをしていた二十三歳のコロンブスが、ある日とつぜん貿易船に乗り組んだりするのも、ジェノヴァでは珍しいことではない。ボニファスことボニファチオもおそらくは同じような生き方をしてきた男だろう。ただし彼の場合には、さんざん放浪を重ねたあげく最後に腰をすえたのがカスティージャ王国だったこと、しかもそこの名君の異例な知遇をえたおかげで前代未聞の大事業ができたことなど、こまかいところまで後世のコロンブスと瓜二つだから、その点では確かに例外的存在だったと言えるだろう。

ボニファスの水軍

彼がフェルナンド三世から仕事を頼まれたのは一二四七年の初めだった。にわか造りの新船団(十三隻)を率いてグァダルキビール河口に着いたのが半年後の夏だから、まことに驚くべき早業だ。これを迎え撃つためにイスラム教徒のテュニジア王はジブラルタル海峡付近にいた三十隻以上の水軍を派遣したが、ボニファスはそれを撃退してセビージャへと溯航する。その途中でもイスラム水軍の執拗な妨害を払いのけ、大型船を何隻か焼いたり捕獲したりしながら、八月にはついにカスティージャ軍の本陣付近に颯爽と姿を現した。かねてから待ちわびていたフェルナンド王をはじめ多くの将兵が歓呼してそれを迎えたにちがいない。

しかしボニファスにはもう一つ大きな仕事が残っていた。セビージャ市と対岸トリアーナとを結ぶ頑丈な舟橋を断ち切ることである。ローマ時代に立派な石橋が築かれたコルドバと違って、洪水の多いセビージャには十九世紀にいたるまで本格的な橋が一本もなかったから、この舟橋には戦略面で重要きわまる意味があった。とくに大きいのは市民のための食料がほとんどみんなここを通って運びこまれ、文字どおり生命線になっていたことだ。橋そのものは舟を並べて板を渡したごく単純な代物だが、生命線であるだけに防御装置はまず完璧に出来ている。小舟の列は端から端まで頑丈な鉄の鎖でつないであり、トリアーナ側のたもとには堂々たる橋頭堡(サン・ホルヘ城)が聳えていた。この城は噂のとおり確かに難攻不落なので、陸兵はどうしても橋に近づけない。そしてこの橋が健在であるかぎりセビージャはけっして降伏しないだろう。

残された手段はなるべく大きな船に重い石をたくさん積み込み、全速力で橋にぶつけて一気に切断することだ。しかしなにしろ帆船を下流から操作するわけだから、敵の妨害もさることながら風向き、流れの勢いなど大自然の条件がなかなかうまく揃わないし、船の重さと速度との兼ね合いもむずかしい。一隻目はぶつかったのに切れなかった。二隻目のときにはボニファスが自分で指揮をとり、橋の中央部に勢いよく衝突させてようやく切断に成功した。

セビージャ側の岸辺から見守っていた市民たちはこれで絶望したらしく、戦意が目にみえて衰えていった。包囲軍の将兵は逆にますます元気づく。その結果、一二四八年の秋にセビージャはついに降伏した。カスティージャ水軍の初舞台が上々の首尾に終わったわけである。

フェルナンド三世はその後もセビージャに滞在し、新水軍の維持と強化に努力した。かねてから彼の宿願はアフリカに渡ってイスラム勢力の本拠地を攻めることである。そのためにはまずカディスをはじめ南海岸の要衝を確保する必要があるので、彼は現地のイスラム教徒と交渉して明け渡しを約束させたり、皇太子アルフォンソを派遣して武力で占領させたりした。しかしこの準備工作がまだ完成しないうちに、セビージャの王宮で彼は死ぬ。この大都市に入城してからわずか半年後のことだ。

まもなく即位したアルフォンソ十世も父の志を受けつぎ、さっそく大きな造船所をつくることにした。場所は城壁の西側にある広い河原で、かつてヴァイキングの来襲直後にイスラム王があわてて建てたあの造船所の跡地だが、今回はまったく規模がちがう。大型船のつくれる船台を十六もつらね、長さ約一八二メートルにおよぶ巨大な建築物である。当時としては桁はずれで呆れ返るしかないけれど、アルフォンソはもともと理想家肌の人物だし、即位後の数年間に彼が着手したことは何もかも桁はずれだった。

造船所ができたら次の問題は水軍要員の人事である。最良の組織をつくるために彼はまずアルミランテ(提督)とかコミトレ(船長クラス)とか新しい役職を設け、国内からも国外からも優れた人材を呼び集めた。このとき彼が定めた制度や名称は後世のスペイン海軍にも規範として残っていたらしい。それほど丹念に育てあげた水軍だが、これをアフリカで活用する機会はなかなかやって来なかった。ほかに緊急を要することが多すぎたせいである。即位して二年とたたないうちにピレネー付近の国際情勢が怪しくなり、アルフォンソはすぐ兵を率いて北上せざるをえなかった。目的のひとつはアキテーヌ東部のガスコーニュにおける内乱を調停することだ。この地方は八十年あまり前に彼の曾祖父(アルフォンソ八世)がイギリス王ヘンリ二世の次女(レオノール)と結婚したとき、持参金の一部としてカスティージャに譲る約束になっていたが、ヘンリはそれを死ぬまで実行しなかった。後継者の獅子王リチャードも失地王ジョンも、その子ヘンリ三世もやはり言を左右にして実際には譲る気配がない。ところが現地の豪族たちはイギリスの王政に不満をもち、武力蜂起した連中がわざわざセビージャの宮廷まで来てアルフォンソ十世に救援を求めた。こうなると捨てても置けないから、いざとなればイギリス軍と戦うつもりで彼は北上したのだろう。

最後の十字軍

ヘンリ三世はそのころちょうどガスコーニュで反乱の討伐を指揮していたが、カスティージャ軍北上の噂をきいて狼狽した。同時代のイギリスの年代記作者の記述によると、アルフォンソ王は最近「カスティージャ、ガリシア、セビージャなど八つのキリスト教国を合併したうえに、二つのイスラム教国から保護料を徴収している」強大きわまる君主と思われていたのだから、ヘンリが恐れるのも無理からぬことだ。ガスコーニュどころかイギリス本国が攻められる可能性まで気に病んでいたのは、造船所建設のことがすでに知れわたっていた結果だろう。

当時ロンドンで留守番役をつとめていた彼の弟(コーンウォール伯リチャード)も心配のあまり、急いで兄に手紙を書き、友好関係回復のためカスティージャ王家に新しい縁談を持ちこむべきだと主張した。ヘンリはただちに賛成して、そのための使節団を派遣する。彼らに託した提案の趣旨は、自分の国の皇太子(のちのエドワード一世)の妃として、ぜひアルフォンソの異母妹(レオノール)を迎えたい。ついてはレオノールの持参金代わりに、ガスコーニュに対するイギリスの主権を正式に認めて頂けないだろうか、ということであった。

なるほどこれは双方の顔をうまく立てながら、紛争の種をきれいに始末しうる唯一の名案かもしれない。だからアルフォンソもすぐに承諾の返事をした。ただしその条件として、彼に援助を求めてきたガスコーニュの豪族たちの権利を尊重し、問題を話し合いで解決するようイギリス側に要求する。これもヘンリは異議なしに受け入れ、おまけに将来アルフォンソのアフリカ遠征に協力しようと申し出た。カスティージャの新水軍がジブラルタルよりも南で大戦争を始めれば、イギリスのような北国には手が回らないだろうから、この協力は一種の安全対策だ。とにかく外交問題はこれですべて解決し、あとは細部の折衝がつづいて、結婚式の場所はブルゴス、したがって皇太子エドワードはできるだけ早くそこまで出向くことに決まった。

彼が陸路ピレネーを越えてブルゴスに着いたのは一二五四年の秋。まだわずか十六歳の少年だが、かつての獅子王リチャードに似て見上げるような長身で、のちにイギリス史上でも指折りの名君になるだけの気骨がすでに表われていたという。結婚式が行われるウエルガ修道院は、かつて花嫁の曾祖母が精魂こめて完成した施設である。挙式の前日にはアルフォンソがみずから取り仕切ってエドワードの騎士叙任式を行った。

(アルフォンソにとってはこれがよほど嬉しい出来事だったらしく、その後一年ちかくのあいだに彼が署名した認可状のたぐいは年月日の箇所に、「イギリス王ヘンリの長男であり後継者であるドン・エドワードがブルゴスでアルフォンソ王によって騎士に任命された年」と、かならずラテン語で書き込んである)

エドワードとレオノールは結婚後まもなく、やはり陸路でアキテーヌに向かい、さらに船でロンドンに到着した。その後のエドワードの運命はまことに波瀾万丈だから有名なエピソードが多いけれど、ここで特筆にあたいするのはパレスティナへの最後の十字軍を指揮したときの動きだろう。レオノールもそれに同行して港町アクレに滞在し、夫が毒蛇に咬まれたときには自分で毒を吸い出して危うく命を助けたりした。そのころちょうどマルコ・ポーロ一族が二度目の旅に出ようとしていたのに、新法王がなかなか決まらないためにフビライ宛ての親書がもらえなくて困っていた。ところがたまたまエドワードのそばにいた友人(のちのグレゴリウス十世)が法王に選ばれたという報せがあり、すでに旅行を始めていたポーロ一族をふたたびアクレに呼び戻して親書を渡すことになる。当時の危険なパレスティナでそれが実現できたのは、エドワードの並々ならぬ尽力のおかげだった。(もっと晩年になってからのエドワード夫妻も、双方の呼吸がよく合っていた点において、おそらくは後者の曾祖母とアルフォンソ八世の場合に匹敵する。一二九〇年にロンドンでレオノールのほうが先に死んだときエドワードは嘆き悲しみ、葬式の列が進む道の一マイルごとに立派な十字架を建てさせた。そのうち現在まで残ったのが、駅やストリートの名前としても使われる「チェアリング・クロス」である)

新婚の彼らがブルゴスを去ったあと、アルフォンソ十世は相変わらず多忙をきわめていた。幼いころから学問や文学芸術が大好きだった彼は、自分の宮廷にさまざまな文人を呼びあつめて、歴史、法律、天文学からチェス、鷹狩りにいたるまで多くの分野で書物の編纂にとりかかる。画期的だったのはそれがみんなラテン語ではなく、日常生活の言葉であるカスティージャ語で書かれたことだ。父親とちがってアルフォンソはキリスト教徒以外の人間にも寛大だったから、才能さえあれば人種、宗教の別をとわず歓迎し、率直な意見を取り入れた。日常の口語で書くという斬新きわまるアイデアも、発案者はユダヤ人だったらしい。

天文学と、哲学などに関しては、ギリシアの古典でもアラブ語訳しか残っていないものがあるので、多くの場合にイスラム教徒の学者の説をカスティージャ語に移す必要があった。そんなとき役に立つのは両方の言葉に強いユダヤ人の翻訳者だ。アルフォンソ自身も積極的に編纂に参加したようだが、膨大な量にのぼる作品の何パーセントを直接に彼が書いたり直したりしたのか、今となっては確かめるすべもない。とにかく彼の本領はむしろ詩歌のほうにあり、物語詩集『サンタ・マリーアへの賛歌』をはじめ、敬虔な宗教詩からおどけた風刺詩にいたるまでさまざまなスタイルで新機軸を開いた。

皇帝選挙

長い目でみてアルフォンソの最大の功績はカスティージャ語による文学を開拓したことである。しかもそれが狭い意味での文学から「文字で書かれうるすべてのこと」の領域にまで及んでいる。数十年後のイタリアでダンテという個人が着手することを、聡明王アルフォンソは種々さまざまな人間の協力によって大規模に実現しようと試みた。古事記、万葉、風土記などを生んだ年代のスペイン版とでも言うべきか。

この時期には国際政治の舞台でアルフォンソの名声がますます高くなる。一二五六年の春には都市国家ピーザの使節団がおとずれ、意外なことを提案した。皇帝選挙に出馬してください、自分たちだけではなくイタリアじゅうのギベリーニ派がみんなで応援しますから、と自信たっぷりの口調である。

言われてみれば彼らの提案には確かにもっともな理由があった。アルフォンソの母はもともと神聖ローマ皇帝の家系(ホーヘンシュタウヘン朝)の王女であり、シチリアで先年死亡したフリードリヒ二世のいとこに当たる。フリードリヒに適当な後継者がなかったため、新皇帝の選出をめぐる争いはいまだに混沌たる状態で、まともな候補者すら見あたらない。アルフォンソのように若くてすでに大国の王であり、実績も血統も申し分のない人物なら、いまや当然出馬して全ヨーロッパの安定をはかるべきではないか。

この説得に動かされてアルフォンソはあっさり承諾の返事をした。当時の彼はまだおそらく、皇帝選挙がどんなに汚ないものであるか、どれほどの買収費を要するかなど、裏側の事情には関心すら示さなかったにちがいない。生来の楽天的な気質から次々に湧いてくるのは皇帝として実現すべき種々さまざまな計画だけ。どうやら彼はイデアの世界に生まれてくるべき男だった。

七人のドイツ選帝侯による投票が行われるのは翌年の一月。場所はフランクフルトである。三人いた候補者のうちひとりはすでに脱落し、一対一の勝負だが、皮肉なことにこのときアルフォンソの競争相手はコーンウォール伯リチャード——わずか五年ほど前に皇太子エドワードと王妹レオノールとの縁組みを発案した人物だった。彼の領地コーンウォールは昔から錫の産地として有名な場所で、青銅器時代のアンダルシーアに銀や銅を探しにきたフェニキア商人の一部は、はるばるそこまで錫のための航路を開いていたという。リチャードもこの資源のおかげできわめて裕福だったらしく、選挙には費用を惜しまなかった。そのうえドイツには取引先や有力な知人がいて応援してくれるし、イギリスと近いから絶えず自分で行き来しながら準備工作をすることができる。

それに対してアルフォンソのほうはドイツの土を踏んだことすらなかった。選挙のこともすべて遠隔操作だから、作戦についても費用についても現地の人々の言いなりになるしかない。頼みの綱は国王として今までに築いた名声だが、地中海諸国とちがってドイツでそれがどこまで通用するものやら、まったく五里霧中の有様だった。

14　黒海から大西洋まで

ポーロ兄弟の東方旅行

マルコ・ポーロの父と叔父は最初の東方旅行のとき、ヴェネツィアからまずコンスタンチノープルへの船に乗り、次に黒海を北上してクリミア半島に上陸した。ここまでの航路は彼らにとって通い慣れたる道である。ポーロ一族の出身地はたぶん現在のクロアチアだが、何代かまえにアドリア海の対岸ヴェネツィアに渡ったあと貿易業でかなり成功したらしく、遠いクリミアの港町にも代理店を開いていた。移民の家族ならではの異常な努力と団結と、あらゆる困難に立ち向かうヴァイタリティとの成果だったにちがいない。

しかも運のいいことに、ちょうどそのころヴェネツィアという海洋国家ぜんたいの経済力も上昇の波に乗っていた。ポーロ兄弟が出発したのは一二六〇年前後である。それより半世紀あまりまえに第四回十字軍がコンスタンチノープルを奇襲してラテン帝国なるものを作ったとき、先頭に立ってこの陰謀を実現したヴェネツィアの商人たちは貿易に関する特権をことごとく独占し、次々に東方の新市場へと進出しつつあった。ポーロ兄弟の場合には、この町で自分たちの資産をみんな売り払って大量の宝石類に替え、それをクリミアに運びこむ。遠くへ行けば行くほど利潤が多いという経験にもとづく行動だし、出たとこ勝負の冒険にはもう慣れきっていただろうが、まさかこれが数々の突発事件の結果としてフビライ汗の宮廷にまで行ってしまう長い旅の第一歩になろうとは夢にも思わなかったはずだ。

ところが全くの偶然か、なにかの勘がはたらいたのか、コンスタンチノープルでこのとき資産を処分したのは奇跡と呼ぶしかないほど的確な商行為だった。彼らが去ってからまもなく、当時のヨーロッパでは最大のこの裕福な城壁都市があっけなく陥落する。ラテン帝国も滅びたので情勢はたちまち逆転した。それまで小アジア側に亡命していたパレオロゴス王朝の開祖(ミカエル八世)がビザンチン帝国を復活させたうえに、ヴェネツィアにとって不倶戴天の仇であるジェノヴァの商人を優遇しはじめた。

これをきっかけにヴェネツィアとジェノヴァは正面衝突して、地中海東部のいたるところで激しい海戦をくりひろげる。どちらも強大な水軍国のことだから、そのときどきの勝敗によって制海権の支配者が目まぐるしく交替し、ヨーロッパ、アフリカ、中近東をふくむ周辺地域一帯の貿易や政治の成り行きまでが変わるという不安定きわまる状態がこれから百年間以上もつづくことになった。

ポーロ兄弟は出発してから九年後に地中海世界に帰ってくる。ただし今度は黒海経由の勝手知ったる道ではなく、北京からずっと騎馬または徒歩で砂漠を渡り雪山を越える南寄りのルートである。三か月がかりで苦難の果てにようやく小アジア東南端の港町ライアスまで辿りつき、ただちにパレスティナ海岸のアクレに向かった。この都市は末期における十字軍の最後の牙城だったから、彼らのような浦島太郎にとって何よりも必要な最新情報を集めながらヴェネツィア行きの安全な船を探すことができる。コンスタンチノープルでの政変やジェノヴァとの大戦争の噂はすでにどこかで聞き、だからこそ帰りにわざわざルートを変更したのだろうが、まったく初耳の意外な情報も多かった。なかでも法王が死んだあと後継者がいまだに決まらないという異常事態は、彼らにとって実に困ったことである。今回の一時帰国の最大の目的は、法王からフビライ宛ての親書をもらって再び北京へと引き返すことなのだから。

大空位時代

しかしこの当時ヨーロッパではすべてが混乱の極にあり、法王だけでなく神聖ローマ皇帝も長らく空席になっていた。全体を代表しうる人物がどこにもいないわけである。皇帝に関しては三年も前にとにかく選挙が行われたが、結果において候補者ふたり(カスティージャ王アルフォンソ十世とコーンウォール伯リチャード)が両方とも四対三で勝つという奇妙きてれつなことになった。ドイツ選帝侯のひとりであるボヘミア王が自分の野心を貫くためにわざと曖昧な態度をとり、両側に賛成したからである。おかげで自称皇帝が同時にふたり誕生し、つまりはひとりもいないのと大差ない事態がつづいていた。西欧史上でも空前絶後の大空位時代(一二五六〜七三年)である。

こうなると両者ともそれぞれ皇帝らしい実績を徐々に積み上げて行くしかない。リチャードのほうは早速わざわざ初代皇帝シャルルマーニュの首都アーヘンへと乗り込んで派手な戴冠式を挙げ、列席してくれた諸侯には惜しみなく微笑と賄賂とをばらまいた。もともと彼はイギリス王の弟という比較的身軽な立場だし、ドイツとは距離も近いから現場で次々に人気取りの行事をもよおすことが出来る。それに比べると遠いカスティージャの王であり、いつも仕事を山のように抱えているアルフォンソは決定的に不利であった。せめてイタリアまで出向いて自分で法王を説得し、正式に皇帝に任命してもらうのが最良の策だと思うけれど、ようやく決まった新法王(グレゴリウス十世)に会いに行く時間すら作れない。しかも皇帝選出馬には国内の貴族の大半が初めから反対を唱えていた。

自分の直接の利害にしか関心のない彼らにとって、皇帝問題などはアルフォンソの画期的編纂事業と同じように、むやみに費用ばかりかかる道楽息子のお遊びにすぎない。たとえ正式に戴冠できても、そちらの仕事にそそぎこむエネルギーや予算の分だけ本国にかかる負担が重くなり、迷惑するのは結局われわれではないか。ただでさえ道楽の多い国王がこれ以上に国外で余計なことを引き受けるべきではない……

こうした反対意見には確かに無視できない根拠があった。セビージャを攻略したおかげでカスティージャ王国の名声だけはますます高くなったけれど、まわりを見わたせばアンダルシーアはまだほとんどがイスラム教徒の縄張りだ。なかでも肥沃なグラナーダ盆地の王などは、うわべこそカスティージャ王の臣下だが、北アフリカの同胞とも今までどおり密接な連絡を保っているらしい。おそらくは示し合わせて総反撃の機会を狙っているのだろう。もしも彼が反乱を起こせばセビージャのすぐお膝元のグァダルキビール下流域や、カディスをはじめ主な港町までが一斉に蜂起しかねない。アルフォンソにとっての緊急課題は近いところから着実に足場を固めることであろう。

アルフォンソ自身が完全にそれを無視していたわけではない。アフリカに渡って敵の本拠を攻めるという年来の宿題を果たすためにも、さしあたり必要なのはセビージャから河口までの安全を確保することだ。したがってすでに皇太子のころからその一帯のイスラム教徒と協定を結んだり、要所を武力で占領したり、徐々に準備を進めていた。しかし最近はなにしろ仕事が多いので、なかなかそれに専念できない。諸外国からやってくる使節だけでも大変な数だし、くれば出来るだけ丁重にもてなすことが国王の大事な務めである。

一二六〇年の初夏にセビージャを訪れたフィレンツェからの使節団の団長は、のちにダンテが師と仰ぐ詩人ブルーノ・ラティーニだった。彼の使命は公式にはシチリア王マンフレッドとの戦いに援助を要請することだが、はるばるアンダルシーアに来た貴重な機会を活用してアルフォンソの宮廷にいるアラブ人、ユダヤ人などの学者に教えを乞い、おもにイスラム哲学や自然科学を熱心に吸収しようとする。

（帰国後に彼はそれを惜しみなく愛弟子ダンテに伝授した。その成果のひとつとして『神曲』の地獄篇の構想は古いイスラム文学にある地獄めぐりの物語を受け継いでいるようだから、セビージャでのラティーニ先生の猛勉強が意外なところで役に立ったわけである）

アンダルシーア南部の動乱

その年の九月にようやくアルフォンソは新水軍をアフリカに送り出すことが出来た。目的地はモロッコ大西洋岸のサレである。ここは今のモロッコの首都ラバットと川を一本へだてた場所にある風光明媚な港町で、当時すでにイタリア各地の貿易船がやって来るほど景気のいい国際都市になっていた。カスティージャ勢は二十日あまりもこの町を占領し、地元の大軍に包囲される寸前に戦利品と捕虜をみんな船に積んで引き上げて行った。つまり本格的侵入というより、そのための軽い小手調べの感じだが、とにかくアフリカ大陸での初めての勝利なのだからアルフォンソは上機嫌だったという。

それからの三年間がおそらく彼の生涯のなかでは最も平穏な時期である。自分の宮廷でお気に入りの文人たちと作詩や編纂に励むかたわら、政治面ではウエルバからポルトガルまで西部海岸の安定をはかり、順調に仕事がはかどっていた。

しかしイスラム側としてもそれをただ黙って眺めていたわけではない。極秘のうちにグラナーダ王を中心とする大規模な反乱計画を練りつつあり、実行間際にたまたま洩れてきた情報によると、セビージャ在住のイスラム教徒がまず奇襲戦法で国王一族を人質にしたあと、四方八方の住民たちも蜂起して市内に攻め込む手筈がすっかり整っていた。アルフォンソらは密告のおかげで危うく命拾いしたが、アンダルシーア南部のおもな町々はほとんどが公然と反乱をおこす。ヘレス、アルコス、メディーナ・シドニア、そしてグァダルキビール河口の要衝サンルーカル・デ・バラメーダなど。アルフォンソはただちに大軍を動員して討伐戦に乗り出したけれども、いちおう鎮圧できるまでに一年以上かかった。

この動乱の前後にも彼の宮廷は千客万来の有様だった。とくに大切な客のひとりはラテン帝国最後の皇帝の妻だった女性で、アルフォンソにとっては父方の叔母にあたる。帝国滅亡のときコンスタンチノープルを脱出し、イタリア各地を転々と放浪したあげく、結局はセビージャの彼のもとに長逗留することになった。彼女の悲願はビザンチン奪回のために新しい十字軍を駆り集め、自分の息子をやはり皇帝の位につけることである。それにはもちろんアルフォンソの全面協力が必要だし、肉親の甥のことだからきっと助けてくれるものと信じていた。アルフォンソとしてもこの気の毒な叔母の期待に応えたいのは山々だが、いまは到底そこまで手がまわらない。ビザンチンの帝位どころか、神聖ローマのほうのそれが今後いったいどうなるのか、およそ見当もつかないほど複雑なことになってきた。

その第一の原因は毎日のように逆転劇をくりかえすイタリアの政治事情である。たとえばラティーニ使節団をセビージャまで派遣したのはフィレンツェのグエルフィ派政権だが、彼が帰国したばかりのころギベリーニ派がクーデターに成功し、ラティーニらはほかの都市に亡命せざるをえなかった。アルフォンソとの相互援助協定がこれですべて反古と化したわけである。数年前に熱心に彼の皇帝選出馬をすすめた港町ピーザもすでに裏切って、シチリア王マンフレッドをかつぎ出すことに血道を上げていた。

この時期の花形マンフレッドは、かつてシチリアのパレルモで絶大な権力をきずきあげて法王に反抗した皇帝（フリードリヒ二世）と、地元の貴族の娘とのあいだに生まれた私生児である。両親の地盤を利用して南イタリアのほぼ全土を支配し、さらに縄張りを広げるために法王と激しく争っていた。そのせいで後者にとってはマンフレッドを倒すことが最優先の課題になり、ヨーロッパ各地の王族を次から次へとシチリア王に任命して討伐に当たらせようとする。ようやく本気でそれを実行に移したのはフランス王ルイ九世の弟（アンジュー伯シャルル）だった。

シャルルの軍勢はローマから破竹の勢いで進撃してマンフレッドを敗死させ、たちまち南イタリアに新政権を樹立するが、きわめて有能な将軍であり政治家でもあった彼はもっとずっと大きな野心を抱いていた。シチリアの対岸テュニジアからビザンチン帝国領やパレスティナまで東地中海周辺の全域にまたがる大帝国を作ることだ。そのために彼はありとあらゆる策略をめぐらした。そのころ兄のルイのほうはむかしエジプトで惨敗した自分自身の十字軍の名誉回復をこころざし、ふたたびナイル川流域へと渡る準備に打ち込んでいた。ところがシャルルは巧みに彼を説得して目的地をテュニジアに変更させる。新帝国建設への第一歩にフランス王の権威と力を利用したわけである。

カスティージャ王家のお家騒動

やがてテュニジアに上陸したルイはたちまち疫病にかかり、わずか二か月後に死んだ。それよりあとで到着したシャルルは生き残りの将兵を何とか立ち直らせ、兄の遺骸とともにシチリアへと引きあげるだけで精一杯。テュニジア征服のたくらみは大きな犠牲を出すだけに終わった。このときの十字軍にはイギリスの皇太子エドワード夫妻も加わることになっていたが、やはり間に合わなかったので目標を切り替え、パレスティナまで航海して港町アクレに上陸する。そこにたまたまポーロ兄弟が立ち寄り、フビライ宛ての親書の件でいろいろ彼の世話になった。エドワードは十字軍の理想のために最後まで真剣に努力した西欧唯一の王であり、イスラム勢力に対抗するにはモンゴールとの同盟が必要不可欠だと考えていたから、ポーロ兄弟にも喜んで肩入れしたにちがいない。

彼がまだアクレにいるあいだにイギリス本国では叔父にあたるコーンウォール伯が死ぬ。皇帝争いの立て役者がひとり消えたわけだから、アルフォンソの立場はきわめて有利になるはずだが、そう簡単には行かなかった。歴代の法王が何よりも恐れているのは、かつてのフリードリヒ二世のように強力な皇帝が地中海圏に腰をすえて自分たちを圧迫することである。それを予防するためには、教会に従順で南のほうには野心のないドイツ土着の豪族をだれか帝位につければいい。この条件にぴったりの人物がハープスブルグ家の当主ルードルフだった。彼の立候補によってアルフォンソにはほとんど見込みがなくなってしまう。

（のちに初めて皇帝に選ばれるカスティージャ王がルードルフの子孫にあたるカール五世だったのは、皮肉きわまる歴史劇のひとつである）

しかしアルフォンソ自身まだ、法王とじかに話し合えば大丈夫と思っていたのだろう。ずいぶん無理をして国外旅行の暇をつくり、南仏のボーケールで対面する手はずをととのえた。結果はしかし当てはずれで、ルードルフに譲ってやれと法王から説得されるだけに終わる。立候補いらい十八年にわたる夢がこれで完全に吹き消された。やむをえず帰国の途についたとき、国内で彼を待っていたのはもっと容赦のない事態である。

おそらく彼の不在をチャンスと見て対岸モロッコからイスラム教徒の大軍が押し寄せ、アンダルシーア各地を荒らしまわっていた。留守番役の長男フェルナンドはただちにトレードから南下したが、途中であっけなく病死する。何もかも最悪の成り行きだ。次男サンチョらが頑張ってイスラム軍の攻勢をようやく食い止めてくれたものの、大切な時期に旅に出たりしてこれほどの危機を招いたアルフォンソを貴族たちは許さない。彼よりずっと保守的で外国人に甘くないサンチョを擁立しようとする野党派がますます増えてきた。サンチョのほうも兄フェルナンドのまだ幼い遺児に代わって王位を継ごうと思っていたから、野党派の支持を利用して着々と地盤を広げてゆく。これ以後のアルフォンソは皇帝どころか、自分自身の王位をめぐる激しい相続争いに死ぬまで苦しむことになった。

フェルナンドの未亡人はフランスの王女だったので、息子の権利を守るためにフランス王の力を借りようとする。アルフォンソの妻(アラゴン王女ビオランテ)もそれに同情したらしく、パリに行きたいという嫁と孫を連れてまず隣国アラゴンへと亡命した。おかげでカスティージャ王家のお家騒動が三つの国の王たちの利害と面子とにかかわる国際的大問題になってしまう。

アフリカへの本格的遠征もすでに遠い夢と化した。鍔競り合いの舞台は今や海峡のこちら側のアンダルシーア南部である。なかでもモロッコの大軍がいつも上陸地点にする良港アルヘシーラスが敵の手にあるかぎり、セビージャやコルドバですら安全な場所ではない。だからアルフォンソは全力をあげてここを攻めることにした。まず水軍を総動員して広大なアルヘシーラス湾を封鎖し、火砲そのほか新兵器を備えた陸兵が隙間なくこの城壁都市を包囲する水陸両用の大作戦だ。その結果アルヘシーラスは完全に孤立して、外との連絡は対岸の岩山ジブラルタルへの伝書鳩だけに頼るありさまだった。食料も戦闘要員もまもなく底をついたから、降伏はもう時間の問題にすぎない。

ところがセビージャの大本営に、ある日とつぜん意外な知らせが舞い込んだ。水軍はほとんど全滅し、陸兵も早く撤退しないとどうなるか分からないという。とりあえず援軍を送ろうとしたら、そのための費用すら国庫には残っていなかった。アルフォンソにとっては何もかもおよそ不可解な事態である。

調べてみると、この惨憺たる出来事の背後にはお家騒動にからむ複雑怪奇な事情があった。次男サンチョは近ごろますます勢力を広げ、王位継承もほぼ確実と思われていたが、最大の障害は彼の母(ビオランテ)までが長男の息子に味方して、その孫の身の安全を守るために実家アラゴンの宮廷に亡命していることである。これはあまりにもスキャンダラスだし、アラゴン王やフランス王を母たちが直接説得して軍事介入に踏み切らせる可能性もないではない。それを防ぐ唯一最良の方策は何としてでも母をカスティージャに呼びもどし、親孝行の実績をかさねて少しずつ自分の味方に引き入れることだろう。だから彼は何度となく母に熱烈な手紙を書き、悪いようにはしないから一日も早く帰国して私たちを安心させていただきたいと嘆願した。

ビオランテのほうも次第に考えが変わったらしく、にべもない返事はしなくなった。問題はしかしアラゴンの居候になってからも大国の王妃の体面を捨てず、派手に暮らしているうちに巨額の借財が出来たことだ。多少ともそれを残したまま出て行くような恥ずかしい振る舞いは絶対にしたくないという。要するにすべてが彼女の見栄のせいだが、サンチョとしてはさしあたり母の言いなりになるしかない。しかもそんな大金を即座に工面するためには、国庫運営の責任者に命じてアルヘシーラス用の戦費をありったけ流用させるという非常手段に訴えざるをえなかった。

そのせいで最前線の兵卒はみんな給金どころか、まともな食事にもありつけない。とくに前年の冬からずっと海上で封鎖作戦を担当していた船団の乗組員のあいだでは壊血病その他の患者が続出したため、付近の小島や砂浜に仮小屋をつくり、片っ端から病人を詰めこむ有様だった。人員不足で動けなくなった船団もすべて湾内で錨を下ろす。そこに海峡のかなたから強力なイスラム水軍が襲って来た。カスティージャ側はろくに応戦すらできないままに全滅し、陸兵のほうも腹背に敵をうけて手も足も出ない事態である。

アルフォンソはもちろん激怒したが、とりあえず陸兵だけでも救い出す手段を見つけねばならぬ。国庫はすでに空っぽだが、さいわいにしてセビージャ市民が財布の底をはたき、救援のための義勇軍まで組織してくれたので、最悪の結果だけは避けることができた。これ以上の損害を防ぐために、やむをえず彼はモロッコ王に停戦を申し込む。勝ち誇っているはずの相手が意外にあっさりそれに応じてくれたのは、イスラム側にもいろいろ内輪もめがあり、グラナーダ王と今すぐに戦わざるをえなくなっていたからだ。おかげでセビージャもコルドバも無事だったけれど、青年期からアルフォンソがあれほど苦心して育て上げた水軍はこれで一挙に文字どおり水の泡になった。

その責任を問われたのは徴税と国庫の責任者だった有能なユダヤ人である。裁判で死刑宣告が下ったとき、サンチョは内乱を起こしてでも助命しようと考えたようだが、弟たちに反対されてようやく思い止まった。この処刑によってセビージャのユダヤ人祖界は最高指導者を失ったうえに、もっと広範囲の弾圧を予期して大恐慌に陥っていたので、アルフォンソはあらゆる手段で彼らを安心させようとする。異教徒をけっして差別せず、「三つの宗教の王」であることを誇りにしていた彼にとっても、サンチョの気持ちとは別の意味で後味の悪い処刑だったにちがいない。

アルフォンソと英語

これ以後にもアルフォンソと家族との関係にはさまざまな波瀾があり、一旦は公然と反旗をひるがえしたサンチョが土下座して謝ったときなど、抱き合って一緒に泣きながらすべてを許したりしたという。しかし最後の遺言状のなかでは彼を裏切り者と呼んで、王位継承の資格なしと断定している。とはいえ長男の息子のほうは未だにアラゴン王のもとで一種の人質になっているので、彼の即位を実現するにはフランス王の介入に期待をかけるしかなかった。国内の貴族のほとんどがサンチョに味方している現状のなかで、遠くにいる孫のほうにどれだけの可能性がありうるのか、おそらく心の片隅ではアルフォンソ自身もほぼ絶望と感じていたことだろう。

彼の理想の大部分を忠実に受け継いでくれたのは、むしろ外国人である。かつて彼がみずから騎士

セビージャ市のマーク

に任命した二人の王（イギリスのエドワード一世とポルトガル王デニス）は、どちらもアルフォンソの言語政策を見習って、公文書までラテン語ではなく日常の口語で書かせることに決めた。イギリスの場合、支配階級はノーマン・コンクェストこのかた日常会話にもフランス語を使っており、庶民の英語をまるで解しない貴族のほうが多かったのだから、みんな英語にしろというのは思い切った大改革だ。

　しかしこの時期に敢えてそれをやったおかげで、英語は複雑な文語から単純明快な口語まで何にでも使える語彙豊富な、柔軟な言葉になって行く。アルフォンソの孫にあたるデニス王は彼自身がやはり詩人だったので、祖父同様に自国語による文学の開祖としても名を残した。

（現代の西欧系言語のなかで、使用人口における上位三つは英語、スペイン語とポルトガル語である。いずれも十六世紀から世界各地に広まったわけだが、そのころすでに何にでも使える言葉になっていたのは三世紀まえのアルフォンソの画期的改革のおかげだった。フィレンツェ方言で詩を書きはじめるダンテらの場合にも、ラティーニ経由の影響がかなりあったと考えていいだろう）

　晩年のアルフォンソは自分の家族や国民の大部分に見放された孤独きわまる老人だった。おもな都市のうち最後まで彼を支持したのは、皇太子時代に征服して以来ずっと親しくつきあってきたムルシアとセビージャだけ。とくに後者はアルヘシーラス戦のとき絶体絶命の窮地から救い出してくれたうえに、四面楚歌のなかで瀕死の床に横たわる彼を守りとおしていた。そのころ彼がセビージャについて洩らした言葉 No me ha dejado（わたしを見放さなかった)を土地の方言で発音すると、中ほどの部分が「マデーハ」と聞こえ、単語としては機織りにつかう8の字形の「かせ」のことだ。この語呂合わせにちなむ記号 No 8 Do は現在でも聡明王アルフォンソを誇りとするセビージャ市のシンボルマークであり、バス停の標識から観光客用の地図、パンフレットの表紙まであらゆるところに顔を出す。みじめな王様の忠実な味方だった誇り高い少数者の形見とでも言うべきか。

15　海に生きる

禁断の海

紀元前十三世紀のなかばごろ黒海方面への貿易ルートの関門だったトロイの城を攻め落としたあと、ギリシア軍の参謀長オデュッセウス(英語名ユリシーズ)は船団を率いて小アジア西南部から出帆し、ギリシア本土の東岸ぞいにエーゲ海を南下した。目的地である郷里イタケに向かうにはペロポネソス半島の南の端を回りこみ、狭い海峡を通過してから逆に西側をイオニア海へとひたすら北上せねばならぬ。ところがちょうど海峡付近で猛烈な嵐に吹き流され、自分の位置も方向もまるで分からなくなった。

この大嵐をきっかけにユリシーズは地図や日付けのある具体的、歴史的な空間から、いきなり曖昧模糊とした夢の世界にとびこんでしまう。そこで主役を演じるのは眼が一つしかない怪物とか、恐ろしい魔女とか怨霊とか、およそ人間の理解を超えた異様な相手ばかりである。彼らはいずれも所在不明の島や岸辺に棲んでいる。たとえばユリシーズが上陸した場所のうち、西の極限と思われる「死者の国」は一体どのへんにあったのやら。地中海か大西洋か——それすらはっきりしないので遠い昔から古典学者の激しい論争の的であった。

古代ギリシアの船乗りたちは大西洋を禁断の海と見なしていた。だからもしもユリシーズがそこまで踏み込んだとすれば、探検航海の先駆者として尊敬すべき人物だが、なにしろ確実な証拠がない。死者の国から引き返したあとのルートも支離滅裂。相変わらず悪夢じみた魑魅魍魎の世界だった。ようやく彼が旅の終わりに近づくころになってから、今度もやはり嵐のおかげで舞台はふたたび一転し、文明のルールやギリシア語の通じる親切な女性(ナウシカー)が登場する。つまり作者ホメロスは変幻自在なこの放浪者の物語においてすら、始めと終わりの端だけは戦争叙事詩『イリアッド』の雰囲気とごく自然に繋がりうる人間社会のエピソードで固めておいたわけである。

ナウシカーの島からあとはユリシーズも道中無事に郷里まで帰り、やがて平和を取りもどしたところで作品が完結する。その後の彼の暮らしかたや死にかたに関してホメロスは何の手がかりも残さなかった。おかげで後世の詩人たちはそれぞれ自分の想像力や問題意識の赴くがままに、ありとあらゆる後日談を自由に発明することができる。なかでも注目にあたいするのは晩年のダンテが描いたユリシーズ最後の冒険の場面だろう。

すでにわたしも水夫たちも年老いて
疲れきったころ海峡にさしかかった

ヘラクレスの柱が両岸にそそり立ち
この先へ行くなと人を引き止めるが
右手の方セビージャはもう通りすぎ
左手のセウタもたちまち遠ざかった
おお、兄弟よ、数知れぬ苦難の果てに
我らはついに日没の地に踏み込んだ
程なく我らの五感の灯も消えてゆく
もはや躊躇する時ではない。命の限り
この実験をやりとげよう。太陽の道を
ひたすら追いつつ前人未到の世界へと……

(『地獄篇』第二十六歌から)

これを書いたころダンテはすでに郷土フィレンツェから追放され、転々と他人の家を渡り歩くしかなかったから、放浪の旅のつらさは身にしみて分かっていたにちがいない。それでも彼はユリシーズをイタケの自宅で平穏無事に死なせたくなかった。最後にもう一つ思いきった冒険をこころみ、たしかにユリシーズならではの立派な死にかたをしてほしい。その晴れ舞台にふさわしいのは当時のダンテのヴィジョンのなかではやはりジブラルタル海峡だった。

アフリカ航路開拓

彼が二十六歳のときイタリアで大評判になった事件がある。ジェノヴァの船乗りヴィヴァルディ兄弟がアフリカ西岸ぞいの新航路開拓をこころざし、盛大な見送りとともに出帆した。一二九一年四月だから、ヴァスコ・ダ・ガマより二世紀以上前に同じルートに挑戦したわけである。しかし彼らはまもなく行方不明になる。ジブラルタルを通過してカナリア諸島まで行ったことはほぼ確実らしいけれど、そのあとが全く分からない。彼らは老練な船乗りだし、このとき使ったガリー船二隻の漕ぎ手たちもみんな選り抜きの水夫である。長期の船旅に備えて食料や水をたっぷり積み込んだうえに、行く先々で布教するためにフランチェスコ会の修道僧がふたり乗っているという、まずは万全の構えだった。

したがって消息が絶えたあと何年たっても若い世代は生存説を捨てようとしない。とくにヴィヴァルディ兄弟の息子や甥は次から次へと船団を組んで探しに出た。第一目標はもちろんアフリカの大西洋岸だったけれど、息子のひとりは父がすでにその南端を回りこんだと確信して、逆に紅海からアラビア海へと東岸一帯をいつまでも念入りに調査する。こうした彼らの捜索の過程で、どうやらそれらしい生存者の噂とか難破船の残骸とか、新しい報告が届くたびにイタリア各地の港では多くの人々が一喜一憂したという。

ヴィヴァルディ兄弟の運命がこれほど関心を集めたのは、しばらく前からパレスティナ方面の貿易基地がイスラム軍に攻め立てられ、東方との通商路もはなはだ危険になったため、何としてでも別の道を見つけなければ地中海貿易は駄目になるという危惧が広まったからであろう。ヴィヴァルディらがジブラルタルの西へと去ったのと同じ年に、東のレバノン海岸では十字軍の最後の牙城アクレがついに陥落した。生き残りの将兵も商人たちも数少ない船で脱出するのが精一杯。とうてい奪還の見込みはない。インドへの東の正門がこれで閉ざされたわけだから、西の端からの出口がますます注目の的になった。

しかし大西洋方面でさしあたり重要なのはアフリカよりも、すでに様子の分かっているヨーロッパ北部である。中世末期には西欧諸国の産物のうち、東洋の絹や香料と交換できるほど値打ちのある品はフランドル特産の豪華な毛織物ぐらいしかなかった。それをジェノヴァまで運ぶための最短ルートは、東南方向にまずシャンパーニュの高原からローヌ川流域に出て地中海へと下る道だが、これは陸路が多いので労力、時間と通行税がかかりすぎる。とはいえ海路はイベリア半島回りだから距離が二倍以上だし、小刻みにほうぼうの港に寄る今までの沿岸航海だと経済効率もかなり低い。そこでジェノヴァの商人たちは大型船でフランドルまで直航しようと企て、一二八七年についにこれを実現した。ヨーロッパ経済史上の画期的事件である。

こうして十三世紀末にはジブラルタル海峡を通過する船や貨物の量がめざましく増えてきた。それなのにこの関門のモロッコ側だけではなく、アンダルシーア側までがいまだに異教徒の縄張りだというのは不便きわまる事態である。ましてカスティージャの王にとっては、不便どころか自分の国の存続にかかわる重大な脅威だから、全力をあげて奪回せねばならぬ。したがってこの時代には海峡付近が大規模な勢力争いの焦点になり、陸でも海でも一進一退の鍔迫り合いがほとんど休みなしに続く。

聡明王アルフォンソの死後にすぐ王位についたサンチョ四世は、まず海峡に突出したヨーロッパ最南端の岬タリーファに攻め寄せ、一二九二年にここの城を占領する。つまりカスティージャ王国はコロンブスの新大陸発見よりちょうど二百年前に、ジブラルタル確保への第一歩を踏み出したわけである。モロッコ王も反撃に転じ、この岬に大軍を上陸させて包囲したが、守備隊が必死に抵抗してあくまで城を守りぬいた。その指揮官(アルフォンソ・ペレス・デ・グスマン)については今だに有名な伝説がある。包囲軍がたまたま人質にしていた彼の長男を城壁の真下へと引きずり出し、すぐに降伏しなければこの少年を処刑すると宣言したとき、グスマンは「立派に死ね」と励まして自分の子供を見殺しにしたという。

(この種の殉忠愛国美談は古今東西どこにでもあるから、たぶんこれも二番煎じだったろうが、軍人精神を鼓吹するには絶好のエピソードなので昔はスペインの教科書に必ず載っていたらしい。二十世紀に入ってからも市民戦争時代にはトレード攻防戦を舞台とする同工異曲の伝説が作られ、その城跡はごく最近までフランコ派の聖地のひとつになっていた)

グスマン・エル・ブエノ

タリーファでの奮戦のおかげで彼はグスマン・エル・ブエノ(快男児グスマン)という異名をとる。その後もカスティージャ軍の先鋒として重要な役割を果たし、ジブラルタルの岩山を攻め落としたうえに港町アルヘシーラスまで占領しかねない勢いだったが、ロンダ山塊の南のほうで敵の矢に当たって戦死した。彼の子孫はやがてアンダルシーア西部一帯の大貴族(メディーナ・シドニア公)に任命される。その七代目(アロンソ・ペレス・デ・グスマン)がエリザベス朝のイギリスへと遠征するスペイン無敵艦隊の総提督だった。

陸戦の英雄グスマンに対して、水軍のほうの立て役者はジェノヴァ人ベニート・ザッカリーアである。この恐るべき船乗りはジブラルタル海峡だけではなく、エーゲ海やレバノンから大西洋、北海まで広大きわまる水域を絶えず走りまわりながら、行く先々でいずれも大きな実績を残す。小アジアではビザンチン帝国が復活したとき水軍建設に協力して古代から要港のフォーチャを与えられ、まわりでは明礬《みょうばん》の貴重な鉱山を開発することによって巨万の富をえた。一二八四年にはジェノヴァ水軍の提督として宿敵ピーザの艦隊をメロリア沖で壊滅させ、西地中海ぜんたいの制海権を確立する。その後まもなくフランドルへの直航ルートが開かれたときにも先頭に立って働いた。ヴィヴァルディ兄弟は彼の親類筋だったから、西アフリカへの出発前にいろいろと智恵を借りたにちがいない。

タリーファ攻防戦にあたってサンチョ四世はさっそく彼の協力を求めた。ザッカリーアはただちにガリー船七隻を率いて応援に駆けつけ、ようやく再建されつつあったカスティージャ水軍の五隻とともに船団を組んでイスラム勢に対抗する。船の数は敵のほうがはるかに多かったけれど、性能においてはジェノヴァ独特の新型船にもちろん遠く及ばない。しかもこのときザッカリーアは速力増強のために、それまで二人一組だった漕ぎ手を三人に増やすという新方式を実行に移した。これもやはり伝統や習慣に縛られないこの男ならではの新機軸の一つだったと言えるだろう。

イベリアにおけるジェノヴァ人の活躍は今に始まったことではない。十二世紀の初頭にすでにバルセローナ伯は、イビサ島やマジョルカ島を攻めるためにジェノヴァ水軍を雇い入れた。もともと内陸国であるカスティージャの王たちも、領土が次第にひろがって地中海岸の港町(バレンシアやアルメリーア)で戦うようになってからは、いつも海上作戦をジェノヴァ艦隊に任せている。十三世紀なかばのセビージャ攻略戦にあたって、初めて自前の本格的水軍をつくる必要に迫られたとき、北部大西洋岸で大至急それを編成してアンダルシーアまで連れてくるという難事業を引き受け、みごとな成功をおさめたのもやはりジェノヴァ出身の有能な商人(ボニファチオ)だった。

これをきっかけにセビージャは新水軍の本拠地になり、大規模な造船所まで建設したので、海洋先進国ジェノヴァから技術者、船乗り、銀行家、商人などをたくさん呼び寄せねばならなかった。そのための措置として市内の中心部に彼ら専用の租界をつくり、免税、自治その他さまざまの特権をあたえて永住を奨励しようとする。おかげでザッカリーア時代にはすでにここに根をおろした同国人が多かったようだし、十五世紀後半にまだ無名の放浪者だったコロンブスがこの町に来たころにはもう、ジェノヴァの主な貿易業者の大多数が租界の中に支店を設けていたという。

(ただし当時の「ジェノヴァ街」はカテドラル付近の大通りだったから、対岸のトリアーナ地区で現在その名がついている狭苦しい路地とは似ても似つかぬ一等地である)

ザッカリーアはジブラルタル海峡でイスラム側から制海権を奪い取り、グスマンらのタリーファ攻略と死守とを可能にした功績によって、カディス湾の北側にある良港(プエルト・デ・サンタマリーア)を与えられた。この町は今ではお隣りのヘレスとともにシェリー酒の産地として有名だが、サンチョ四世の狙いはおそらくザッカリーアの力で大きな水軍基地に育ててもらうことだったろう。しかし後者はここにも長居するつもりはなく、留守番を置いただけで自分はさっさと退散した。引く手あまたの人物だから、ほかでもすでに緊急の仕事が幾つも待っていたのだ。

たとえば東地中海や黒海では最大の敵ヴェネツィアとの戦争が又もや激化しつつある。アクレ陥落後に残った東方への唯一の門はクリミア半島のカッファだが、そこをジェノヴァ商人が完全に押さえていた。だからヴェネツィアは大船団を派遣してこの町を破壊略奪し、ついでにコンスタンチノープルのジェノヴァ人租界(ペラ)や、ザッカリーアの基地フォーチャまで攻撃する。ジェノヴァもやはり反撃のために大船団を編成し、敵の本陣アドリア海へと遠征させることにした。

両者が正面衝突したのは一二九八年九月。史上に名高いクルツォーラ沖の海戦である。このときも三人一組で漕ぐというザッカリーア方式が威力を発揮し、数のうえでは優勢なヴェネツィア側がほとんど全滅の憂き目をみた。裕福な宝石商マルコ・ポーロはこの海戦にわざわざ自前の船で参加していたが、捕虜になって連行されたあげくジェノヴァの牢獄に投げ込まれる。そこには新入りのヴェネツィア人だけではなく、おそらく十四年前にメロリア沖で惨敗したピーザの捕虜なども混じっていた。獄中での退屈しのぎにマルコが語る体験談を、ピーザ出身の物書き(ルスティケッロ)が自分好みの文章に直して一冊の本にする。だから『東方見聞録』は二つの都市国家の敗戦の賜物だったと言えるだろう。

それ以前にすでにザッカリーアはフランス王(フィリップ四世)から水軍建設を依頼され、初めての造船所をつくったりしていた。ナバーラ王からも頼まれたようだから、そのころ西欧の王たちは彼を招待しないかぎり立派な水軍ができないと思っていたにちがいない。ポルトガルやイギリスはザッカリーアを呼ばなかったが、のちにやはりジェノヴァの提督を招いて同じ仕事を任せている。

ポルトガルで初めてそれを実行したのは、産業や文化の面でも大改革をこころみる農耕王ディニスである。一三一七年に彼はジェノヴァ人ペッサーニョと契約を結び、双方の権利と義務を細かく規定する文書に署名した。それによるとペッサーニョはリスボンの都心部(いまの繁華街ロッシオからカルモ修道院にかけての地区)に邸宅を与えられ、子々孫々までそれを所有する権利がある。おもな義務は「海のことに詳しい」同国人を二十人連れてくること。これもジェノヴァの先進技術を地元のポルトガル人に習得させるためであった。

ディニスの次の王のとき隣国カスティージャとの戦争があり、ペッサーニョも水軍どうしの小競り合いに参加したことがある。しかしまもなく敵の王(アルフォンソ十一世)はモロッコからきたイスラム軍に攻め立てられて窮地に立ち、内輪喧嘩をやめざるをえなくなったためポルトガル王に和解を申し入れた。後者もそれを受け入れて対イスラムの協力体制が発足する。やがてそれにアラゴン王が仲間入りしたおかげで、イベリアの三つのキリスト教国が珍しく一致団結して共通の相手と対決することになった。

しかし肝心の戦況のほうは一向に好転のきざしがない。かつてグスマンが占領したジブラルタルの岩山も敵の手に渡ったし、港町アルヘシーラスは相変わらずイラスム水軍の基地として完全に機能を果たしていた。おかげでいつでも大船団がモロッコから増援部隊を運びこみ、カスティージャ側は防戦に追われて手も足も出ない。海峡付近に残された唯一の足場タリーファまでが厳重に包囲され、食糧も底をついてきた。これ以上持ちこたえるにはせめて味方の水軍が海上からの補給路を切り開くしかないだろう。

ところがその肝心の水軍は海戦のたびに撃破され、提督までが戦死してほとんど役に立たなくなる。あとは陸兵に頼るしかないので、アルフォンソ十一世はポルトガルにも援軍を求めて乾坤一擲の勝負を挑むことにした。その舞台になったのはカディス湾の南東に広がる海岸平野。これはかつてイベリアに初めて侵入したイスラム勢が、ただ一回の決戦で西ゴート王国を滅ぼした古戦場とほとんど同じ場所である。今回は逆にキリスト教徒の連合軍がイスラム勢をことごとく追い出すための戦いだが、結果次第でそれぞれ広大な地域にまたがる文化圏どうしの力関係が一変しかねない点において、よく似た事件と言えるかもしれない。

ペストの猛威

両軍の主力部隊がやがて正面衝突したのはサラード河畔。結果は味方の大勝利だった。生き残りの敵はほとんどがアルヘシーラスへと敗走し、モロッコ王はそこから船で本国まで逃げて行った。これで一挙に勝ち運に乗ったアルフォンソは、次の目標アルヘシーラスを攻める準備に取りかかり、まず水軍強化のために有能な人材を招くことにした。えらばれた提督エジディオ・ボッカネグラは、当時ジェノヴァの政府から貴族階級を追放して独裁者(ドージェ)になっていたシモーネ・ボッカネグラの弟にあたる。

ジブラルタル海峡の情勢は彼のおかげで一変した。ジェノヴァから彼が連れてきた船団と、新提督をえて活気づいたカスティージャ水軍の残党とが、この海域のいたるところに出没してイスラム水軍を撃破する。そのうちにポルトガルからもペッサーニョ提督の息子(カルロス)が船団を率いて参加してくれた。こうしてキリスト教徒側がほぼ完全に海峡の制海権を握ったので、アルヘシーラスを包囲した陸兵もずいぶん楽になる。モロッコからの援軍どころか食糧すら届かないのだから。グラナーダ王のほうは出来るかぎり救援のために努力していたが、力尽きてついに休戦を申し込み、アルヘシーラスを明け渡すことになった。

残る目標はジブラルタルの岩山——船乗りたちが昔から「ヘラクレスの柱」と呼んでいるあの孤立峰だ。制海権がすでにこちらにある以上、落城はもう単に時間の問題だが、必要な戦費のことを考えるとまだ当分は手が出せない。アルフォンソ十一世はわずか一歳のとき即位したため、野心的な王族や貴族がきりのない勢力争いを繰り返し、激しい内戦の絶え間がなかった。祖父の代にせっかくグスマンらが獲得したジブラルタルの岩山を自分の代になくすという大きな屈辱の原因も、国内問題のせいでイスラム勢との対決に専念できなかったからだ。ようやく成年に達してからは徐々に態勢をととのえながら、一日も早く攻勢に転じてあの岩山を落とそうとひたすら思いつめていた。いまやそれが目前にあるのに、ここまで漕ぎつける過程ですでに戦費を使い果たし、国庫が破産状態なので身動きもとれない。

やむをえず彼は手当たり次第に金を借りることにした。ただでさえ疲れきっている国内の貴族、教会、商人などに重ねて寄付や税金を要求するだけではなく、国外でもアラゴン王、フランス王からローマ法王にいたるまで、多少とも裕福そうな相手には残らず催促の使者を出す。「あと一息で完全にジブラルタルが確保できる今の機会を逸したら、近いうちに必ずまたイスラムの大軍が侵入してキリスト教圏ぜんたいに恐るべき災厄をもたらすだろう。だからこそあなたに折り入ってお願いする……」と、当時のキリスト教徒なら誰しも無下には拒絶しかねる趣旨である。おかげでアルフォンソは四年後の一三四八年七月に、いよいよ例の岩山を包囲することができた。

ところがちょうどこの時期に地中海東部沿岸には文字どおり空前絶後の災厄が襲いかかってきた。後世の言葉で言えば肺ペストである。どうやらそれは東洋からの通商路ぞいに次第に西へと広がってクリミア半島に達したらしい。そこの港町カッファはかなり昔からジェノヴァ商人の基地だったから、黒海経由でコンスタンチノープルや小アジアへ、さらに地中海世界へと病原菌を運んだのも彼らの船だったろう。イタリア本土の惨状については同時代人ボッカチオの『デカメロン』などに詳細な記述がある。

イベリア東岸のバルセローナやバレンシアでペスト患者が出はじめたのは一三四八年五月だった。

ジブラルタル周辺に達したのもその前後にちがいない。カスティージャ軍が例の岩山を包囲したあと、グラナーダ王はさらにそれを外側から逆包囲するという複雑な戦況になっていたが、最初にペストにやられたのはイスラム勢のほうである。そのせいで恐慌をきたした兵士たちは、敵方にちっとも患者が出ないのはキリスト教のおかげだろうと思ったらしく、にわかに改宗しはじめた。しかし間もなく再転向するケースが多くなったのは、カスティージャ側にもペストが蔓延したからだ。アルフォンソ十一世は包囲戦の初めからずっと陣中に滞在し、みずから総指揮に当たっていた。青年期からの宿願を果たす時が来たのだから、すべてを自分でやりとげる決意だったにちがいない。まわりにいた家族や部下が彼の感染を心配して、しばらく戦場を離れてほしいと嘆願しても受けつけず、もうすぐだ、落城まではここにいる、と答えるだけ。事実すでに敵方は食糧が乏しくなり、救援の望みも絶えて降伏寸前だったけれど、アルフォンソの寿命はさらに短かった。一三五〇年三月の聖週間にリンパ腺が腫れはじめ、数日後には死んでしまう。まだやっと三十九歳の若さである。しかも彼はヨーロッパでペストの犠牲者になった唯一人の王だという。

イギリス南部の港町やフランドルに被害が及ぶのは一三四八年六月。クリミア半島から黒海、地中海、フランス経由でわずか二年という速さだった。いらい一年半のうちに人口の半分ちかくが死んだために経済や政治はもちろんのこと、精神面にも深刻な変化があらわれる。その端的な表れはペスト直後の西欧でたちまちベストセラーになるイギリス人マンデヴィルの『旅行記』だ。マルコ・ポーロの本よりも五十年以上あとで書かれたのに、雰囲気においては十字軍どころか旧約聖書の昔に帰った感じである。やはり中国やインドまでまるで見てきたように書いているが、そこには冒険商人の抜け目ない観察眼もダンテの地理感覚もない。おそらくはペストのせいで時計の針が少なくとも百年は逆もどりしたのだろう。

16　サンタ・クルース（聖なる十字架）

イベリアのユダヤ人

セビージャの王宮をとりまく城壁のすぐ裏手にあるサンタ・クルース地区は、カスバ風の狭苦しい路地が迷路のように交錯し、たちまち方向が分からなくなる古めかしい下町だ。いまでは観光名所なのでレストランや土産物屋が多いけれど、むかしユダヤ人租界だったころには経済と文化の中心地として、銀行、徴税吏、香料店、金銀細工や織物の職人、医者、科学者、文人などが軒をつらねる活気にみちた地域だったにちがいない。

イベリア半島とユダヤ人との関係には三千年以上の歴史がある。その発端は青銅器時代にフェニキアの船乗りたちがはるばるアンダルシーアまで地中海横断の新航路を開拓したことだったらしい。当時パレスティナ方面では全盛期のヘブライ王国がこの画期的遠征事業に出資して、グァダルキビール川周辺の鉱山地帯から大量の銅や金銀を手に入れた。おかげでソロモン王あたりは栄耀栄華をきわめていたが、その王国がまもなくユダとイスラエルとに分裂し、やがてアッシリアなど新興帝国に攻められてどちらも亡国の憂き目にあう。そうした多難な過程のなかで郷土を捨てざるをえなかったユダヤ人の何割かが、おなじ立場のフェニキア人のあとを追って北アフリカのマグレブ地方やアンダルシーアの港町へと亡命した。後にローマの皇帝たちが彼らを迫害したときには、もっと多くのユダヤ人がそちらのほうに逃げて行く。つまり後世のヨーロッパで宗教や政治の犠牲になった人々が何度も大きな波をなして新天地アメリカに押し寄せるのとそっくりの事態が、地中海圏では紀元前十世紀ごろから頻繁に繰り返されていたわけである。

紀元後八世紀のはじめにイスラム軍がジブラルタル海峡を越えてイベリアを征服したあと、マグレブ在住のユダヤ人は機会あるごとに海を渡り、すでに現地にいた同胞とともにほうぼうの都市で有力なコミュニティを組織する。中央部のカスティージャではトレードやブルゴス、南部ではコルドバ、セビージャ、グラナーダなど大都会のほかにルセーナとかエシハとか、現在ではあまり目立たない中小都市にも活発な商業地区を築いた。

コルドバ王国のころのイスラム政権は異教徒に寛大だったし、ユダヤ人を自分たちの協力者と見なしていたから、彼らも伸びのびと活動できたのだろう。ところが十一世紀後半からサハラ砂漠の奥のほうで次々に狂信的な新教団(アルモラビデとアルモアーデ)が生まれ、モロッコやアンダルシーアを征服して大帝国をつくる。とくに後者はすべての異教徒を迫害し、ユダヤ人の教会や居住地も片っ端から破壊したので、かつての繁栄は見る影もなくなった。

そこで彼らはキリスト教徒のレコンキスタに期待をかけ、歴代のカスティージャ王のアンダルシーア侵入にも喜んで協力する。おかげで両者のあいだには親密な信頼関係ができはじめた。一二四八年に聖王フェルナンドがついにセビージャに入城したときには、大勢のユダヤ人が迎えに出て自分たちの租界の門の鍵を献上したという。フェルナンドの子アルフォンソ聡明王はとくに彼らの科学知識と財政的手腕を高く評価し、宗教や人種の別にこだわらず能力に応じて抜擢した。

しかし彼らのうち何人かの例外的なエリートが優遇されればされるほど、キリスト教徒の庶民たちのあいだではユダヤ人一般にたいする反感が激しくなる。ユダヤ系の請負い人による税金の取り立てとか、金貸しに支払う利子とかに苦しんでいた人々の恨みつらみが重なって、サンタ・クルース地区などはたびたび暴徒が押しかけた。国王や大貴族はなるべくそれを防ぐためにわざわざ王宮のすぐそばに彼らを住まわせているのだが、親衛隊が出動しても保護しきれない場合がある。逆に彼らを弾圧すれば地元民の大半が拍手喝采するのだから、うわべだけでも反ユダヤ政策をかかげたり、それを脅迫の手段にして巨額の献金を要求したりする政治家も少なくなかった。

アルフォンソの次男(サンチョ四世)は、おもに教会や貴族のなかの保守勢力に支持されて王位についたので、ユダヤ人には一段ときびしい規則を押しつけた。たとえば彼らは固定資産を所有することを禁止され、いままで持っていた土地、家屋や農場もすべて取り上げられてしまう。しかし、それですら彼らの立場は当時のキリスト教圏のなかでは恵まれたほうだったらしい。

最初の追放令

中世末期の西欧で初めてユダヤ人追放令を出したのはイギリスのエドワード一世である。一二八七年(つまりジェノヴァ商人がフランドルやロンドンへの直航ルートを開いた年)に彼はまず大陸側の英領ガスコーニュでそれを発布し、退去したユダヤ人たちの資産を没収した。これは常に不足がちの国庫をみたす早道だし、貧乏貴族や聖職者のあいだで評判がよかったので、三年後にはイングランド本国にも適用する。一説によるとロンドンではそのころジェノヴァ商人が銀行の役割を果たすようになったため、ユダヤ人がいなくても財政の運営に不安はないと思って決めた政策だという。しかし晩年のエドワードはスコットランドとの長期戦の費用に困りきっていたから、遠い将来のことまでじっくり考えるゆとりはなかったにちがいない。

この前例を見習うかのようにフランス王(フィリップ四世)も十四世紀初頭にユダヤ人を追放する。それより前に彼は裕福なフランドル諸都市を手に入れようと企てて何度も軍勢を派遣したが、織物工を中心とする市民軍に反撃され、一三〇二年にはブリュージュの南のクルトレで惨憺たる敗北を味わった。「金の拍車のいくさ」として後世に伝わるこの戦闘は、誇り高いフランス貴族の騎士団が歩兵ばかりの市民軍とぶつかってほとんど全滅するという画期的事件である。陸戦における中世と近代との境目はこのあたりだったと言えるだろう。フィリップ四世はこれからあと戦費を掻き集めるためにありとあらゆる策略をめぐらし、教会の税金を横取りしてローマ法王を憤死させたり、十字軍以来のテンプル騎士団を解散させて膨大な資産を没収したりする人物だから、ユダヤ人を狙ったのはむしろ当然のことであろう。

それからまもなくカスティージャ王になったアルフォンソ十一世は、行政改革の一端としてユダヤ人の待遇改善に努力した。まず固定資産の所有禁止令を撤回し、すでに没収した財産の返還を命じたうえに、少数者である彼らの地位をもっと安定したものにして問題の根本的解決をはかろうとする。借金や利子に関する一定のルールを設けたり、彼らの行動についての制限を緩和したり。これほど徹底した改革にはもちろん反対派が多いし、アルフォンソ自身がペストで若死にしたせいもあって、末端の現場ではあまり実行されなかったけれど、時代風潮に敢えて逆らう具体策を示しただけでも意味があった。これ以後ユダヤ人問題はカスティージャの保守派と進歩派とをはっきり分ける大きな係争点になる。いまの西欧や北米での移民労働者問題にあたるだろう。

彼のあとを受け継いだペドロ一世はユダヤ人を取り立てて財政をすべて任せたうえ、教会や地主貴族の特権を大幅に削ろうとした。これに憤慨したカスティージャ貴族はことあるごとに反ペドロの宣伝戦をくりひろげ、彼を「残酷王」と呼ぶ。しかし地元の商人や職人にとって彼は「公正王」であり、のちに保守派との戦争に負けて悲惨な死にかたをしてからも長くその名が残っていた。

彼の不運の発端は父親アルフォンソが正式の妻（ポルトガル王女マリーア）をなおざりにして愛人（レオノール・デ・グスマン）の言いなりになったことである。おかげで宮廷は二つに割れ、王の晩年にはレオノール派が有利な地位を独占する有様で、マリーアの子ペドロをすっかり無視していた。だから彼が即位したときレオノールの息子や側近は復讐を予期して怯えきっていたが、まだわずか十六歳のペドロははなはだ寛大で、彼らを追放するどころか、むしろますます取り立てて協力者にしようとする。しかし母親マリーアはレオノールへの恨みを忘れず、側近に命じて彼女を逮捕、暗殺させてしまった。ペドロがすっかり当惑して、とりあえず母を権力の座から遠ざけたところ、彼女は保守派と手をつないで自分の息子の打倒運動をはじめた。レオノールの長男(トラスタマラ伯エンリーケ)もすでに反旗をひるがえし、フランス王やアラゴン王に援軍を求めていたから、宮廷の女どうしの争いが国際的な戦争へと広がったわけである。

ちょうどそのころ北のほうでは英仏百年戦争がひとつの節目にさしかかっていた。イギリスの皇太子エドワード(ザ・ブラック・プリンス)がポワティエの戦いに勝ってフランス王を捕虜にしたので、後者は屈辱的な講和条約を結ばざるをえなくなり、しばらく平和な時期がつづく。こうした場合に当時の王たちが困るのは、いままで使っていた大量の傭兵部隊の始末である。ほっておけば彼らは山賊の大群と化し、ときには地元一帯に戦争以上の被害を及ぼす。それを避ける最良の手段は、どこかなるべく遠いところに新しい稼ぎ口を——つまり新しい戦場をあてがってやることだ。したがってこのときカスティージャで内戦がおこり、その一方から援軍を頼まれたというのは願ってもない事態である。ただし露骨に援軍として送るとイギリスが他方に味方するだろうから、目的はぼかしたほうがいい。そこで法王を動かして十字軍の体裁をととのえ、フランス南部からイベリア半島を縦断してグラナーダのイスラム教徒を攻めるという名目のもとに義勇兵をつのることにした。大部分はもちろんフランスの傭兵だが、イギリス側からの参加者もいたという。

ペドロ一世はこれを知ると昔からの味方であるイギリスに抗議を申し入れたけれど、義勇軍はすでに出発してカスティージャに攻め込んでいた。エブロ川流域から一気に南下してブルゴス、トレード、さらにセビージャまで占領する。ペドロはやむをえずポルトガルに脱出した。そのあとイベリア北部からガスコーニュへと回りこんでブラック・プリンスと対面し、じかに彼の応援を催促する。

これで形勢は逆転した。ブラック・プリンスとその弟(ジョン・オヴ・ゴーント)が率いるイギリス勢はたちまち敵軍を一掃し、エンリーケもフランスへと逃げて行く。ところがブラック・プリンスはまもなく戦費のことでつむじを曲げてガスコーニュを引き上げてしまう。このころを境目にペドロは国内でも孤立したので、ふたたび侵入したエンリーケが彼を追いつめたあげく、自分の手で刺し殺して王位を奪った。トラスタマラ朝の開祖エンリーケ二世である。

彼は王位獲得のためにフランスと同盟したので、当然イギリスを敵にまわすことになり、これが重大な結果を生む。ブラック・プリンスのあとでイギリスの実権を握ったジョン・オヴ・ゴーントは、ペドロ一世の遺児(コンスタンサ)と結婚してカスティージャの正統な王だと主張した。しかも隣国ポルトガルと同盟をむすび、そのすぐ北のガリシアを征服しようと企てている。英仏百年戦争がついにイベリア全土を巻きこんだわけである。

サンタ・クルースの虐殺

ポルトガルはもともと王女マリーアのライバルの子であるエンリーケを敵視し、彼が王位についてからは水軍を使ってグァダルキビール川を厳重に封鎖していた。これに苦しんだエンリーケはセビージャの造船所を督励して次々にガリー船をつくらせる。その船団がやがて封鎖線を破って北部の大西洋岸に到着した。こうしてカスティージャ水軍が息を吹き返したことは、その後の戦争の成り行きを全面的に変えてしまう。まずアキテーヌ海岸ではラ・ロシェルの港にいたイギリス艦隊をほとんど全滅させたため、ジョン・オヴ・ゴーントはどこにも援軍が送れない。そのせいでポルトガル王(フェルナンド一世)は苦境に立ち、カスティージャと和解せざるをえなかった。やがてエンリーケの息子フワン一世もそうした弱みにつけこんでフェルナンドの跡継ぎ娘と結婚し、ポルトガルを合併するためにリスボンめざして堂々と進撃しはじめる。

このときポルトガル側の教会や貴族はすでに大半がカスティージャ王の支配を受け入れ、その政権のもとで有利な地位につくことしか考えていなかったらしい。しかしリスボンのような貿易都市の商人、職人が軒並みそれに反発して、各地で頑強に抵抗した。かつてフランドルでフランス貴族と戦った市民軍によく似た組織が自然に生まれたわけである。彼らは先代の王の私生児(アヴィシュ公ジュアン)を盟主と仰ぎ、一三八五年の夏にはリスボン北方のアルジュバロータでカスティージャ騎士団を壊滅させた。フワン一世は命からがら船でセビージャに逃げ帰る。その後も彼は合併の意図を捨てなかったけれど、もう挽回は不可能だった。勝ったジュアンが正式に即位してアヴィシュ王朝を開き、ジュアン一世と名乗る。こうしてわずか二十年のうちにカスティージャ、ポルトガルの両国にそれぞれ新王朝が生まれたわけだが、権力の基盤において前者は保守派、後者は新興勢力と、正反対の性格を帯びていた。このことは次の世紀の大航海時代にまで尾をひいて、さまざまな摩擦の種を生む。

カスティージャ側ではこの敗戦によって国王の権威が失墜し、貴族たちがますます勝手な振る舞いをはじめた。とくにセビージャ市内では近郊のふたつの豪族(グスマン家とポンセ・デ・レオン家)がこの貿易都市の支配を争って激しい内戦をつづけたので、完全な無政府状態になる。おかげで経済が落ちこんだうえに、ポルトガル遠征中に発生した悪疫がほうぼうに蔓延してグァダルキビール川一帯は惨憺たる有様だった。

現在のグラナーダのサンタ・クルス街(ゲットー)

こうした不幸がかさなった場合に、民衆の憎しみはいつもまずユダヤ人に集中する。半世紀ちかく前のペストのときにも、ユダヤ人が井戸に毒を投げ込んだとか、幼児を殺して祭壇にささげたとか、ありとあらゆるデマが流れて大勢のユダヤ人が襲われた。今回その種の暴動を煽りたてたのはエシハ出身の聖職者で、セビージャ大司教の総代理を務めていた男(フェラン・マルティーネス)である。説教壇からの彼の熱弁に興奮した庶民がサンタ・クルース地区に押しかけて略奪、暴行のかぎりを尽くす。その首謀者ふたりを処罰した市長は危うく暴徒に暗殺されるところだった。マルティーネスのほうは相変わらず扇動をつづけ、一三九一年六月にはついに大群衆がユダヤ人租界で手当たり次第の虐殺をはじめる。ごく少数の生き残りはその場で改宗を強要され、とりあえずキリスト教徒になったけれど、まもなく海外に亡命したり、国内でひそかに昔ながらのユダヤ教を守りつづけたりしたらしい。とにかくサンタ・クルース地区はこのとき徹底的に破壊され、かつての繁栄の面影すらなくなった。

しかもそのあと迫害の火の手は見るみるうちに四方八方へと拡大する。とくにバレンシア、バルセローナなど地中海岸の貿易都市には有力なユダヤ人租界があったため、その分だけ被害もひどかった。虐殺をまぬがれた人々は大半がやはり西欧圏以外の港町に逃げて行く。北アフリカはもちろんのこと、バルカン半島のテッサロニキ、コンスタンチノープルなども主な亡命先だったという。

これより前にフワン一世は落馬事故で死亡し、わずか十一歳のエンリーケ三世が王位についていた。貴族たちの争いはますます激しくなり、それに乗じてグラナーダのイスラム王まで攻めてきたので、まことに前途多難である。しかしやがてエンリーケは国内の安定をはかるために思い切った改革に着手した。まずセビージャでは縄張り争いに熱中していた豪族をすべて追放し、一種の検非違使(コレヒドール)制度を設けて法の支配を確立する。フェラン・マルティーネスをはじめユダヤ人迫害の扇動者たちも逮捕、処罰された。

ティムールへの使節団

エンリーケ三世はどうやら前世紀のアルフォンソ聡明王にちかい理想家で、その遺産ともいうべき法典をもとに王の権威を高めようと努めている。外交面でも意図はまことに壮大だった。グラナーダ王国との戦争にほんとうに勝つには、イスラム圏ぜんたいの力に対抗してモンゴール勢と同盟することが必要不可欠だと考え、おりから小アジアに進出したティムールのもとに使いを出す。第一回の使節団はたまたま彼がアンカラの戦いでオスマントルコ軍を壊滅させる現場を目撃して帰ってきた。すっかり気を良くしたエンリーケは、自分の信頼する侍従(ゴンサーレス・デ・クラビーホ)をふくむ第二回使節団をただちに派遣することに決める。

彼らは一四〇三年五月にカディスから出帆した。途中ほうぼうの島や港に寄りながらコンスタンチノープルに到着し、さらにティムールのあとを追って海と陸との長旅をつづける。ようやく彼に会えたのはその首都サマルカンドである。そこまでの旅路や晩年のティムールの様子について、クラビーホは生々しい記録を残した。これはスペイン語で書かれた最初の本格的旅行記だし、資料としての価値も内容そのものの面白さも、コロンブスの航海記以前では最高の作品かもしれない(この本には山田信夫氏の立派な日本語訳がある〔桃源社発行『チムール帝国紀行』一九六七年〕)。いささか残念なのはクラビーホが当時の地中海圏のユダヤ人社会に関する記録を残さなかったことだ。サンタ・クルース地区の悲劇からわずか十二年後に、彼はその生き残りたちが亡命したのと同じ海路をコンスタンチノープルまで行って四か月も滞在したのに、ユダヤ人と出会う機会がなかったのか、あっても公式使節の目に留まらなかったのか。いずれにしても後世の読者は、そのころの主な港の風景や雰囲気がよく分かるだけでもクラビーホに感謝すべきなのだろう。

当時のビザンチン帝国にとってティムールはまさに救世主だった。彼がはるばる小アジアまで遠征してオスマントルコの軍勢を徹底的に叩くという意外な突発事故のおかげで、以後半世紀あまりのあいだ滅亡だけは何とかまぬがれることができる。しかしティムールはクラビーホらに会ったあと新興の明王朝を討つために東へと出発し、途中であっけなく死んだ。使節団の期待がこれで完全に消えたわけである。

彼らはやがて三年ぶりに帰国したが、その報告をうけたエンリーケ三世がやはりまもなく死んだので、せっかくの使節の旅が直接には何の役にも立たなかった。ただし注目にあたいするのは、いつのまにやら海洋国へと変貌しつつあるカスティージャが東洋の奥のほうまで視野を広げたことである。隣国ポルトガルもこの時期にめざましく水軍を強化して、アフリカに進出しようと企てる。大航海時代の本格的な幕開けにはまだまだ時間がかかるけれど、そのための下準備はすでに着々と整ってきたと言えるだろう。

17　晩鐘のあと

カタルーニャ文化

中世末期のイベリアで絶えず覇権を争っていた三つの国（アラゴン、カスティージャ、ポルトガル）のうち、最初に大きな海外領土をつくるのは地中海側のアラゴンだった。そのきっかけはごくささやかな事件である。一二八二年のイースターの日暮れちかく、シチリア島の首都パレルモにお祭り気分がみなぎっていたころ、占領軍のフランス兵が地元の女性をからかったせいで喧嘩がはじまり、ついに刃傷沙汰になった。しかもそれがたちまち町じゅうに飛び火して、夜明けまでには市民の大半が蜂起する。「シチリアの晩鐘」と名づけられたこの騒ぎはヨーロッパの政治地図をすっかり塗り替えてしまう。

そのころ東地中海一帯ではアンジュー伯シャルル（聖王ルイの弟）がシチリアを本拠に着々と領土をひろげ、ビザンチンに取って代わる新帝国をつくろうとしていた。この計画の仕上げとしてコンスタンチノープル征服をめざす大船団の出発準備もととのったとき、不意の反乱で足もとの地盤が一挙に崩れたわけである。蜂起した市民たちはシャルルの圧政をくつがえすためにアラゴン王(ペドロ三世)に来援を求めた。ペドロはただちに水軍を率いて現地に乗り込み、フランス勢を追い払ってシチリアの王になる。以来アラゴンとフランスとは海でも陸でも激しい戦争をつづけたが、前者はあくまでこの島を手放さず、そこを水軍基地にして小アジアやギリシアにまで縄張りを拡大した。

ペドロがアラゴンの山奥からシチリア島に連れて行った勇猛果敢な傭兵たち(アルモガバレス)は当面の仕事が終わるとすぐビザンチン皇帝に招かれ、小アジアのいたるところでオスマントルコの大軍を撃退する。のちにはさらにギリシア本土へと足をのばし、シャルルの部下が守っていた東部海岸に攻め寄せてアテネ公国なるものを築いた。こうしてフランスの勢力はエーゲ海からも一掃され、アラゴンのほうは地中海圏の覇者であったジェノヴァやヴェネツィアを凌ぐほどの水軍国、貿易国になってゆく。

この発展の原動力はそのころようやく全盛期を迎えたカタルーニャ文化だった。なかでも西地中海の扇の要の位置にあるマジョルカ島は、マグレブやアンダルシーアとイタリアとをつなぐ寄港地なので色とりどりの新情報のるつぼになり、みずみずしい思想や技術を生む。その代表者ルリオ(カタルーニャ名ジュル)は三十歳のとき一念発起して全財産を友人に託し、妻子のことを頼んだうえで厳しい修行の旅に出た。いらい半世紀のあいだ西欧各地の大学で学んだり教えたりするかたわら、小アジア、キプロス島からエジプト、リビアにいたるまで異教徒の国々を歩きまわり、さまざまな言語と学問を身につける。母国アラゴンでもしばらく王子の教育を引き受けたほかに、ヘブライ語、アラブ語などをみっちり仕込む東洋語学校を開いていた。おそらく彼の目標は、数年前からカスティージャの宮廷で大規模な編纂事業を始めていたアルフォンソ聡明王と同じように、地中海圏のありとあらゆる文化遺産を結集して普遍的、総合的な原理への土台をつくることだったろう。

ただしルリオの場合にも、諸外国での名声にくらべると郷土ではあまり歓迎されず、心から共鳴する仲間や教え子も少なかった。異教徒を撲滅することが最高の美徳とされている時代に、相互理解のための努力は世間一般の目でみれば裏切りに近い行為である。ルリオはラテン語、アラブ語のほか地元の俗語でも多くの本を書き、その内容は恋愛詩、ユートピア小説、政治学、神学、哲学、自然科学など広大な範囲に及んでいた。現代の歴史家たちの説によると、カタルーニャの日常語(カタラン)を初めて文学的散文の域にまで高めたのは、ほとんど彼ひとりの功績だったと言えるらしい。しかし晩年の彼は執筆活動に見切りをつけ、話し合いによる伝道をみずから実践するために北アフリカに渡ったあと、八十歳のとき狂信的なイスラム教徒に襲われた。たまたまそこに寄港した貿易船の水夫たちが瀕死の彼を救い出したが、郷里マジョルカまで運ばれる途中の海のどこかで死んだという。

ルリオ以後のマジョルカ島在住者のうち、やはり特筆にあたいするのはユダヤ人アブラハム・クレスケスだ。一三七五年ごろ彼が製作した世界地図(カタルーニャ図)は当時の研究水準をはるかに超える精密なもので、一世紀後のコロンブスらの世代ですら大いに恩恵に浴していた。それほどの仕事ができたのも四方八方につながる航路――とくにジェノヴァと大西洋とを往復するルートの中間にあって、最新情報が絶えまなく入手できるおかげだったにちがいない。しかしそうした便利さの反面では、ペストなどの病原菌や政治的変動の大波が押し寄せる速度もやはり異常に早かったのだろう。一三九一年にはクレスケスの未亡人と遺児たちがキリスト教徒になっているが、これはセビージャのユダヤ人祖界で大虐殺がおこり、ごく少数の生き残りがみんな改宗を強制された直後である。

アラゴンの衰弱

ちょうどそのころアラゴンの全盛時代は終わりを告げ、国力も文化も目にみえて衰えつつあった。おもな原因は領土を広げすぎたために軍事費がかさんで、ひどいインフレが慢性化したからだという。貿易の稼ぎはむしろ貧富の差をひろげ、商人、職人の仲間割れや百姓一揆が立てつづけに起こる。王侯貴族のあいだでも遺産相続にからむ紛争の絶えまがなく、内戦の火の手がほうぼうで幾つも同時に燃え上がる有様だった。

当時のアラゴン王国は大きな寄り合い所帯である。四方を山に囲まれた本来の農業国アラゴンと、地中海沿岸のカタルーニャ、バレンシアと、いわば王国の「内地」にあたる三つの地方ですらそれぞれ独立の機会を待ち、言語、文化伝統、産業や政治制度の独自性を主張する。ましてシチリア、サルディニア、マジョルカなど海外の島々とか、ピレネー以北の領土(ペルピニャンからモンペリエまで)とかは実情においてほぼ完全な独立国だし、アラゴン王の権力がそれをみんな辛うじて繋ぎ留めているにすぎない。したがって王室のお家騒動は連邦国家そのものの分裂を招くおそれがあり、事実それに近い危機が十四世紀の終わりまでに何度も繰り返されていた。

問題がさらにこじれるのは十五世紀初頭の王(マルティン一世)が嫡出の男児を残さずに死んだときだ。跡目をねらう野心家が半ダースあまり乱立して、宣伝、賄賂、武力など、手段をえらばぬ競争をはじめた。血統のうえで最有力の候補者はマルティンの娘婿(ウルヘル伯)だが、この大貴族は強権発動の常習犯と見なされていたため、バルセローナ市の裕福な商人たちが承知しない。百家争鳴の激論のあげく、血で血をあらう全面戦争だけは避けたいという気分が強くなったらしく、一四一二年にはアラゴン、カタルーニャとバレンシアから代表者が三人ずつエブロ河畔の町カスペに集まり、投票で決めることにした。その結果六対三で当選するのは隣国カスティージャの王族(フェルナンド一世)である。アラゴンの衰弱と混乱ぶりを露呈したこの出来事は「カスペの妥協」という名前で歴史に残ることになった。

フェルナンドはこれより六年前にわずか一歳の幼い甥(フワン二世)がカスティージャ王になったとき、その母カタリーナとともに摂政の座についた。しかし彼女とは犬猿の仲なので国土を二つに分割し、彼は南の半分だけを担当する。そこでの最大問題はグラナーダ王国との長期戦だが、攻撃を再開した彼は街道筋の要塞都市アンテケーラを占領した。これで名声を高めたおかげでカタリーナ派よりずっと強力な地盤ができ、アラゴン王になってからも摂政の地位を保ったまま、二つの大国をひとりで操ろうとする。カタリーナが彼を追い払うためには、まずグラナーダとの戦争を自分たちの力で処理しうる態勢をつくる必要があった。そのための最良の策は西側の隣国ポルトガルと手をつなぐことであろう。

さいわいにして当時ポルトガルの王妃は彼女の姉(フィリーパ)だった。どちらもかつてイギリスの王子ジョン・オヴ・ゴーントがイベリア各地で暴れまわっていたころ、自分の立場を強化するために嫁入りさせた娘である。しかし両国の間ではひっきりなし国境紛争がおこるので、ほんものの和解はなかなか難しい。この障害を乗り越えるためにカタリーナは肉親の情にすがり、グラナーダ方面に援軍を派遣していただきたい、と姉フィリーパに頼み込んだ。無理なお願いかもしれませんが、そこまで協力してくだされば確実に和解が成立するでしょう。

ポルトガル側としても今までのように大国カスティージャの侵入を恐れなくてもよくなるものなら願ってもない話である。しかし援軍に関しては国内に強い反対論があった。姉妹の気持ちは別として先祖代々の競争相手がどこまで信用できるのやら。たとえ援軍がうまく行っても、おかげでカスティージャがグラナーダを征服してますます強国になったりすれば、ポルトガルはわが身の危険を招くために力を貸したお人好しだ。それよりは今すぐ全力をあげてモロッコを攻撃し、イスラム勢との対決にも貢献するかたちで自国の領土をひろげたほうがずっといい……

当時のポルトガル王(ジュアン一世)には五人の息子があり、上の三人はすでに成年に達していた。長男の皇太子ドゥアルテと次男ペドロは読書好きの文人肌、三男(のちの航海王子エンリーケシュ)は武人肌と、気質がはっきり違うけれど、賢母フィリーパが育てたせいかみんなよく助け合う兄弟だ。彼らの一致した意見によって出兵先はモロッコと決まった。やがて一四一五年の夏、いよいよ遠征艦隊がジブラルタル海峡の南の要港セウタに押し寄せたときにも、先鋒のエンリーケシュが遮二無二城内へと突進したあと、慎重なペドロは大局を見ながら決定的な瞬間に主力を上陸させるという適材適所の活躍によって、要塞堅固なこの港をわずか二日で攻め落とした。

セウタ占領

後世の目でみるとセウタ占領はヨーロッパの世界制覇を予告する歴史的事件である。八世紀このかたイスラム勢力に押しまくられ、ジブラルタルの北側だけで戦っていたキリスト教徒がこのとき初めてアフリカ側に本格的基地を獲得した。しかもそれを実現したのはイベリア半島西南端の、ひどく貧しくて小さな国だ。おりから地中海方面ではアラゴンもビザンチン帝国も急激に衰え、オスマントルコの攻勢を持てあましていただけに、これまで西欧の片隅にくすぶっていたポルトガルがにわかに表舞台に出て満場の注目を浴びた感じだった。しかし勝ちいくさの興奮がおさまってから基地獲得の利害得失を検討してみると、国内政治や経済への影響においてマイナスのほうがずっと多い。

その第一は膨大な軍事費の負担である。ごく簡単に攻め落とせたのは上陸直前まで味方の将兵にも行く先を知らせないほど徹底した奇襲攻撃のおかげだった。それが今や敵の大軍に包囲され、完全な孤立状態で受け身の防戦を強いられると、条件がまるで変わってくる。遠いリスボンとの連絡や補給ルートを維持するだけでも難事業なので、ポルトガル一国の力ではとうてい長続きしそうもない。やむをえず水軍国アラゴンに援助を頼みこんだところ、にべもなく拒否された。相手のフェルナンド一世はカスティージャでも事実上の支配者だし、セウタはいわばアンダルシーアの出張所で自分の縄張りだと思っているから、勝手に占領されたことを怒っていたにちがいない。援助をことわる口実は自分の病気が悪化したことだが、もし健康なら今すぐにでも遠征してセウタのポルトガル軍を追い出したいほどの気持ちだったろう。

まもなくフェルナンドは病死した。しかし彼の跡継ぎ(アルフォンソ五世)もイベリア制覇の夢を捨てず、周到な婚姻政策で地盤を広げようとする。とくに大切な相手であるカスティージャのフワン二世との関係では、その姉(マリーア)をまず自分の妃に迎えたあと、自分の妹(これもマリーア)を逆にフワンに押しつけて二重のきずなで縛りあげた。もうひとりの妹(レオノール)はのちにポルトガルの皇太子ドゥアルテと結婚するのだから、まずは完璧な構図である。アルフォンソ自身はそのうちにイタリア征服を思い立ち、ナポリに腰を据えたまま帰らなくなるけれど、あとに残された弟たちがみんなカスティージャに乗り込んで、王妃との血縁関係を元手に凄まじい利権闘争を開始した。本国アラゴンでは相変わらず経済危機と内戦との悪循環が続いていて前途に希望が持てないので、王族のあいだですら出稼ぎが一種の流行になったのだろう。

それに引き換えカスティージャの経済力は目にみえて上昇しつつある。広大な中央高原のおもな産業は牧畜だが、大西洋航路が発達したおかげで貿易も盛んになり、先進国フランドルの織物業者は距離の近いイギリスよりもカスティージャ北部から来る上質の羊毛に頼っていた。その取引きの利潤にひかれて諸外国の商人たちが農産物集散地メディーナ・デル・カンポやブルゴスに集まってくるし、アラゴン王家の次男坊、三男坊は政治力で何とか分け前にありつこうとしている。おかげで幼少時のフワン二世は強欲きわまる叔父たちに取り囲まれ、ようやく成年に達してからも王とは名ばかりの操り人形にすぎなかった。

その当時アラゴン勢に対抗して王権回復をめざしていた少数派の指導者（アルバロ・デ・ルーナ）は、むかし王の小姓を務めていた重臣で、政治家としても文人としても抜群の才能をそなえていた。それだけに敵が多くて何度も宮廷から追放されたが、僻地にあってすら彼の家は千客万来のありさまで、あらゆる種類の情報や意見の交差点だったという。そのころ彼と親交をむすんだ訪問者のひとりはポルトガル王の次男ペドロである。

ペドロは少年期からすでに沈着な判断力を発揮して兄弟みんなに信頼されていたが、セウタ遠征が終わってからは四年がかりで海外視察の旅に出た。フランドルでギルド組織と工業技術を学んだり、ヴェネツィアで『東方見聞録』のラテン語訳を仕入れたりしたあと、ルーナとじっくり話し合ってすっかり意気投合する。どちらもそれぞれ自分の国の根本的改革をこころざし、そのために苦労している最中だけに、本気で相談したいことを山のように抱え込んでいたのだろう。両者ともやがて悲惨な死に方をする政治家だが、この時期にはまだ若々しいエネルギーに満ちていた。

彼が本国に帰ったとき、弟のエンリーケシュはもっぱらアフリカ西岸ぞいの新航路開拓に熱中して、マデイラ、アソーレス、カナリアスなどの島々を調査したうえ、さらに南の危険きわまる水域へとルートを伸ばしつつあった。これにはもちろん膨大な費用がかかるので、セウタの防御がますます困難になっている。ペドロの大局判断によると、早くセウタから手を引いて国力のすべてを南への航路に集中すべき時期であった。ポルトガルの地理的位置も現在の国際情勢も、そこにしか未来がないことをはっきり示しているのだから。

しかしエンリーケシュをはじめ武断派の古風な貴族たちは、あくまでセウタを確保すべきだと信じていた。そのためにはもっと兵力を投入して、占領地を周辺一帯まで広げねばならぬ。こうした二つの主張をめぐって激論が巻きおこり、聖職者と貴族の大半が武断派を支持したため、セウタの西にある要港タンジールを攻撃することになった。

寵臣ルーナ

一四三七年の夏、エンリーケシュの指揮する遠征軍がタンジール付近に上陸したが、結果は惨憺たる敗北に終わる。待ち構えていた敵の大軍に包囲され、全滅寸前まで追い込まれた。仕方なく休戦を申しこみ、エンリーケシュの末弟(フェルナンド)が人質としてモロッコに残ることを条件に、生き残りの将兵は無事に帰国することができた。

このときの休戦条約の項目のなかでは、出来るだけ早くセウタを明け渡すのと引き換えにフェルナンドを返してもらうことが最大の要点になっている。ところが帰国後にこの点をめぐって、宮廷が又もや賛否両論に分裂した。賛成派の代表はペドロである。セウタはすでにポルトガルにとって厄介な重荷でしかない。戦費のための税金で国民が苦しむだけではなく、カスティージャとの摩擦の種になる。モロッコ領時代のセウタは盛大な貿易港だったし、サハラ南部からの金塊まで輸出していたから、リスボンの商人たちも直接、間接にその恩恵に浴していた。ところが征服後のセウタは完全に孤立し、商品の流れが途絶えて何の役にも立っていない。ただでさえ厄介払いしたいものと引き換えにフェルナンドが解放されるのだから、話がこじれないうちに早く手放したほうがいい……

この意見には国王ドゥアルテをはじめ兄弟のほぼ全員が同意した。ただひとり、遠征の失敗で恥をかいたエンリーケシュは承知しない。フェルナンドを取りもどしたいのは山々だが、それには武力を使うべきで、セウタをみすみす異教徒の手に渡すのは明らかに神の御意志にそむくことだ。あのとき明け渡しを誓ったのは味方の将兵のためであって、異教徒との約束を守る気は初めからなかった。とにかく私にもう一度遠征させて頂きたい……

いかにも彼らしいこの頑固さに兄たちは困り果てていた。再度の遠征は明らかに無謀な企てだが、神の御意志まで持ち出されると返還にも容易に踏み切れない。国王として決断を下すべき立場にある長兄ドゥアルテが誰よりもひどく迷いに迷って、翌年の秋まで悩んだあげくペストに感染して頓死した。跡継ぎのアルフォンソ五世はまだ六歳。その母であるアラゴン王女レオノールと、叔父ペドロとが摂政に選ばれる。

そのレオノールはかねてから露骨にペドロを毛嫌いしていた。原因のひとつはアラゴンの古い国内事情である。彼女の父はかつて「カスペの妥協」という怪しげな成り行きで王になれたフェルナンド一世だし、あのとき正統の候補者だったウルヘル伯の遺児(イサベル)が今はペドロの妻である。したがってレオノールとイサベルとは親の代からの敵であり、血族意識が恐ろしく強かった時代だから、敵の夫も敵である。まわりの人々がいくら和解をすすめてもカタリーナはペドロを許そうとしなかった。

それに宮廷の全員が和解を望んでいたわけではない。摂政と呼ばれるほどの権力者なら絶えず扇動や中傷の渦巻きのなかで暮らしているし、セウタ問題で意見が対立してからはエンリーケシュをけしかけてペドロの敵にしようとする宮廷貴族が多くなった。しかし兄も弟も、本人どうしは相変わらず仲がいい。エンリーケシュは最近ますます新航路に熱中して宮廷にはまるで寄りつかないけれど、摂政ペドロが資金そのほかあらゆる面で可能なかぎり援助した。おそらくは両者とも末の弟フェルナンドを見殺しにした暗い記憶に責めたてられ、せめてそれを新航路開拓への動力源にしようと決意していたのだろう。

レオノールのほうはもっと不運だった。彼女が頼みの綱にしていた大貴族(ブラガンサ公アルフォンソ)はペドロの政権を倒すために、まずアラゴンの王族たちの力を借りようとする。なにしろ彼らの血縁関係の網の目はイベリア全土に行き渡っているから、レオノールをおだてて総動員させればきっとペドロを追い落とすことができるだろう。

そこでレオノールは極秘の手紙を書き、兄たちに介入を求めた。まことに不運だったのは間もなくそれが発覚して、リスボンの商人や職人が彼女のことを売国奴、売女等々と激しく罵倒しはじめたことだ。彼らの声はたちまち四方八方に広がり、彼女は身の危険を感じて亡命せざるをえなくなった。行く先はすぐお隣りのカスティーリャである。そこでは兄たちが大きな勢力を築いているし、姉マリーア（カスティージャ王妃）は王妃だから、安全にかくまってくれるにちがいない……

そのころカスティージャの上流社会はアラゴン派とルーナ派に分かれていたが、境界線は絶えまなく揺れ動いている。アラゴン側の兄弟喧嘩を別にしても、ルーナの力で辛うじて王の対面を保っていたフワン二世が頼りない男で、いつ、どの派閥のお御輿に乗り換えるのか予想がつかない。ふと気が変わってルーナを裏切り、またすぐ後悔して彼を呼びもどす癖があった。そのたびにルーナは必ず帰ってきて、どうにか体制を立てなおす。まるで起き上がり小法師である。そうした努力がやっと実って、アラゴン派に決戦を挑む準備ができたのは一四四五年の初めごろ。今度こそ彼らを追い払うか、叩きのめして再起不能にするか、どちらかの結果が出るだろう。

ところが出陣も間際に迫った二月末に、なんとも不気味なことが起こった。トレードに亡命中のレオノールがとつぜん死亡し、数日後には姉マリーアも旅先のセゴビア付近で死ぬ。こんなとき毒殺の噂がとぶのは世の常だが、すくなくとも姉の場合、死んだあとで全身に無数の斑点が現れたという証言が残っているから、事実無根とは思えない。いったい誰が殺したのか？　まず怪しいのはルーナである。彼は当時それができる立場にあり、それを望む理由を幾つも持っていた。マリーアはカスティージャ王妃になっていらい自分の夫とルーナとを引き離すことばかり考えていたらしい。カタリーナも最近それに加勢して、いたるところでルーナの悪口を撒きちらした。彼とペドロが親友だという事実までが彼女の目には悪人どうしの結託としか映らなかったのだろう。

それにしても確実な証拠はどこにもない。ルーナの人気を落とすために反対派の誰かがやったという手のこんだ説もあった。さまざまな噂が乱れ飛ぶなかで犠牲者ふたりは早々と埋葬され、三か月後にはメディーナ・デル・カンポ付近の決戦でルーナ派が圧勝する。とにかくこれでカスティージャには何十年ぶりかの平和が帰ってきた。ポルトガルでもカタリーナの死後ペドロ政権が安定して繁栄の時期が訪れる。しかもマリーアの死によってフワン二世がやもめになり、後妻にはポルトガルから王女を迎えることになった。選ばれたのはペドロの姪で、のちに女王イサベル一世を生む女性(名前はやはりイサベル)である。これで両国の友好が末永くつづくと考えてペドロもルーナも心から祝杯を挙げたにちがいない。しかしこれは終点ではなく、新しい嵐の海への出発点にすぎなかった。

18　王女イサベル

イサベルとエリザベス

「イサベルが王座についたとき、カスティージャはほとんど国じゅうが大貴族たちの領土になっていた。彼女はそれをみんな取りもどすけれども、方法がいつも公明正大だったおかげで、没収される当人までが納得して彼女に忠誠でありつづけた。〔中略〕これほどの成果をあげた最大の理由は、人を見る眼がおそろしく鋭く、すぐれた人材を次々に見つけ出して重要な仕事をやらせたことだ。しかも彼女は信賞必罰の厳格な基準と、人情味ゆたかな寛大さや気前の良さを見事に調和させたので、十分に報いられていないと嘆く善人も、処罰のきびしさを恨む悪人もいなかった。そのために人々は彼女への畏怖と愛着にみちた絶大な敬意を抱き、やがてそれが習慣と化して、いまだに彼女が天国から絶えず彼らを見守りながら褒めたり叱ったりしてくれると固く信じているらしい。だからスペインを治めているのは今なお彼女の名声と彼女がつくった制度であり、死後にまで彼女の権威は生きている。たとえば長く活発に回転していた機織り台の動輪が、担当者の去ったあとでも長いあいだ回りつづけるのと同じように……」

これは法王特使として長くスペインに住んでいた外交官（カスティリョーネ）が、名著『宮廷人』のなかでフィレンツェの大政治家（ロレンツォ・ディ・メディチ）に語らせる長い感想の一部である。彼女とだいたい同時代の西欧人の目に映ったイサベル像の代表例と言えるだろう。

ここで強調されている彼女の際立った特色のひとつは、公明正大、信賞必罰など、要するに曲がった政治をしないことだ。もうひとつは、人を見る目がおそろしく的確だったこと。三つめは民衆の心のなかで死後にまで残る根の深い人気である。ルネサンス末期の戦国乱世には史上に名高い女王や王がたくさん登場したけれども、名声の根強さと広さにおいて彼女に匹敵しうるのはイギリスのエリザベス一世だけではないだろうか。

しかもこの女王ふたりは不思議なほど共通点が多い。生まれた時期に八十年以上のひらきがあり、時代環境もお国柄もまるで違うはずなのに、それぞれの長い生涯にわたる行動の軌跡をたどってみると、ほうぼうで意外にぴったり重なり合う。とくに生い立ちから即位までの波乱にみちた少女期には、まわりの人間関係までが瓜二つだったから、伝記のたぐいにつきまとう人名地名や年月日をひとつ残らず切り捨ててしまえば、イサベルにもエリザベスにも当てはまる内面生活の基本的構図が浮かび上がるはずだ。

「この思慮深い王女は後妻の子で、しかも弟がいるのだから、まさか自分が王位を継ぐなどとは考えもしなかった。それなのにやはり王女であるばかりに、幼いころから宮廷の権力闘争に巻きこまれ、自分を利用しようとする野心家だらけの環境のなかで何とか風波を避けながら生き延びて行くしかない。後年の彼女が人を見分ける異常な才能を発揮するのも、ひとつには少女時代になるべく目立たない席をえらび、色とりどりの立て役者が檜舞台でくりひろげる栄枯盛衰の悲喜劇を黙ってじっと見つめていた体験の賜物だったろう。

やがて弟が死んだために王位継承の可能性が出てくると、反対派は鵜の目鷹の目で彼女の弱点を探しはじめた。これから先は衆人環視のそんな場所でうっかり転ばないために、彼女はいつも正しい姿勢で真っ直ぐな道だけ歩こうと努力する。おかげでますます人気が高まり、即位以前からすでに多くの人々が熱烈に彼女を支持していた……」

少女イサベル

あまりにも抽象的なこの略図にイサベルの場合の具体的データを幾らか補ってみよう。彼女の母がカスティージャ王フワン二世の後妻になったのは一四四七年。縁談のきっかけはこの母の伯父(当時ポルトガルの摂政だったペドロ王子)が、かねてからカスティージャの重臣(アルバロ・デ・ルーナ)と肝胆相照らす親友の仲で、そのつながりを国際関係に活かそうとしたことだ。彼らの政敵はどちらの国でもアラゴン王家の出身者だったから、それと闘うには先妻を亡くしたカスティージャ王にポルトガルから妃を迎えて同盟を結ぶのが最良の策だと考えていたのだろう。

結婚相手のフワン二世はそのころすでに四十の坂を越えていたし、先妻との間に生まれた皇太子

（エンリーケ四世）がとっくに成人して妃もいたので、自分自身への縁談にはあまり乗り気ではなかった。しかもペドロとルーナとが政敵たちの妨害を警戒するあまり、完全にお膳立てがととのうまで当人にすら話を伏せておいたため、お人好しの彼もさすがに腹を立てていたという。しかし絶世の美人だった若い彼女をひとめ見たとたんに君子豹変して、抜群の愛妻家になった。

（彼女の名もイサベルなので、娘のイサベル一世と区別するために「母イサベル」と呼ぶことにしたい）

理想家肌のペドロがえらんだ花嫁だけに母イサベルは品行方正、頭もよく切れる王女だった。リスボンの実家では父親が若死にしたあと何もかもこの伯父に頼っていたが、結婚後まもなく彼が失脚し、反対派に追い詰められて戦死してしまう。後ろ盾を失った彼女はこれから異国カスティージャに自分ひとりで確かな地盤を築くしかなかった。さいわいにしてフワン二世は彼女を溺愛してくれるけれど、問題は彼がひどく政治嫌いで、むかしから智勇兼備の重臣ルーナにすべてを任せていたことだ。こんな側近がいるかぎり、いつまでたっても自分は王妃にふさわしい実力が握れないだろう。

そこで彼女は国内の反ルーナ派の先頭に立ち、夫の耳に絶えまなく彼の悪口を吹きこんで、ついに失脚させることに成功した。ルーナはまもなく逮捕されて死刑になる。ここまでは計画どおりだが、彼女が予想もしなかったのは夫がたちまち後悔して恩人ルーナの非業の死を嘆き悲しんだあげく衰弱死したことだ。三十歳そこそこで彼女は未亡人になり、幼い子供をふたり連れて宮廷からいきなり片田舎アレバロの城へと引退する。上の娘（のちのイサベル一世）が三歳、下の息子（アルフォンソ）はま

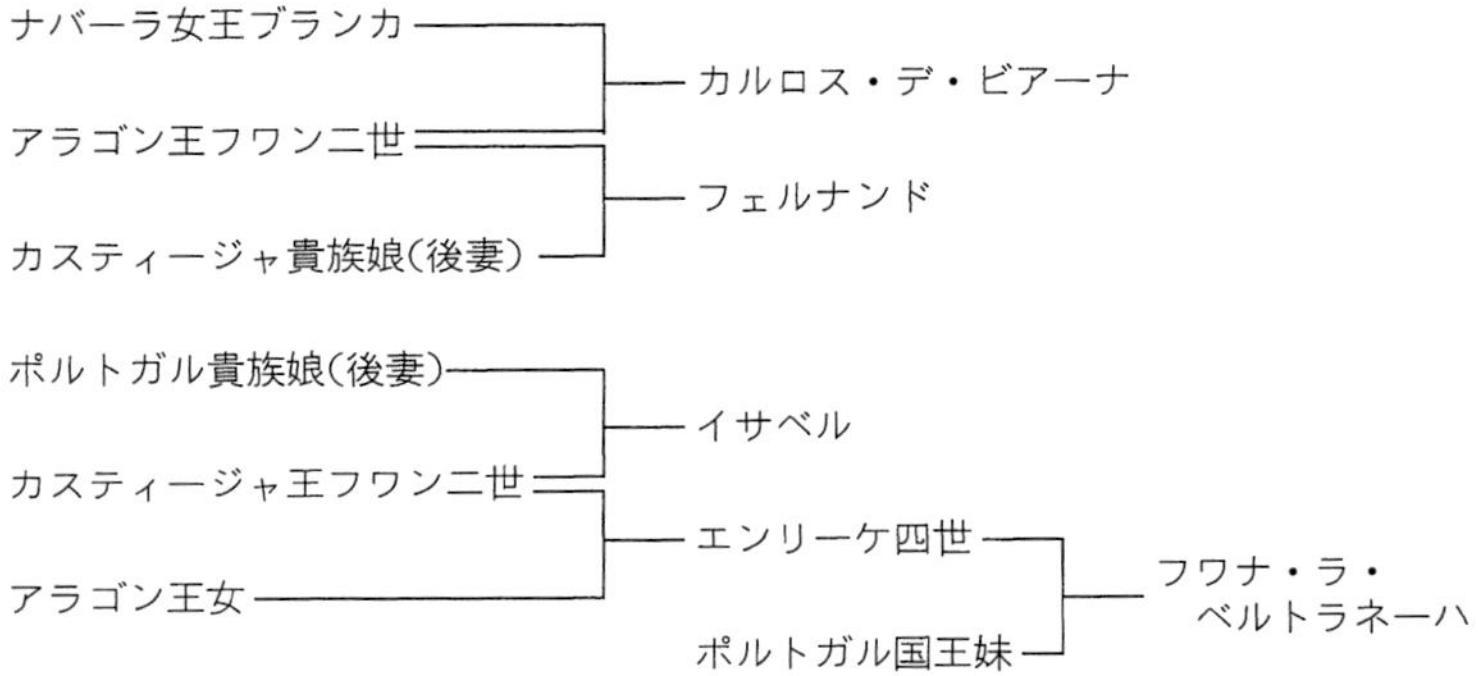

イサベル・フェルナンドの世代の血縁関係

だ一歳だった。

新しい王(エンリーケ四世)には子供がなかったから、当面の王位継承者はアルフォンソである。なにしろ戦国乱世だし、エンリーケ自身がごく最近暗殺されかけたせいもあって、アレバロ城の警備は厳重をきわめていた。幼い姉も弟も城外でほかの子供と遊ぶどころか、下のほうの部屋に降りることさえ滅多に許されないため、窓らしい窓もない石造りの城の最上部だけで暮らさねばならない。しかも母イサベルが明らかに精神異常の兆候を示しはじめた。あまりにも急激な自分自身の転落ぶりと、死んだ夫やルーナをめぐる無数の悪夢とに耐えきれず、狂気のなかにしか避難先がなかったのか。

そのため少女イサベルには安心して頼れる母も友達もなく、アルフォンソと二人だけの孤独のなかで親密きわまる姉弟になった。異母兄エンリーケはときどき彼らを教育するつもりで宮廷に招待してくれるが、そこは派手に着飾った老若男女が昼も夜も酒盛りや舞踏会をひらき、お世辞、中傷、陰謀などが乱れ飛ぶ恐ろしいおとなの世界である。どんなときにもお祈りを欠かさず、生活もつつましいアレバロの城とまったく違う雰囲気に圧倒されて、イサベルはますます身をちぢめ、弟の手をいっそう強く握りしめたにちがいない。

異母兄エンリーケ

エンリーケは亡父フワン二世に生き写しの、背だけ高くて頼りないお人好しの王だった。文学芸術が大好きで戦争と政治は大嫌い。宮廷にユダヤ人の医者や学者を集めたり、イスラム教徒の使節団を歓待したりするので、当時の武張った大貴族にはとかく評判がよろしくない。彼らはアルフォンソに望みをかけ、この少年を旗印にして反エンリーケ派の結束をめざすようになった。次の王を味方にすれば遠からずわれわれの時代がくる。子供のできないエンリーケはわざわざ先妻を離婚して若い王妃(ジュアナ)を迎えたのに、以来十年いまだに生まれないのだから、継承順位が狂うことは今後もありえないだろう……

ところが後妻ジュアナがとつぜん懐妊した。彼女はポルトガル王(アフォンソ五世)の妹なので、母イサベルには従妹にあたるが、後者とちがって現役の王の後ろ盾があるだけに、その嫡出の子供なら文句なしに次の王座に登るだろう。あわてふためいた反対派は、その子のほんとうの父親がエンリーケではないという猛宣伝を開始した。怪しいのはアンダルシーア出身の美男子(ベルトラン・デ・ラ・クエーバ)だ。あの騎士はまだ若いくせにエンリーケに抜擢されて重臣に成り上がり、血筋正しい大貴族であるわれわれにまで威張り散らす。王妃の部屋にも遠慮なく出入りしているから機会は幾らでもあったはずだ。

やがて誕生した女の子を彼らはすぐに「ベルトランの子フワナ」(フワナ・ラ・ベルトラネーハ)と呼びはじめた。もちろん確実な証拠はないのに噂が全国に広まったせいで、彼女は現代スペインの歴史書や百科事典のなかにまでこの名前で残っている。父親のほうは「不能王」(エンリーケ・エル・インポテンテ)だ。中世の王侯貴族には残酷王、肥満王など手きびしい仇名が多いけれど、この父親と娘ほど気の毒な例はめったにない。

しかしいくら悪宣伝をつづけても、このままフワナが王位を継げば反エンリーケ派に日の当たる可能性は消えてしまう。形勢を逆転するには早くアルフォンソを擁立して、力ずくで政権を奪い取るしかなくなった。一四六五年の夏、彼らはそれぞれ軍勢を率いてアレバロの南の城壁都市アビラに集結し、公然とアルフォンソの戴冠式をあげる。イサベルのほうはそのころ王妃やフワナと一緒にセゴビアの宮廷で暮らしていたが、二年後に反乱軍が攻めて来たおかげで、めでたく弟と再会することができた。エンリーケ派は明らかに落ち目だったから、この姉弟にもようやく春が訪れたわけである。彼らは二人してアレバロに向かい、狂った母を慰めるかたわらアルフォンソ十四歳の誕生日を祝うことにした。

ただしこの小春日和は長つづきしない。翌年の七月、夕食に鱒を食べたアルフォンソが不意に発病し、姉イサベルや反乱軍の将兵の懸命の祈りの甲斐もなく、次の日のうちに死んだ。食中毒か毒殺か——その点については目撃者たちの証言が真っ二つに分かれている。いずれにしても弟を失ったイサベルは、このときから完全に孤独になった。

反乱軍もこのままでは四分五裂しかねないので、とりあえずイサベルを即位させて内戦をつづける方針を確認する。われわれがしっかり守ってあげますから、あなたは安心して女王になって頂きたい、と長老たちがみんな揃って頼みにきた。王位など望んだこともない天涯孤独の少女にとっては夢のような話である。しかしまだ十七歳のイサベルは、きっぱりこれを拒絶した。正統な王は異母兄のエンリーケです。あなた方も彼のもとに帰順して早く平和を取りもどしてください。その上で将来いつか彼が亡くなったとき、正しい後継者はやはりイサベルだと信じて支持してくださるなら心から感謝します。それが何より私のためになることですから。

この答えは現存する史料の範囲内では、たしかに彼女が口に出した初めての言葉である。長老たちは困り果て、さまざまな理由をあげて説得したが、彼女は頑として受けつけない。やむをえず彼らもエンリーケと和解条件の交渉をはじめた。

まず最大の条件はイサベルの継承権を承認し、フワナのそれをはっきり否認したうえで、王妃ジュアナを離縁してポルトガルに追い返すことである。エンリーケはこれをすべて受け入れた。きりのない内乱騒ぎさえ片づくものならどこまでも譲歩するつもりなのだろう。とにかく直接イサベルと話し合うことになり、両軍の中間点にあたる村(トーロス・デ・ギサンド)で久々の対面が実現した。重要な話題のひとつはイサベル自身の将来の結婚相手である。結論として今後エンリーケは妹の意志に反する縁談を押しつけないこと、ただし彼女も兄の同意なしには結婚しない、という妥協案が成立した。

しかしエンリーケ派の首脳部にとって、こんな約束は要するに急場しのぎの方便にすぎない。いまでこそ強大な反乱軍も一旦帰順すればもう恐るるに足りないから、契約を守る必要そのものが消滅する。イサベルの結婚の件にしても、圧力をかければ遠からず彼女のほうが折れるだろう。かねてからの計画どおり、彼女はやはりポルトガル王アフォンソ五世の後妻にするのが一番いい。それによって野党派が旗印を失うだけではなく、カスティージャでの継承権は文句なしにフワナのものになるのだから。

エンリーケ自身もアフォンソとひそかに手紙で打ち合わせたらしく、ポルトガルから正式の求婚使節が到着した。イサベルは取りあえず時間をかせぐために、自分の母がアフォンソの従姉にあたるので結婚には法王の許可状を要する、と言い張ってひとまず彼らを追い返す。ところが続いてフランスからの使節が来た。ルイ十一世の弟にあたる皇太子(ベリ公)と結婚してくれという。狙いはもちろん彼女の継承権である。フランスはいまだにアラゴンと激しい戦争をつづけているので、ぜひともカスティージャを抱きこんで挟み撃ちにしたいのだろう。これに対してイサベルは、最近ずっと異母兄がアンダルシーア方面に出陣していますから、そこまで行って交渉してください、と即答を避けることにした。

三人の求婚者

このころ彼女は意中の人をすでに決めていたらしい。自分より一つだけ年下の従弟(アラゴン王子フェルナンド)である。彼もやはり後妻の子だが、長らく健在だった母が父に劣らぬ政治力を発揮したおかげで、イサベルの場合とまるで違う恵まれた道を歩いてきた。王位継承者だった先妻の息子(カルロス・デ・ビアナ)はこの継母に最後まで反抗したけれども、結局は追いつめられて死んで行く。おかげでフェルナンドが皇太子に成り上がり、年老いた父を助けて早くから戦争や政治の舞台で活躍することができた。(その父の名はフワン二世。イサベルの亡父もフワン二世だったからとかく混同されやすいが、今後文中に出てくるのは常にアラゴン王フワン二世のほうである)

こうした生い立ちだけではなく、性格においても彼はイサベルと正反対だった。公明正大、信賞必罰などという言葉はおよそ彼には縁がない。マキアヴェッリの『君主論』のモデルと言われるだけあって、手段をえらばぬ権謀術数の名手である。両親からの遺伝なのかもしれないが、それに磨きをかけたのは国内カタルーニャ地方の反乱とフランス軍の侵入と、たえず両面から襲ってくる容赦のない試練だったにちがいない。同時にそれを凌ぎながら綱渡りをつづけるには余程の反射神経と臨機応変の策略を要する。

イサベルへの求婚者はこの段階ではっきり三人に絞られてきた。どの場合にも動機はカスティージャを取り巻く三つの国それぞれの当面の利害である。そのうちどこが成功しても力のバランスは一変し、取り残された国ふたつが大きな危険にさらされるだろう。したがって外交の舞台裏では三つ巴の激烈きわまる先陣争いが始まった。なかでもアラゴンのフワン二世はイサベル派のおもな貴族に働きかけ、あらゆる手段で息子を売り込もうとする。イサベル自身が彼に傾いているのだから情勢はかなり有利だった。

問題はしかしエンリーケ派の出方である。そのころイサベルはトレードの近くにいたが、あまりにも監視が厳重でアラゴンと連絡しにくいので、弟の墓地の移動にかこつけてアレバロ付近の町(マドリガル)まで逃げ出した。出陣先でそれを知ったエンリーケは、彼女を武力で逮捕せよと命令を下す。いよいよ追い詰められた彼女が大至急フェルナンドの来援を求めたところ、フランスとの戦争に手一杯で今は動けないという。イサベルはすぐ国内の有力な味方(トレードの大司教カリージョ)に緊急事態を訴えた。

カリージョはとりあえず手勢三百騎をかき集めて救援に駆けつける。望外の幸運だったのは途中でやはりマドリガルをめざす別の二百騎と出会ったことだ。その指揮者(提督エンリーケス)はフェルナンドの母方の祖父にあたり、たまたま逮捕令の噂を聞いて飛び出してきたところだった。マドリガルの修道院で待ちうけていたイサベルはこの五百騎に護衛されて城壁都市バジャドリーに向かう。そこの市民は熱烈に彼女を支持していた。

到着後に彼女はもう一度アラゴンの首都サラゴーサへの急使を立て、いまの事態を詳しくフェルナンドに説明させる。こんどは彼もすぐ駆けつける決心をしたが、サラゴーサからバジャドリーへの道筋はほとんどが敵方の領地なので、同行者を六人だけ選んで旅商人の姿をさせ、自分はその馬丁に成りすました。おかげで何度も危機を切り抜け、どうにか無事に到着してイサベルと対面する。結婚式をあげたのは一四六九年十月十九日。市民たちは一週間つづきのお祭り騒ぎでこれを祝賀してくれた。

しかし彼らの前途はますます多難である。さしあたっての問題は継承権の行方だった。縁談に関する約束を最初に破ったのはエンリーケだから、イサベルは今度の結婚がやむをえぬ自衛行為であると手紙で弁明したけれど、返事をよこす気配もない。そのうちに彼女はどうやら妊娠したのに、これから生まれる子供どころか彼女自身の地位すら曖昧な状態だし、フェルナンドは又もやフランスと戦うためにアラゴン本国に帰ってしまう。エンリーケのほうもやがてトーロス・デ・ギサンドでの契約をすべて破棄し、フワナを正式の継承者にすると宣言した。

女王の誕生

これで国際関係の舞台までが一転する。ルイ十一世はただちに敵味方を切り替えて、弟のベリ公とまだ八歳のフワナとの婚約式を挙行した。(これより前にルイには子供が生まれたため、ベリ公は皇太子の地位を失ったうえに、パリでは邪魔者と見なされていたようだから、この婚約も体のいい厄介払いだったろう。挙式から二年後には兄に毒殺されたらしく、フワナとの結婚はついに実現しなかったが、生きている間はすくなくともカスティージャとの同盟に役立っていたわけである)

エンリーケのほうも没落しつつあった。イサベルを廃嫡したにもかかわらずアンダルシーア、バスクなど多くの地域が彼女を支持している。やむをえず彼はふたたび和解を試みることにした。一四七三年のクリスマスに彼女とセゴビアで対面し、正月過ぎにはフェルナンドまで呼び寄せて大司教の家で盛大な晩餐会をひらく。おそらくは彼女の継承権を改めて認める気だったのだろう。ところがこの席で彼はとつぜん腹痛に襲われ、毒殺未遂と思い込んであたふたと町を脱出した。なにもかも水の泡である。これいらい彼は二度と回復せず、翌年末に死んだときには腎臓がすっかり腐るほどひどい症状だったという。癌の末期らしいけれど、当時のことだからもちろん確実な証拠はない。

そのときエンリーケが臨終の床で王位継承について何か意思表示をしたのかどうか――これが大問題になる。ポルトガルは当然フワナの正統性を主張し、それを擁護するためにアフォンソ五世が大軍を率いて侵入を開始した。フランス勢もバスク海岸の国境の町(イルン)を包囲する。アラゴンだけはイサベルの味方だが、おりから帰国中のフェルナンドがおそらくはまだエンリーケの死を知らないので、一刻を争う彼女はすぐセゴビア城の広場に俄かづくりの舞台をしつらえ、ひとりで戴冠式をあげるしかなかった。市民たちは歓呼して若い女王を迎えてくれたが、いつも正道を歩いていたい彼女にとって、継承権に関する疑問は何よりも気になる重荷だったにちがいない。のちにイサベルが揺るぎない権威を確立したあとですら、フワナの影は生涯にわたって彼女を悩ますことになる。

もうひとつの重荷は法王の結婚許可状の件である。フェルナンドは彼女の従弟だから当然この許可が必要だし、挙式のときには大司教カリージョが朗々と全文を読み上げたのだが、それは偽物と判明した。アラゴン派の総帥だったこの聖職者がとにかく結婚を急ぐために、隣国のフワン二世と共謀して法王の署名を偽造したらしい。策略好きの彼らの目にはありふれた一時の方便にすぎなくても、イサベルにとっては重大事件である。数知れぬ苦難の果てに実現したあの結婚が非合法だった。かたちの上では法王にあとで本物を請求して一応解決できたけれど、これほど忌まわしい出来事の記憶はなかなか消えないだろう。

ローマからその本物を持って来たのはバレンシア出身の枢機卿ボルハ(のちの法王アレクサンドル六世。その私生児たちが例のボルジア一族)だった。これを機会にイサベルと懇意になり、やがて新大陸発見のあとポルトガルとの紛争を調停して世界分割協定(トルデシージャス条約)を結ばせるなど、いろいろ彼女の世話をしたり、その代償を要求したり、生涯にわたって密接な関係を維持している。イサベルは彼の人柄を嫌っていたが、法王庁の権威を背負っているだけに我慢してつきあわざるをえない。一方でこの種の人間と取引きしながら、他方では公明正大な女王としての評判と自分自身の良心とを無傷のままに保つことが女王としてのイサベルのたぶん最大の課題だった。王女時代よりもずっと手のこんだ課題だが、彼女は巧みに切り抜けて史上に稀な名声を残す。

ひとつにはこれは彼女の思想が当時のカトリック教会や大貴族のそれとほぼ正確に一致していたおかげだろう。グラナーダの異教徒征伐、ユダヤ人追放、異端審問所の開設など、彼女が全力をそそいだ政治目標は多数者であるキリスト教徒に歓迎されることばかりだった。長い目でみるとそのせいでスペインの文化や経済が袋小路に追い込まれ、ピレネー以北の西欧から取り残されてしまうけれど、二十世紀の現在でもまだフランコ直系の保守勢力は彼女をやはり最高の模範と仰いでいる。逆にきびしく批判する声ももちろん高いから、賛否両論を合計すれば話題としてのイサベルの人気は一向に衰えないと言えるだろう。

しかしこれは彼女が予想もしなかった遠い未来のことにすぎない。即位直後のイサベルはポルトガルからの侵入軍やエンリーケ派の残党に立ち向かうために全精力を集中せねばならなかった。せめてもの救いは戦争に馴れた頑健な夫フェルナンドが急いで帰ってきたことだが、軍資金と兵力はどう考えても心細い。総勢二万のポルトガル軍にたいして味方は五百騎そこそこだった。イサベル、フェルナンドという明らかに異質な才能ふたつの組み合わせが、初めてここで分業による協力の真価を問われたわけである。

19　スペイン対ポルトガル

新航路開拓、再び

航海王子エンリーケシュが新しい航路開拓に乗り出したのは、セウタ占領（一四一五年）の直後である。ジブラルタルの対岸にあるこの港で彼は初めて西アフリカの地理をめぐる詳しいニュースを手に入れた。なかでも耳寄りな情報は、サハラ南部の金山へとはるばる砂漠を縦断するイスラム商人のキャラバンルートが、さらに南の海岸までつながっているらしいことだ。もしもこの噂がほんとうなら、モロッコの異教徒たちの仲介なしに、大量の金《きん》をリスボンへと船でまっすぐ運んでくる有利なルートがつくれるかもしれない。

しかもこの航路の開拓にはすでに有名な前例があった。一二九一年にジェノヴァから出帆したヴィヴァルディ兄弟の探検隊が、カナリア諸島に達したあと行方不明になっている。それ以後にもやはりジェノヴァやマジョルカの船乗りがもっと南の海域まで何度となく行き来したようだから、彼らの記録を調べれば確実な知識を踏まえながら開拓事業を進めることができるはずだ。

気の早い航海王子はセウタから帰るとすぐ、ポルトガル最南端のサグレシュ岬にささやかな研究所を設け、ほうぼうの港町から有能な船乗り、学者、貿易商などを呼び集めた。その顔ぶれを見わたすと、半世紀ほどまえに画期的世界地図を完成したマジョルカ島のユダヤ人(クレスケス)の息子をはじめ、当時としては最先端の海洋研究家も少なくない。航路開拓の第一線で活躍する探検家のなかにはイタリア北部、とくにジェノヴァ市かその周辺の町からきた移民や出稼ぎが多かった。

そんな連中の典型のひとり(アントニオ・ウソディマーレ)はジェノヴァの名門の生まれだが、巨額の借財ができたせいで夜逃げせざるをえなくなり、まずイベリアで最大の貿易都市セビージャへ、次いでリスボンへと移住した。さっそく再起をはかるために航海王子の許可を求め、自前の船で探検をはじめる。郷里に残してきた兄弟あての手紙によると、一四五五年に彼はようやく熱帯の海岸に到着し、ガンビア地方の王をふくむ種々さまざまな現地人と親しくつきあうことができた。そのときどうやら白人らしい青年が、ぼくは実はヴィヴァルディ探検隊の子孫のうち、たった一人の生き残りです、と彼に告白したという。いったい何代目の子孫なのか。とにかく御先祖の到着いらい百六十年もたったころに、ジェノヴァ人がふたたびここを訪れたわけである。

この航海に関してはウソディマーレの協力者(ヴェネツィア人カダモスト)が書きとめた克明な記録があり、とかく修飾や誇張の多いポルトガル側の年代記よりずっと信頼にあたいする。それによると、彼らが途中でマデイラ諸島のポルトサント島に寄港したとき、この島の総督(バルトロメオ・ペレストレッロ)もやはりジェノヴァ周辺からきた移民の息子であることが判明した。

ポルトサント島が発見されたのはセウタ占領からまもないころで、航路開拓への努力が生んだ最初のめざましい成果である。やがてそこに本国から農民を入植させることになり、まだ若い探検家だったペレストレッロが念入りに準備をととのえた。将来の食料確保のためには穀物類の種子のほかに、兎を雌雄一匹ずつ抱えて上陸したらしい。ところが兎はあっというまに繁殖し、せっかくの畑の新芽を片っ端から食べてしまう。飢えに迫られたペレストレッロはやむをえずリスボンに逃げ帰り、数年後にまたもや遠征して、悪戦苦闘の果てにやっと兎の大群を征伐する。この功績のおかげで彼は総督に任命され、ポルトガル貴族の地位をえた。

（のちにコロンブスの妻になるフェリーパという女性は彼の遺児たちのひとりである。新婚時代に夫婦そろってポルトサント島で暮らし、朝な夕なに水平線の太陽を眺めているうちに、夫のほうが西回りでジパングまで行こうと決意した。同郷の先輩ペレストレッロも、あの世でたぶん青年期の自分を思い出し、あっぱれなこの婿の前途を祝福していただろう）

はじめ無人島ばかりだったマデイラ諸島はこうして着々と安定し、とくに砂糖の産地として豊かな植民地になりつつある。しかしもっと南寄りのカナリア諸島はどうもうまく行かなかった。そのおもな原因は、どこの島にもおそろしく勇猛果敢な原住民がたくさんいて頑強に抵抗したことである。航海王子のほうも執拗に何度となく遠征軍を派遣したが、いつも全滅寸前の憂き目に遭う。

第二の原因は、この島々がすでにカスティージャ王国の領土と見なされていたことだ。十四世紀の半ばごろからアンダルシーアの船乗りたちは続々とこの方面に進出したようだし、次の世紀の初めにはノルマンディ出身の探検家まで加わって、いくつかの島に少しずつ占領地をつくっていた。そんな情勢のなかでポルトガルがいまさら強引に割り込もうとするのは、カスティージャ側から見れば明らかに侵略行為である。当然ほうぼうで紛争がおこり、航海王子の死後にもそれが尾を引いたために、両国の関係はますます険悪になって行く。

好敵手ジュアン

一四七四年にカスティージャでイサベル女王が即位したとき、ポルトガル王アフォンソ五世は自分の姪(フワナ・ラ・ベルトラネーハ)のほうが正当な女王であると主張し、翌年の春には大軍を率いて侵入した。国境付近の町でまずフワナと婚約式をあげ、みずからカスティージャ王と名乗る。そのあと敵の本拠地のすぐ近くまで進撃して、反イサベル派の貴族たちに協力を呼びかけることにした。

イサベル側では夫のフェルナンドがあわてて反撃をこころみる。しかし兵力も武器もおよそ頼りない俄かづくりの軍勢なので、あっけなく尻尾を巻いて逃げ帰るしかなかった。そのころイサベルは妊娠中だったが、事態の深刻さを知るとすぐ馬に乗ってカスティージャ各地を駆けめぐり、いたるところの町や村で新しい軍隊を組織する。たぶんその無理が祟って彼女は流産したけれども、フェルナンドのほうは援軍をえて今度こそ態勢を立てなおし、ドゥエーロ河畔の城壁都市トーロ付近で決戦を挑むことができた。

このとき両軍の衝突は雨のなかで日暮れどきに突発したため、まるで闇試合のように奇妙ないくさになってしまう。中央部の主力に関するかぎりポルトガル軍はほぼ完全に撃破され、アフォンソ王の行方すら分からない有様だった。にもかかわらず皇太子(のちのジュアン二世)指揮下の左翼軍だけは敵の右翼を蹴散らしたうえに、フェルナンドらの主力部隊がみんな引き上げる夜中すぎまで戦場の一角に踏みとどまり、盛大な焚き火を燃やしながら生き残りの味方を探していた。その沈着さ、豪胆さにはフェルナンドもイサベルもさすがに感服したらしく、年下のこの好敵手ジュアンのことをいつも「あの人物」と呼んだりして、一目置くようになったという。

トーロ戦のあとでジュアンは付近の城に逃げこんでいた父アフォンソを救い出し、やがて残りの全軍とともに帰国した。耄碌気味のアフォンソはそれでもまだカスティージャ征服の夢を捨てず、わざわざ船でフランスまで行って共同作戦を持ちかけたけれども、敗軍の将の未練などには誰ひとり耳を傾けない。すっかり絶望した彼は、政治の実権をすべて息子に譲り渡して隠居することにした。

ジュアンの最初の大仕事はイサベル女王との和解である。これを実現しないかぎり、無謀な侵略戦のせいで疲労困憊したポルトガルを立てなおす手段はありえない。かねてから彼が専念したかったのは航路開拓事業だが、それを再開するためにも早く隣国と講和条約をむすび、背後から攻められる恐れをなくす必要があるだろう。

カスティージャとの戦争がはじまったころ、新航路はすでにコンゴの近くまで伸びていた。途中の海岸から運んでくる大量の奴隷や金のおかげで、貧しい農業国ポルトガルがにわかに西欧貿易の花形へと変貌しつつある。その盛況に刺激されてほかの国々の探検家も次第にあとを追いはじめた。とくにサグレシュ岬から東に伸びる海岸線(アルガルヴェ地方)と地続きのアンダルシーア西南部では、船乗りや漁民や商人が先を争って遠征し、熱帯アフリカ方面まで遠慮なく荒らしまわっている。イサベル女王も戦時中には敵の財源を奪うために極力それを奨励したので、ポルトガルにとっては重大な脅威になっていた。

したがってジュアンが条約のなかにぜひとも明記したいのは新航路の独占権だ。しかし戦勝国カスティージャが黙ってそんな条件を受け入れるはずはない。どう見ても無理な駆け引きだが、さいわいにして彼はこのとき万能の切り札を一枚握っていた。目下リスボンに亡命中のフワナ・ラ・ベルトラネーハである。カスティージャにはまだ野党派の貴族がたくさん残っているので、フワナが王位継承権をはっきり放棄しないかぎり、イサベルは心の休まるときがない。それをよく知っているジュアンは和平交渉の要所要所でしきりに切り札をちらつかせ、意外なほど大幅な譲歩を強いることができた。

たとえばアフリカ西岸の航路に関して、カスティージャはカナリア諸島の領有権を認められたが、これは古い既成事実をそのまま確認したにすぎない。それと引き換えにポルトガルは、カナリア南端の線よりも先の航路と、その周辺の島々や陸地の独占権を獲得した。カナリアより先などと書くと別に気にするまでもない瑣末なことに見えるけれど、実質においてこの項目は史上最初の世界分割協定である。当時すでにジュアンはきわめて具体的にインドを目的地と想定し、何年後かにそこまで達する自信をもっていたらしい。だから彼の未来図のなかで、この条約は少なくともマルコ・ポーロが見てきたという東方の国々にまで適用される可能性をはらんでいる。

しかし相手のイサベルは、そんな遠い世界への関心も知識もないせいで、自分の支払う代償がどれほど大きなものであるかをまだはっきり理解していなかった。彼女がそのことに気づくのは、十数年後にコロンブスが第一回航海から帰って来たあと、今までの分割協定を改正せざるをえなくなったときである。

一四八〇年に調印されたこの取り決め(アルカソヴァシュ条約)の結果、フワナは継承権を捨てて修道院に引退したので、イサベルの王座がようやく安定した。フェルナンドはこれより一年前にアラゴン王になっていたし、一年後にはジュアンも正式に即位する。こうしてほとんど同じ時期に、イベリアの三つの国で若い世代が思いきり活躍できる舞台装置が出来上がったわけである。

(この三つ巴の名勝負は残念ながらやがてジュアンの死によって中断され、十五年しか続かない。しかしそれだけの短期間にポルトガルでは船長ディアシュらが喜望峰回航を実現し、カスティージャもやはり宿願のグラナーダ征服を完了して西欧圏からイスラム勢力を一掃するなど、立てつづけに画期的事件が起こった。ちょうどそのころ両国を渡り歩いたおかげで一気に経験と視野を広げたコロンブスのことまで思い合わせれば、この十五年は世界史の流れをすっかり変える数々の天変地異をもたらすと同時に、それにふさわしい人材を次から次へと育てあげる実り多き季節だったと言えるだろう)

遅ればせの新婚旅行

イサベル夫妻はジュアンとの和平交渉よりも前に、手分けしてそれぞれ国内各地の野党派の城を攻め落とし、北から徐々に南へと進んでいた。久しぶりに夫婦が再会できたのは、イサベルよりも少し遅れてフェルナンドがセビージャに入城したとき(一四七七年九月)である。結婚以来もう八年になるというのに、カスティージャもアラゴンも戦争つづきだったため、彼らふたりが同じ場所に落ち着く機会はほとんどなかった。今回もまだ全土が治まったわけではなく、グラナーダ王国を別にしてもアンダルシーアなどは問題だらけだが、どうにか安心して暮らせるのは彼らにとって初めてのことだ。しかもたまたま近いうちに結婚記念日がやってくる。お祝いには何か目新しい趣向でも凝らして、心身の疲れを多少とも振り払うべきときであろう。

十月はじめに彼らはセビージャで船を仕立て、グァダルキビールの河口まで約百キロの流れを下ることにした。フェルナンドはもともと貿易国アラゴンの出身だから船旅に慣れているけれど、イサベルのほうはカスティージャ高原の育ちだけに、見わたすかぎり平坦な湿地帯に住む漁民たちの風変わりな家屋や釣り舟にひとつひとつ目を見張ったことだろう。しかし河口の町サンルーカルにはもっとずっと驚くべき光景が待っていた。青い果てしない海である。二十七歳のこのときまで一度も彼女は海を見たことがなかった。セビージャからくる遠洋航海用の船はみんなこの岸辺に停泊し、新鮮な水と果物をたっぷり積み込んで出航します、まっすぐに南下すればモロッコです、カナリア航路ならもっと右寄りになります——などと丁寧に説明されても、ただ呆然と水平線を眺めていたのではないだろうか。そんな彼女が十数年後にはこの海に、探検家やコンキスタドールや宣教師で超満員の船団を次から次へと新大陸めざして送り出す。神のみぞ知る未来である。

遅ればせの新婚旅行とも言うべきこの川下りから九か月後に、イサベルは初めて男の子を生んだ。流産いらい諦めていたのに思いがけなく長女に次ぐ二人目ができたわけである。しかも今度はカスティージャとアラゴンとの統合を保障する文句なしの皇太子だ。フワンと命名されたのも、たまたま同じ名前だった父方および母方の祖父(どちらもフワン二世)にちなんだのだから、まさに合体の象徴である。イサベル夫妻は神の恵みに感謝しながら、統合への土台をますます固めておこうと決心したにちがいない。

出産の前後一年あまりセビージャの王宮にいた期間に、イサベルはのちのスペイン帝国の柱になるおもな制度の骨組みをほとんどみんな作りあげた感じである。結果からみて最も重要だったのは異端審問所の設置だろう。後世に悪名高いこの機関も、彼女にとっては文化、政治から経済にいたるまで、国ぜんたいの統一と繁栄のために必要不可欠な、なによりも大事な制度だった。

セビージャは遠い昔から国際的貿易都市であっただけに、ユダヤ人の数が多い。したがってカトリック教会の狂信者らがけしかける反ユダヤ暴動や虐殺事件も珍しくなかった。おまけにまわりの農村部では、人口の多くが現在でもイスラムの信仰や習慣を守りつづけている小作人で、キリスト教はどうしても隅々にまで広がらない。イサベルはもともと狂信者の乱暴狼藉には反対だが、やはり熱烈なカトリックだから何とか宗教を統一したい。それができれば紛争の種もずっと減って、きっと平和な豊かな町になるだろう。

王権強化政策

もうひとつの狙いは自分たちの王権を強化することである。カスティージャとアラゴンにはそれぞれ別の政治制度や慣習があるので、同じ命令に両方が従うことはめったにない。ほんとうに一つの国にするためには、その障壁を越える権威——つまり宗教の名において君主の意思を押し通す役所がぜひとも欲しかった。それに最も適しているのは、地域ごとに豪族たちが振りかざす古い特権とか慣例とかを無視しうる普遍的裁判組織である。

土着の大貴族の権力がとくに目に余るのは、グァダルキビール下流域の広大なデルタ地帯だった。サンルーカルを本拠にして西南海岸を支配するメディーナ・シドニア公一族と、それより東に根をおろしたカディス公とが縄張り争いをくりかえし、セビージャ市内でも流血事件の絶えまがない。イサベルがここで最初に手をつけたのは両者の和解工作だし、サンルーカルへの船旅にもひとつにはその仕上げのような意味があった。そうした彼女の努力が実って先祖代々の敵だった彼らも確かに仲直りしたらしく、まもなく始まるグラナーダ戦では双方の軍勢が協力してめざましい実績をあげる。

異端審問所がほんとうに機能しはじめるのは一四八一年。選ばれた場所はセビージャの都心部からトリアーナ橋を渡るとすぐ右側にある橋頭堡(サン・ホルヘ城)だった。摘発の第一目標は、キリスト教徒のふりをして実は今もユダヤ教を信じていると思われる新改宗者たちである。そんな噂が立っただけで逮捕され、拷問によって自白を強要されるのだから理不尽な思想警察だ。最初の犠牲者六人が焚殺されたとき、サンタ・クルース地区のユダヤ人祖界は大恐慌におちいった。彼らの指導者(ディエゴ・デ・スサン）はおもな仲間を呼び集めて武装蜂起をくわだてたけれども、実行直前に発覚してやはり焚殺刑になる。

（そのきっかけは彼の娘スサンナが、恋仲だったキリスト教徒の青年に危険が及ぶのを恐れて、当局に密告したことだったらしい。父たちが処刑されたとき彼女は嘆き悲しんだが、やはりみんなに見放されて物乞いをしながら惨めな最期を遂げたという）

ほかの多くのユダヤ人はアンダルシーアから逃げ出して、続々とポルトガルに亡命した。そのせいでセビージャでは経済の運営が危うくなり、異端審問官たちも弾圧の手をゆるめざるをえなかったほどである。しかし審問そのものについては彼らもイサベルも全く疑問を抱かない。むしろこの制度を他国にまで広めて神の御意志を貫きたいと思っていた。

ところがポルトガル側では、ジュアン二世が亡命ユダヤ人を喜んで受け入れ、彼らを活用して経済力を伸ばそうと考えていた。カスティージャとの講和のおかげで新航路やアフリカ海岸の開発に専念できる上に、金融組織まで整うとはまさに願ったり叶ったりだ。こちらの態度にイサベルはひどく憤慨しているだろうが、親善関係を壊さないためには、ほかの面でいろいろ対策を立てればいい。たとえば両国の皇太子と王女の縁談を進めるとか、グラナーダとの戦争に義勇兵を送るとか。

歴代のカスティージャ王にとってグラナーダ戦は一種の恒例行事だった。王たちが自分の人気を高めるには、異教徒と戦うことほど確実な手段はない。暇さえあれば内乱をたくらむ不平満々の貴族たちに、とりあえず戦利品獲得の可能性と、余剰エネルギー発散の場とを提供することができる。だからイサベルの父も義兄も若いころに何度か侵入をこころみたが、あまり戦果があがらないので攻撃意欲は年とともに衰えて行った。これも恒例の事態である。しかし今回のイサベル夫妻は最後まで戦う意志があるようだし、相手がイスラム教徒だけにジュアンももちろん反対ではなかった。

しかしイサベルの宿願がレコンキスタの完成であり、だからこそグラナーダ攻略に全精力を注いでいるのと同じように、ジュアンのそれはあくまでアフリカ航路である。即位の直後から彼はあらゆる困難を排して、熱帯ギネアの海岸に本格的基地(サンジョルジェ城)を築きあげた。これがあれば金や奴隷の仕入れがずっと楽になるし、ここを中継点にして新航路をもっと南へと伸ばすことができるはずだ。したがってこの城は工事開始当時から注目の的になり、すでに名のある探検家やその卵たちがしきりに様子を探りにきた。最近までポルトサント島にいたコロンブスもそのひとりである。

20　リオ・ティント

コロンブス

古代フェニキアの船乗りたちがカディスに初めて貿易基地を築いたころ、グァダルキビール下流域の平原はすべて内海だったという。その大まかな輪郭を現代スペインの詳しい地図と重ね合わせて眺めると、アンダルシーア西南部にある三つの州(カディス、セビージャ、ウエルバ)の首都をそれぞれ頂点とする三角形が多少ふくらんだような感じ。辺の長さはいずれも百キロ前後である。東寄りではセビージャから大西洋岸のカディスへとほぼまっすぐに南下する高速道路も鉄道も、ヘレス周辺の葡萄畑も水の底だ。ポルトガルとの国境に近い西の端のウエルバには、金銀や銅の産地として名高い北方の鉱山地帯からリオ・ティント(染まった川)が流れこみ、フェニキアやギリシアの貿易商のおもな目標になっていた。

歴史のなかでリオ・ティントがふたたび脚光を浴びるのは、それから二千数百年後のことである。一四九二年の夏、西回りで東洋をめざすコロンブスらの探検隊がウエルバ対岸の港街(パロス)から出帆し、翌年三月には大変なニュースを持って帰ってきた。彼らは本来の計画どおりマルコ・ポーロの「黄金の島ジパング」に上陸し、隊員の一部がそこに居残って第二回の船団の到着を待っているという。この報告がほんとうなら、カスティージャは今や競争相手ポルトガルを完全に追い抜いて、東洋の無限の富へのルートを確保したわけである。

コロンブスはこれより七年前に初めてパロスにやってきた。それまでずっとポルトガルで国王(ジュアン二世)に航海への援助を申請していたが、はっきり拒否されたのでカスティージャへと河岸を変え、リスボンから船で直接この港に着いたらしい。後世に流布した伝説によると、このとき彼は乞食同然のありさまで、幼い息子の手を引きながらパロス付近の修道院(ラビダ)にたどりつき、水とパンを下さい、と門前の僧侶に頼みこんだ。

このエピソードはすでに無数の伝記のなかで語り尽くされた感じだし、その情景を描いた絵が今だにラビダ修道院の広間の壁を飾っている。しかしそこに登場するコロンブスの面影は、実際の彼とは似ても似つかぬ架空のイメージではないだろうか。どんな場合にもあらかじめ念入りなプランを立てる癖があった彼のような探検家が、自分の生活環境をすべて変えようと決意したとき、何の当てもない浮浪者のような足どりで新しい土地に迷いこんだとは思えない。

その直前にリスボンで彼は妻に死なれたため、五歳そこそこの長男(ディエゴ)を抱えて男やもめになっていた。さしあたり頼ることができそうなのは親切な義妹(ヴィオランテ)だが、彼女はすでに結婚して夫とともにパロス周辺に住んでいる。自分もどうせ外国に行くなら、できるだけ彼女らの家の近くで暮らしたい――と、そう考えて彼はパロスを目的地に選んだのではないだろうか。子供のいないヴィオランテがもしもディエゴの世話をしてくれれば、自分は後顧の憂いなくカスティージャ各地を駆けめぐり、パトロン探しに全力を傾けることができる。

そのころカスティージャ王国にはポルトガルからの亡命者がたくさんいた。ジュアン二世が最大の政敵(ブラガンサ公)を反逆罪で死刑にしたのを手始めに、カスティージャびいきの野党派を容赦なく弾圧したからである。ヴィオランテもやはり母方はブラガンサ家の血筋だし、親しい仲間がほとんどみんな札つきの野党派だったので、危険を感じて亡命するだけの理由を持っていた。コロンブス自身がポルトガルに見切りをつけた原因のなかにも、この政変で有力な後ろ楯を失うとか、まわりから白い眼で見られるとか、そんな事情があったかもしれない。いずれにしてもヴィオランテは彼をあたたかく迎え入れ、生涯にわたって長男ディエゴの母親代わりになってくれた。

航海計画に関することで彼の支えになったのはラビダ修道院である。海のそばの小高い丘にあるおかげで、この建物は昔から灯台の役目を果たしていたし、そこに住むフランシスコ会士たちにはカナリア諸島への伝道をはじめ海外活動の経験があるので、航海に関することに詳しい僧侶も少なくない。なかでもアントニオ・デ・マルチェーナという天文学者は、コロンブスから計画を打ち明けられて大いに共鳴したらしく、たえず彼を励ましたり、相談に乗ったりしてくれた。まったく無名の貧しい移民にすぎなかったコロンブスを教会や宮廷の重要人物に紹介して、イサベル女王とじかに会えるお膳立てをととのえたのもこの頼もしい修道士だ。

ところが運の悪いことに、当時カスティージャ王国はグラナーダのイスラム教徒との全面戦争に追われていたので、それ以外のことにまで気を配るゆとりがない。しかもやっとコロンブスが宮廷に顔を出すようになったころ、女王のほうは出産を目前に控えていた。(このとき生まれた末娘が、のちにイギリスに嫁入りして暴君ヘンリ八世の最初の妻になるカタリーナ、即ちキャサリン・オヴ・アラゴンだった)

したがって当然コロンブスは長いあいだ待たされたけれど、出産後まもなく女王がわざわざ直接に彼と話し合い、航海計画の細部についてはサラマンカ大学の専門家まで呼び集めて検討させたことだけでも異例の好意と言うべきだろう。かねてから彼女は信仰や高い理想のあるなしを人物評価の基準にして、即座にそれを見抜いてしまう鋭敏な女性だった。ちょうど自分と同い年のコロンブスと対面したとき、おそろしく大きな夢にとりつかれたこの船乗りがポルトガル訛りのスペイン語で訥々と説明するのを聞きながら、やはりポルトガル育ちだった自分の母を思い出して並々ならぬ親近感を覚えたのかもしれない。

提案却下

だがサラマンカの学者たちはリスボンでのジュアン二世と同じように、彼の提案を却下した。おもな理由は計画ぜんたいの土台にあるコロンブスの世界像が、はなはだお粗末だったからだ。たとえばカナリア諸島からジパングまでの距離を彼は四千五百キロ以下と見積もっているけれど、これは赤道の長さとかユーラシア大陸の横幅とか、すべてにつけて自分の説に都合のいい怪しげな数字を並べてた乱暴な計算の結果にすぎない。

(実際の距離はその四倍以上である。だから彼の見積もりは、当時の専門家の常識に照らしてもおよそ見当はずれだった。しかしそれほど大きな誤算がなかったら、ジパングをめざす彼の無謀な航海はたぶん死ぬまで実現せず、したがってアメリカ大陸などという予想外の障害物にぶつかることもなかったろう。世界が一つになってしまう人類史上の新時代は、見当はずれの計算と異常な熱意と、何人かの友人知己の尽力との結びつきから始まった)

計画が不採用と決まってからもコロンブスはあきらめない。改めて女王を説得するために、できるだけその近くにいて機会をつくろうと努めていた。そのころイサベルの宮廷はたいていセビージャにあったけれど、グラナーダ戦の状況に応じて忙しく移動するので、それを追いながら彼もやはりほうぼうの町を渡り歩くことになる。なかでも長く滞在していたコルドバでは農家の娘ベアトリスと同棲し、やがて子供まで生まれた。長男ディエゴとは十歳ちかく離れた次男(フェルナンド)である。

ポルトガル時代にくらべると彼の生活環境はさまざまな面で大幅に変りつつあった。先妻フィリーパとの結婚は、貧しくても身分が高い名門との縁組みだったから、いわば立身出世のためのプログラムの一部である。しかも彼女の係累には諸外国からきた船乗り、貿易商、探検家など、新しい時代の波の先端で生きている人種が少なくなかったので、そのグループとつきあっているだけでも自分の視野や行動半径が広がるという利点があった。野心的な若い男に打ってつけの目まぐるしい修行時代である。
アンダルシーアにきてからの彼はすでに人生のコースをきめた三十代後半の社会人だ。航海計画の売り込みという仕事に熱中する反面で、私生活のなかでは刺激よりも静かな時間が必要になっていたのだろう。コルドバのごく平凡な市民の家でベアトリスと暮らしながら、この時期の彼は久しぶりに読書に打ち込んだりしたらしい。ジェノヴァでの少年時代から独学に励んでいるうちにスペイン語もラテン語もかなり上達して、楽しめる読み物の種類がふえてきた。しかし聖書とか文学書とか、仕事とはおよそ無関係な本をひろげているときですら、しきりに目につくのは何となく自分の仕事につながりそうな箇所ばかりだ。たとえばコルドバ出身の劇作家セネカが、探検航海の神話にまつわる悲劇『メデア』の第二幕で、合唱隊むけにこんな詩を書いていた。

やがてくる遥かに遠いその時代に
大海原はすべての境界を取り払い
世界の全貌までが姿をあらわすころ
水先案内は行く手に新天地を発見し
最果ての島ももはや果てではない

この一節はコロンブスによほど感銘をあたえたらしく、『予言の書』と題する晩年の著作のなかにも原文五行を自筆で丁寧に抜き書きしている。生涯を通じて不遇の時期が多かっただけに、自分の使命の予告と思われるような文字はすべて神託の一種として心の支えになったのだろう。

（彼は自分の姓名にもその種の前兆を読み取っていた。ジェノヴァでの洗礼名クリストフォロは「キリストを運ぶ者」、スペインでの名字コロンは「植民者」だ。この下地に「水先案内」を重ね合わせると、三位一体の完璧な自画像が浮かび上がる）

グラナーダ戦もまもなく終わるかと思われた一四八七年の秋に、彼は地中海岸の港町マラガまで出向いて、イサベル夫妻がそこの城を攻め落とす現場に立ち会った。今度こそは説得できると信じこんでいたようだが、まだまだ戦争はつづきそうだし、しかもそれが完全に終わるまで航海の件は棚上げにする、とはっきり宣告されてしまう。すっかり落胆したコロンブスは又もや河岸を変えることを考えはじめた。

翌年一月に彼はリスボンに手紙を出す。ジュアン二世に改めて援助を頼むためである。どう見ても手前勝手な再転向だが、ジュアンからは会見承諾の返事がきた。ポルトガルの情勢もコロンブスが去ってからの四年間にかなり大幅に変ったし、ジュアン二世は懐の深い君主だから放蕩息子の帰宅を阻むどころか、内容によっては二度目の提案を受け入れてもいいと考えていたのだろう。カスティージャとの戦争の痛手はもうほとんど回復し、ギネア海岸の基地のおかげで国家収入が増えてきた。コンゴより南の新航路もこのところ順調に伸びつつある。（コロンブスがマラガにいたころリスボンから出帆した名船長ディアシュらの探検隊は、当時すでに喜望岬回航に成功してアラビア海に達したあと、悠然と帰国の途についていた。リスボンに凱旋したのは年末のことだが、それを目撃してコロンブスはますます焦ったにちがいない）

請願運動の展開

ジュアン二世は今回もけっきょく彼の提案を拒否した。報酬などの件で彼が過大な要求を持ち出すので、そんなことなら自分の忠実な臣下だけを使ったほうがいいと結論したのだろう。やむをえずコロンブスはそのままカスティージャに引き返したけれども、今までずっとリスボンに残っていた弟（バルトロメオ）をイギリスに派遣し、ヘンリ七世に援助を頼むことにした。やがてこれも駄目だと分かると、弟のほうはさらにフランスに渡ってシャルル八世の宮廷に出入りしはじめる。こうして彼ら兄弟は当時の西欧の四大国を股にかけて請願運動の網を広げようとしていた。

グラナーダ王国はマラガ陥落後にも頑強な抵抗をつづけたが、そろそろ勝負が見えてきたし、まだ中世のことだから大規模な正面衝突はたいていいつも天気のいい季節だけの行事である。冬になると両軍とも主力は本拠地に引き上げて、留守中にたまった仕事をみんな片づけねばならぬ。とくに一四九〇年の正月以後、イサベル夫妻はセビージャの王宮に帰ってからも休む暇さえないほど多くの重要な用事に追われていた。

その第一は自分たちの長女イサベルをポルトガルに嫁入りさせることである。これはすでに十年も前に講和条約のなかで約束したことだが、相手の皇太子アフォンソがこの春に十五歳になったので、正式の求婚使節が来た。それを迎えてセビージャでは色とりどりの祝賀行事が催される。舞踏会、馬上槍試合などほかに闘牛まであったそうだから、現代のフェリア(闘牛とフラメンコの春祭り)によく似た連日連夜の大騒ぎだったろう。この結婚で両国の和解がいよいよ本物になるだろうし、グラナーダ戦の勝利もちかい。ふだんの何倍も賑やかに祝いたいのが当然の群集心理である。

そんなお祭り気分をよそに王宮のなかでは、コロンブスの執拗な嘆願に応じて航海計画再検討の会議が開かれていた。議長は今までと同じように、女王の聴罪師をつとめている人望の高い僧侶(エルナンド・デ・タラベーラ)だから、議事進行の公平さなどに疑問の余地はない。しかし年末になってから公表された結論はまたもや却下である。コロンブスとしてはもう王室には頼れないと感じたらしく、地元アンダルシーアの大貴族たちに真剣に働きかけることにした。たぶん最良のパトロン候補はメディーナ・シドニア公であろう。彼の本拠地はグァダルキビール河口の港町サンルーカルだし、ジブラルタル海峡からリオ・ティント流域まで大西洋岸のいたるところに領地があるので、モロッコとの貿易やカナリア方面の航路にも深い関心と知識がある。きっと自分を理解して引き受けてくれるはずだ——と思ったのだが、ついに説得できなかった。

熱心に話を聞いてくれたのは二人目のメディーナ・セリ公。彼はカディスのそばの港(プエルト・デ・サンタマリーア)の領主で、やはり航海に関心のある裕福な名門貴族である。威風堂々たる海辺の城にたびたびコロンブスを招待し、細かいことまで念入りに説明させたあと、自分がすべてを引き受けようとはっきり承諾の返事をした。ところが女王がそれを知って、国家事業の問題に個人は介入してはならぬと反対の意向を示したため、この大貴族のせっかくの約束もそのまま立ち消えになってしまう。地元のパトロンも駄目と知ったコロンブスは、かねてから弟バルトロメオが着々と足場を固めているフランスに渡ろうと決心して、出発準備のためにまずラビダ修道院にいる長男ディエゴに会いに行った。

パロス周辺での顔見知りは彼のこの意図を知ると、口をそろえて反対したらしい。なかでも昔から親切だったラビダの修道士のひとり(フワン・ペレス)はただちに女王に手紙を出し、まもなく宮廷まで出かけて懸命に説得してくれた。その甲斐あってコロンブスにもやがて女王から丁寧な呼び出し状と旅費、支度金などが届く。

レコンキスタの完結

そのころすでにグラナーダは陥落寸前の状態だった。イサベル夫妻は最後の圧力をかけるために、敵の城郭アルハンブラが真正面に見える位置に新しい町(サンタフェ)を築き、セビージャにあった宮廷も早々とここに移っている。コロンブスが到着したのは一四九一年秋のはじめ。女王の命令ですぐにまたタラベーラを議長とする検討会議を開くことになった。今回は賛成の意見が増えていたし、教会や政府の有力者のなかにはコロンブスを熱心に弁護する人がいたけれども、学者たちの反対でなかなか結論に達しない。そのうちにグラナーダ王はついに降伏し、翌年正月にアルハンブラへの入城式が行われた。八世紀がかりのレコンキスタもこれで目出たく完結したわけである。

それからまもなく検討会議は提案を正式に否決した。科学的根拠にもとづく結論だから、女王といえども一応はこれを受け入れざるをえない。今度こそ腹を立てたコロンブスはすぐサンタフェから退散して、フランスに渡る前にベアトリス母子のいるコルドバに寄ろうとする。彼に同情した重臣たちは女王の翻意をうながすために懸命の説得を開始した。とくに熱烈だったのは皇太子フワンの先生にあたるドメニコ派の修道士(ディエゴ・デ・デーサ)である。もし東洋への近道が開ければ無数の住民にキリスト教を広めることができるという彼の論旨には、心のなかでイサベルも賛成していたにちがいない。

しかし形勢逆転の決め手になるのはアラゴン王国の大商人(ルイス・デ・サンタンヘル)の意見である。彼は改宗ユダヤ人の息子だが、フェルナンド王に信頼されて徴税や王室財産の管理を引き受けていた。カスティージャの経済問題に関しても、イサベル女王の良き相談役だったらしい。こんどの場合も彼の助言は明快率直、彼女の迷いを一掃するだけの力がこもっていた。

まず第一に、コロンブスは確かな判断力と知識をそなえた男である。その彼が生命の危険を覚悟のうえでみずから船団の指揮にあたり、しかも必要経費の一部は自分の責任で工面するとまで言うのだから、この企画は信用にあたいする。第二に、たとえ計画が失敗に終わっても、その損失は成功した場合の利益にくらべれば取るに足りない額である。イサベル夫妻はわずかな投資の結果として、宇宙の偉大さと神秘とを探るために尽力した気前のいい君主だという名声が確立できるだろう。それほどの好機をここで見逃す手はないから、足りない予算のことについては私が何とか工夫してみましょう……

これではっきり心を決めたイサベルは大至急コロンブスを呼びもどして、最後の折衝にとりかかった。その過程でも彼はますます過大な条件を主張するし、政府側には強硬な反対論が多いので、いつまでも話がまとまらない。「サンタフェの契約」なるものに両者がやっと署名したのは、グラナーダ戦が終わってから四か月後のことである。

この契約でコロンブスは「海洋の提督」に任命され、パロスの港で船団を組織することになった。彼にとってはジェノヴァ、リスボンに次ぐ第三の故郷とも言うべきリオ・ティント流域に、いまや女王の重臣として出張するわけである。いよいよ「水先案内」の使命を果たすべき時がきた。そのための資金の一部はセビージャにいるフィレンツェ出身の実業家が調達してくれるはずだし、長男ディエゴはコルドバのベアトリスの家で異母弟フェルナンドと暮らせばいい。パロスの友人知己はみんな喜んで出発準備を手伝ってくれるだろう、等々、サンタフェからの道すがらコロンブスは高揚した気分で、しかし今後のプランについては細かいことまで念入りに検討していたにちがいない。

21　奇跡のあと

一九九八年リスボン

九八年五月にはリスボンで万国博がはじまった。ヴァスコ・ダ・ガマらによるインド航路開拓の五百周年記念である。その準備のために都心部では何年もまえから地下鉄と鉄道駅が徹底的に改造され、目抜き通りは片っぱしから掘り返されて足の踏み場もない有様だった。かつてインドへの船団が出帆したテージョ川の下流には、新たに恐ろしく長い橋(ヴァスコ・ダ・ガマ橋)がかかり、東寄りの農村部から押し寄せる車の渋滞を防ごうとしている。もっと産業も観光地も多い大西洋岸一帯では、今回の建設ブームがすべての地域を巻き込んだらしく、北のガリシア国境から南のアルガルヴェ海岸まで六百キロの高速道路も遠からず完成するという。これほど大規模なお祭り騒ぎのほとぼりがやがてすっかり冷めたころ——おそらくは紀元二千年ごろ——鈍行列車かバスでゆっくり旅をすれば、いまのEU圏内ではギリシアに次いで貧しく古めかしいこの国の、よきにつけ悪しきにつけ驚天動地の三変わりの長期的、実質的な影響を確かめることができるだろう。

これよりちょうど六年前にセビージャで開かれた新大陸発見五百周年の万国博も、やはり大変な騒ぎだった。グァダルキビール川には五本も新しい橋がかかり、郊外に環状道路ができたうえに、四方八方へのハイウェイも一挙にめざましく改修され、自家用車なら半日たらずでリスボンまで行けるようになった。しかし今にして振り返ると、あの大騒ぎの遺産のうち何よりも役に立ったのは、マドリーからわずか二時間半で着く特急アーベ(鳥)の新幹線だ。たぶん日本やドイツでの前者の轍をよく見たうえで工事したおかげなのだろう、速いのに横揺れがほとんどなく、本を読むにせよ眠るにせよ乗り心地はすばらしい。いつの時代の歴史のなかでも二番手、三番手につけて後を追う者に共通の強みである。

十六世紀から七つの海で凄まじい勢力争いをくりひろげた西欧諸国の場合には、先頭のスペインとポルトガルとを追い掛けるイギリス、オランダ、フランスなどが、さまざまな面でちょうどこの二番手、三番手の位置にあった。東西ふたつのインドをふくむ世界地図が刻々と塗り変えられてゆく前代未聞の転換期に、予想もつかぬ向かい風や大波をみんなまともにかぶってきた前者が消耗するにつれて、その教訓を活かしながら戦略にも造船術にも絶えまなく工夫をこらす後者にじりじりと追いあげられ、やがて追い抜かれてしまう。必要とあれば何でもすぐ徹底的に改革できる若々しい人間集団と、なまじ幸運がつづいたために今までの惰性が捨てきれない老舗との体質の差というべきか。

そのときいらいスペインとポルトガルとは衰弱する一方だった。政治、経済、科学技術も文学も、かつての全盛期の水準に近づいたことがほとんどない。ポルトガルではガマらの偉業を歌い上げた十

グァダルキビール川とヒラルダの塔

六世紀の叙事詩人(カモンエシュ)の代表作『ルジアーダシュ』が、どこの本屋でも最近まで中心部の棚に飾ってあり、ほかはたいてい隅のほうで小さくなっている感じ。歴史教科書のたぐいを見ても、大航海時代以後のことはおおむね恥ずかしい話題として、ごく簡略にしか扱わないことが長い習慣になっていた。

だからこそ九八年の万国博には画期的な意味がある。むかしの繁栄を思い出すより、むしろ現代世界の環境のなかで新たに出発しようという意欲を盛りあげることが狙いになっており、それには確かに適切な時期と言えるだろう。ポルトガルの経済力ではとうてい不可能と思われていた共同通貨ユーロへの参加が、奇跡的に九九年度から実現する。四世紀以上もつづいていた下降線が九八年を曲がり角にふたたび上昇するのかもしれない。

奇跡の年

ところが「九八」という この数字は、すぐお隣りのスペインでは全く別の歴史的意味をはらんでいる。この国は今からちょうど一世紀前(一八九八年)にアメリカ合州国から強引な戦争を仕掛けられ、キューバ、フィリピンなど海外のおもな領土をすべて奪われてしまった。コロンブスやマジェランいらいの大帝国があっというまに崩れ落ちたわけである。この突然の衝撃で当時のまだ若い知識人(哲学者ウナムーノ、小説家バジェ・インクラン、詩人アントニオ・マチャードなど)は深刻な危機感におそわれ、社会ぜんたいを根本的に改革せねばならぬと痛感しはじめた。現代スペイン文学の出発点となった「九八年の世代」である。日本にたとえれば幕末から明治にかけての物書きたち、または太平洋戦争のすぐあとで登場した第一次戦後派にあたるだろう。

(世代という言葉を聞いたとき今世紀のスペイン人がすぐに思いうかべるのは、一八九八年と一九二七年の世代である。後者は詩人ガルシーア・ロルカ、映画監督ルイス・ブニュエルなど、いずれも市民戦争直前の険悪な雰囲気のなかで危険をおかして前衛活動を始め、思想面では九八年の先輩たちの努力をさらに伸ばそうとする世代だった。のちに銃殺されたロルカはたまたま生まれも九八年なので、今年はキューバ戦争とこの詩人が両方とも百周年記念の回顧展や講演会のテーマになり、万国博とは別の次元で過去をじっくり見直そうとする風潮を徐々に高めつつある)

もっと昔にさかのぼると、近代スペインの出発点にあたる一四九二年は「奇跡の年」と呼ばれている。まずこの年の正月にはカスティージャ軍がついにイスラム教徒の牙城アルハンブラに入城し、ひきつづき三月末にはユダヤ人追放令も発布されて、スペイン全土がキリスト教徒だけの縄張りになったからだ。

イサベル夫妻はこれで長年の懸案を二つとも立てつづけに実現したわけだし、てっきりこれは十字軍いらいの努力にたいする神の特別な恩寵だと、ほとんどすべての国民が確信するようになった。まだ残っている重要課題はただ一つ、アラゴンの宿敵フランスと本格的に対決することである。これについてはイサベル夫妻が結婚当初にすでに念入りに話し合って、固い約束を交わしていた。当分のあいだはアラゴンよりもカスティージャの利害を優先し、双方の力をすべてグラナーダ戦に集中しよう。そのかわり一旦それが終わったら目標をただちに北に切り替えて、ピレネー東部のカタルーニャ地方や、イタリア半島のアラゴン領からフランスの勢力を一掃しよう、と。

この大方針にしたがって彼らは軍勢を地中海岸に移動させ、秋からは夫妻ともバルセローナに腰をすえて、フランスとの外交折衝に全力をそそぐ。その甲斐あって翌年一月にはバルセローナ条約なるものが調印され、ピレネーより北のカタルーニャ地方にいたフランス軍は撤退した。

しかし両国の宿命的な抗争の歴史から判断すれば、これも一時のはかない平和にすぎないだろう。近いうちにフランスは必ずまた攻め込んでくるはずだし、それに対抗するには周辺諸国とあらかじめ同盟を結んでおくしかない。このころフェルナンドとイサベルが考えていた構想は、西欧のほぼ全域を包み込む大仕掛けなものであった。神聖ローマ皇帝、ローマ法王、ミラノ、ヴェネツィア、フランドル、イギリスなど、要するにフランスを取り巻く主要勢力をみんな味方に引き入れて、神の正義の名において「神聖同盟」なるものを結成しよう。そのために自分たちの娘ふたりを皇帝(マクシミリアン一世)とイギリス王(ヘンリ七世)とのそれぞれ長男に嫁入りさせ、スペイン皇太子フワンの妃にも前者の娘を迎えることにしよう。これでフランス包囲態勢はまず完璧、いつ戦争が始まっても大丈夫という態勢になるはずだ。

ところがこの年の三月、そうした外交折衝の最中にとつぜんアンダルシーアから意外な知らせがとびこんだ。大西洋のはるか西へと探検航海に出ていたコロンブスが、なんとか無事にパロスの港に帰り着いたという。しかもどうやら目的どおり、東洋との新航路開拓に成功したらしい。これは重大なニュースである。イサベル夫妻はただちに彼をバルセローナに呼び寄せ、くわしい事情を問いただすことにした。

いま改めて思い出すと彼がやっと出帆したのは、たしか昨年の夏である。あのころアンダルシーアではユダヤ人追放令の結果として、セビージャ、カディスなど大きな港がみんな何万もの避難民をモロッコやトルコに積み出す仕事に追われており、片田舎の河港パロスから出たコロンブスのたった三隻の帆船などは、まるで話題にもならなかった。それが今や港町どころか内陸部の都市にいたるまで、まるで凱旋将軍を迎えるような大騒ぎであるらしい。彼の新航路開拓によってカスティージャ王国は、長年かけてこつこつと実績を積みあげてきたポルトガルを一気に追い越したわけだから、民衆が大喜びするのも無理はない。おそらくこれは去年の二つの奇跡に次ぐ第三の、ひょっとすると最大の奇跡である。

このすばらしい恩寵に誰よりも深く感謝しているのはイサベル自身だったろう。ただしいささか気になるのは、ポルトガル王（ジュアン二世）の出方である。彼女にとって彼は最大のライバルだし、東洋方面への航路はみんな自分の縄張りだと思いこんでいるようだから、今回のコロンブスの行動を明らかに権利の侵害と感じ、新航路とやらの独占権はポルトガルにあると主張するにちがいない。それをいかに処理すべきか。何としてでもフランスと対決せねばならぬ今、ちょうど背中の位置にあるこの隣国を敵に回すわけにはいかない。西欧情勢と新航路と、両方のプラス・マイナスを睨み合わせながら隙のない対策を立てる必要があるだろう。

コロンブス自身の報告によると、彼はヨーロッパに帰り着く直前に大嵐に巻き込まれ、すでに長い航海で傷だらけになっていた帆船は難破寸前の有様だった。やっと視界がひらけたころ、たまたま見えたのがポルトガル海岸だったので、やむをえずリスボンに入港して船の修理をする許可を求めた。ふしぎな縁でこのときの交渉相手は、五年前に喜望岬回航を実現した名船長ビアシュだったという。あの壮挙によってインドへの航路はもう開通したも同然だから、帰ってきたときにビアシュは英雄として歓迎され、リスボンでその情景を目撃した失意時代のコロンブスは口惜しい思いをした覚えがある。

しかし運命は逆転した。今回の英雄はどう見ても自分のほうだろう。ちかごろあまり活躍する機会のない大先輩ビアシュは親切に応対してくれたが、修理の許可に関しては直接ジュアン二世と対面して頼むべきだという。

その当時ジュアンは不幸つづきだった。ビアシュが帰ってきたあと、すぐにも彼を提督とするインドへの最初の船団を出したかったけれど、そのまえに予定どおり自分の皇太子の妃としてイサベル夫妻の長女を迎え、カスティージャとの関係を固めておく必要がある。さいわいにしてその結婚はうまく行って、夫婦仲も申し分なくむつまじかった。

ところがわずか八か月後にまだ若いその皇太子が落馬事故で頓死する。ジュアンにはほかに嫡出男児がなかったので、王位継承問題がこれでにわかに縺れてきた。せめてあの一人息子の未亡人がすでに懐妊していれば問題が解消するはずだから、彼女をポルトガルに引き留めてしばらく様子を見ていたのだが、けっきょくその望みも空しく、やがて彼女はカスティージャに帰ってしまう。それやこれやの心労のせいでジュアンは健康までそこなうし、まわりではブラガンサ公一族だった妻の弟(マヌエル)をはじめ、みんなが次の王位をめぐるお家騒動に血道をあげている。とうていインドへの船団の準備どころではなかった。

それでもジュアンはコロンブスと会った席では、昔馴染のこの船乗りの無事を祝うかたわら、君の新航路とやらはポルトガルの領域内だから権利も当然こちらにある、と明言して釘をさすことを忘れない。これにたいするコロンブスの応答は、ポルトガルの独占権が認められている海域には私はいっさい踏み込んでいません、カナリア諸島から一路西へと進んだのだから航路はすべてスペインの縄張りです、等々、一歩も譲らないものであった。青年期の彼を覚えている側近たちは憤慨し、この恩知らずを今すぐここで殺しましょう、と申し出る騎士さえいたらしい。しかしジュアンはどんなときにも沈着さを失わない君主である。心のなかがどうであれ表情は終始にこやかだったし、船の修理も無条件に許可して、それが終わるとすぐ彼をパロスに送り出してくれたという。

しかしイサベルはバルセローナでこの報告を聞いたあと、ただちにローマに急使を派遣した。アラゴン出身のボルジア法王に頼んで、新航路が彼女のものだと保証する教書を出させるためである。境界線に関して両国間にはすでにアルカソヴァシュ講和条約(一四七九年)の条文があるけれど、あのときはまだジュアンも彼女もアフリカ沿岸航路だけを頭に置き、しかもそれをモロッコでの十字軍の延長と考えていたから、今回の西回りルート開拓によって一挙に広がった世界には適用できない箇所が多い。根本的に改正するしかないけれど、その折衝の過程でカスティージャの権利を守りとおすために、何よりも有効なのはやはり法王の教書だろう。彼女が心配したとおり、ジュアンは早くも四月初めからカスティージャに抗議の使者をよこし、ポルトガルに好都合な解決方法を狙っていた。

二度目の航海

その一方で彼女は一日も早くコロンブスを第二回の航海に送り出す準備を進めねばならない。なにしろジパングとやらには彼の仲間が何人か、ごく小さな要塞を築いて居残っているそうだから、その交替要員をふくめて、かなり大きな船団を派遣する必要がある。それにはパロス港では狭すぎるので、広々としたカディス湾を使うことにしよう。ポルトガルの機先を制して既成事実をつくるためには、植民地開拓用の資材や職人のほかに、こんどこそちゃんと宣教師も乗せて、新しい土地にしっかりキリスト教を広めておきたい。マルコ・ポーロらが伝えているフビライ汗の領土の大きさを思えば、きっと膨大な人口を改宗させることができるはずだ。奇跡の年の度重なる神の恵みに応えるためにも、それが最良の道であろう。

職人どころか水夫の数を揃えることにすら苦労した第一回航海のときとは大違いで、今回は志願者が多すぎて困るほどだった。大西洋への根強い恐怖心がなくなったうえに、黄金の国ジパングで楽に金持ちになれるという噂が全国に広まったせいだろう。コロンブスはまもなく十七隻の船に千五百人を分乗させ、文句なしの大提督として出航した。浮き沈みの極端に激しい彼の生涯のなかで、得意の絶頂はこの前後の一年あまりだったろう。

イサベルのほうは相変わらず外交交渉に追われていた。法王からとどいた何通かの教書を頼りにポルトガルといろいろ折衝をかさねたあげく、両国の代表団が旧カスティージャ地方の町トルデシージャスに集まって、さらに慎重に協議する。その結果ようやく調印されたトルデシージャス条約(一四九四年)によると、西経四十度の線を境にして、それより東はポルトガル、西はスペインの縄張りである。当時としては最新の地理情報にもとづく明快な世界分割協定だが、なにしろ激動の時代だから思わぬことが次々におこった。

四年後のインド航路開通からまもなく、カブラルの船団が偶然ブラジルを発見したのもその一つである。そこの海岸がたまたま四十度線よりも東にあったため、ブラジルはポルトガル領となり、中南米は現在でもぜんぶがスペイン語圏ではない。もっとのちにマジェランの仲間エルカーノらがモルッカ諸島に着いたときには、地球の裏側に関してトルデシージャス条約にあいまいな定義しかなかったため、複雑な縄張り争いがはじまった。日本でのキリシタン・バテレン時代にマカオからきたポルトガル系宣教師と、マニラからきたスペイン系とが猛烈な内輪喧嘩をくりかえすのも、その一つの余波である。はるかに遠い極東での未来の出来事まで見とおすほどの神通力はイサベルにもジュアンにもなかった。

コロンブスを待ちうけていたカリブ海の情勢は、もっと意外千万だった。キューバ島に残っていた仲間はみんな虐殺されていたし、ほうぼうの島々をいくら探しまわっても彼が期待していたほどの黄金が見つからない。そのうちに食料まで欠乏し、慣れない気候や風土病のせいもあって死人まで出はじめた。生き残り全員を督励して自給態勢をつくろうとしても、一攫千金を夢見て参加した彼らには額に汗して働く気などさらさらない。不平不満を唱えるばかりか、ついには一部が反乱をおこした。きびしくそれを鎮圧したところ、連れてきた宣教師までが彼の振る舞いを不当として、本国の女王に直訴しに帰る有様だ。コロンブス自身もやむをえず、弁明のためにカディスに帰ることにした。

イサベル夫妻は事情を聞いて彼をなだめ、大提督の地位を保証してくれたけれど、彼の行政能力にはすでに見切りをつけたのだろう。これからは植民地の実権が少しずつ彼ら夫妻の信頼する官吏たちの手に移ってゆく。本国のほうでもやがてセビージャに契約館(カーサ・デ・コントラタシオン)なるものが設置され、植民地に関する業務はすべてそこで取り仕切ることになった。すでにコロンブスは余計者にすぎない。イサベル女王は個人的には最後まで彼を保護してくれたけれど、トルデシージャス条約成立と同じ年にフランス王(シャルル八世)が案の定イタリアで大戦争をはじめたため、植民地のことにまで細かく指図していられなかった。まして彼女が亡くなると同時に、彼にはもう有力な味方がいなくなる。それから一年半後(一五〇六年)には彼も失意のうちに死んだ。

スペイン帝国が全盛時代を迎えるのはその後さらに二十五年ほど経って、メキシコから大量の銀が運び出せるようになってからである。おかげでセビージャの町は空前の好景気に沸きかえり、目の色を変えた人々がヨーロッパじゅうから押しかけてくるようになった。と言ってもまだ飛行機のない時代だから、二十世紀の万国博ほどの人込みではなかったろう。せいぜいグァダルキビール川にかかるただ一本の船橋のうえで、人の流れがときどき渋滞する程度ではないだろうか。とすれば現代人のほうがよほど凄まじい風景のなかで暮らしている。

スペイン帝国衰退の原因

その帝国がやがて衰えた原因について、ここでは特に二つの点に注目しよう。ひとつは銀が出たばかりに、皇帝カルロスがカトリック教会の擁護者として西欧全土のプロテスタントを敵にまわして戦うことが可能になり、フェリーペ二世もそれを継続しているうちに、すっかり破産したことである。内政面でも彼らはイサベル女王いらいの伝統をあくまで忠実に守りぬき、イスラムやユダヤの匂いを排除する異端審問制度をますます強化した。もちろんこれは為政者というより民衆の大多数の希望であり、カルロスらは心ならずもそれに従わざるをえなかった、という見方もできるだろう。いずれにしてもその結果、地道な努力を必要とする産業や金融組織は衰退し、十字軍の騎士気取りの強がりだけが流行るようになった。のちに無敵艦隊の食糧調達係としてさんざん苦労したセルバンテスが描きはじめる人間像のおこりである。

もうひとつはコロンブスがもたらした第三の「奇跡」のせいで、地中海方面だけに集中するはずだった国力を、大西洋の彼方にも割かざるをえなくなったことだ。カスティージャ、アラゴンはほかの西欧諸国より一足先に統一されて大国になったが、そのエネルギーにはやはり限りがある。無理な二正面作戦を何十年もつづければ、いずれ両方とも綻びだらけ、穴だらけになってしまう。

しかしもっとずっと長い目で眺めると、大帝国がいつか衰えるのは世の常だし、衰えてむしろプラスが多くなる面もある。たとえば九八年の世代などは海外領土の喪失を嘆いていたが、今にして思うとあれはスペインの将来にとって何よりも大きな幸運だった。すぐ両隣りではポルトガルもフランスも二十世紀後半までアンゴラ、アルジェリアなど大きな植民地を持っていたばかりに、どんな目にあったことか。まことに禍福は糾《あざな》える縄の如しである。

コロンブスいらいアンダルシーア地方は、もちろん悲喜さまざまの出来事を体験した。とくに悲惨だったという牢獄のことだけ考えても、セルバンテスは何か所かのそれを転々と引き回されたようだし、ビゼーのオペラ『カルメン』では主人公がセビージャ市内でやはり投獄されることになっている。ドストエフスキーは一度もアンダルシーアに来たことがないのに、『カラマーゾフの兄弟』に登場する大審問官とキリストの対決場面では、わざわざトリアーナ地区の異端審問所を舞台にえらんだ。

この種の話題には切りがないけれど、アンダルシーアを語るからにはコロンブス以前と以後とをはっきり区別すべきだろう。以後には無数の人々が海外に出て行くし、同時に無数の人々が諸外国から入って来るようになった。歴史の舞台がとつぜん広がったわけである。それからあとで起こることは全く別の物語だ。

■岩波オンデマンドブックス■

アンダルシーア風土記

1999年7月27日　第1刷発行
2014年10月10日　オンデマンド版発行

著　者　永川玲二《ながかわれいじ》

発行者　岡本　厚

発行所　株式会社　岩波書店
〒101-8002　東京都千代田区一ツ橋2-5-5
電話案内　03-5210-4000
http://www.iwanami.co.jp/

印刷／製本・法令印刷

ISBN 978-4-00-730146-9　　Printed in Japan

本書は『世界』(一九九六年六月号—一九九八年八月号)の連載に加筆改稿されたものです。

索　引

ア　行

カ 行

サ　行

タ　行

ナ　行

ハ　行

マ　行

ヤ 行

ラ 行

年　表

〈　〉内は人物の生没年

＊印は年次不詳

B.C.1000年頃	フェニキア人が地中海横断航路を開き，イベリア南部から大量の金銀を輸入しイスラエル王に供給
814年頃	カルタゴ建設
	南イタリアにギリシア人が植民地建設
743	ローマ建国の伝承
545	ペルシア軍，フォーチャ市を攻略
509	ローマ王政くつがえり共和制となる
500〜479	ギリシア諸都市，ペルシアと戦う
443〜429	ペリクレスの執政
431〜404	ペロポネソス戦争
336〜323	アレクサンドル大王在位
264〜241	第一次ポエニ戦争
237	ハンニバル一族，カディスに上陸
228	ハンニバル，イタリアに侵入
227	ローマ，イタリア半島を統一
218〜201	第二次ポエニ戦争
206	スキピオ，イタリカを建設
202	ザマの決戦
133	ローマ，イベリア全土の領有を宣言
〈120〜55〉	歴史家タキトゥス
80〜78	セルトリウスによる自治体制
72	セルトリウス暗殺
65	セネカ自殺
58〜51	シーザーのガリア征服
45	ムンダの決戦
44	シーザー暗殺
〈B.C.27〜A.D.14〉	初代皇帝アウグストゥス

42	ローマ，マウレタニアを併合
44	ユダヤ王国，ローマ領となる
51～57	パウロの伝道
64	第一回キリスト教徒迫害(暴君ネロによるローマ大火)
79	ヴェスヴィアス火山大爆発(ポンペイ埋没)
98～117	トラヤヌス帝，ローマの版図を一挙に拡大
120～140 頃	ハドリアヌス帝，ブリタニアに長城を築く
135	ユダヤ人の流浪生活(ディアスポラ)はじまる
〈155/160～220〉	テルトゥリアヌス
161～180	アウレリウス帝のとき北からゴート族，南からベルベル族が侵入開始
171	アフリカからベルベル族が襲来
235～284	軍人皇帝時代(軍隊が皇帝 27 人を次々に擁立)
287	フスタ，ルフィーナ姉妹の殉教(セビージャ)
293	ディオクレティヤヌス帝による帝国四分割統治
313	キリスト教公認(ミラノ勅令)
325	ニケーア公会議(アタナシウス派を正統と決める)
330	東西ローマ分裂(コンスタンティノポリス遷都)
〈340～385〉	プリシニアヌス
340 頃	聖書，ゴート語に翻訳
375	西ゴート族，ドナウ川南岸に渡る(民族大移動の発端)
406	ヴァンダル族などイベリアに侵入
429	ヴァンダル族，アフリカ北岸に渡海
430	聖アウグスティヌス(354～)殉教
451	カタラウヌムの戦(西ゴート勢，アッチラの大軍を撃退)
476	西ローマ帝国滅ぶ
486	クロヴィス，フランク王国(メロヴィング朝)を確立
498	クロヴィス，カトリックに改宗
527～565	東ローマ帝国ユスティニアヌス大帝在位
534	ヴァンダル王国滅ぶ
554	東ローマ軍，アンダルシーア南部を占領
589	西ゴート王レカレード，カトリックに改宗
590～604	ローマ法王グレゴリウス一世
622	ヘジラ元年(モハメッドがメディナに逃れた)

635	イスラム軍，ダマスカスを占領してアラビア全土を統一
642	ペルシア(ササン朝)滅ぶ．イスラム軍はエジプトも攻略
655	イスラム水軍，ビザンチン艦隊をほぼ全滅
661	アリ暗殺．正統カリフ時代が終わり，ウマイヤ朝(～750)
698～705	イスラム軍，マグレブのビザンチン領を奪う
711	ベルベル族中心のイスラム軍，イベリアに侵入．西ゴート王国滅ぶ
721	イスラム軍，トゥールーズを占領
732	ポワティエの戦(カール・マルテル，イスラム軍を撃退)
751～843	フランク王国にカロリング朝
756～1031	コルドバに後期ウマイヤ朝(イスラム帝国の東西分裂)
795	シャルルマーニュの遠征軍，ロンスの谷で大敗
800	コルドバで暴動
	シャルルマーニュ戴冠(ローマ)
843	ヴェルダン条約でフランク王国三分裂(仏・独・伊の原型)
844	ノルマン人，リスボンとカディスを侵す
880～928	オマール・ハフスン(～912)らの乱
899	サンティアゴ・デ・コンポステーラ市建設
〈912～961〉	コルドバ王アブデルラーマン三世(926 カリフを称す)
930 頃	カスティージャ王国の起源
987	フランスのカロリンガ朝が断絶し，カペー朝(～1328)
〈1027～95〉	セビージャ王ムタミド
1031	コルドバの後ウマイヤ朝滅ぶ．小王国分立時代(～1087)
1035	アラゴン王国独立
1085	カスティージャ，トレードを占領
1087～	アルモラビド朝，イベリアを支配
1096～99	パレスティナに第一回十字軍
1137	バルセローナ伯，アラゴン王女と結婚して両国合体
	アキテーヌ王女レオノール，仏王ルイ七世と結婚
1147～49	第二回パレスティナ十字軍
〈1154～89〉	英王ヘンリ二世
115＊	英王女レオノール，カスティージャ王アルフォンソ八世と結婚

〈1196～1213〉	アラゴン王ペドロ二世
1212	ナーバス・デ・トローザの戦
1225	アルモハード帝国崩壊
1229～35	アラゴン，バレアーレス諸島を征服
1248	カスティージャ軍，セビージャ市を攻略
1251～	イベリアのイスラム領はグラナーダ王国のみ
〈1252～84〉	カスティージャ王アルフォンソ十世(聡明王)
1256～73	神聖ローマ帝国の大空位時代
〈1272～1307〉	英王エドワード一世
1282	シチリアの晩鐘
1287	ジェノヴァ船，はじめてフランドルまで直行
1291	グスマン・エル・ブエノ，タリーファ城を死守
129＊	ヴィヴァルディ兄弟，西への航路開拓をめざす
〈1303～77〉	旅行家イブン・バトゥータ
1309～	ローマ法王，アヴィニョンに移住
〈1332～1406〉	歴史家イブン・ハルドゥーン
1338～1453	英仏百年戦争
1347	英軍，カレー占領
1347～51	全ヨーロッパにペスト．人口半減
1372	ラ・ロシェルの海戦(カスティージャ水軍，英軍を撃破)
1378～1417	教会の大分裂
1385	アルジュバロータの戦(ポルトガル，カスティージャ軍を大破)
1392	セビージャでユダヤ人大虐殺
〈1394～1460〉	ポルトガルの航海王子エンリーケシュ
1415	ポルトガル，セウタを占領(アフリカ最初の植民地)
1419/20	マデイラ諸島発見
1429	ジャンヌ・ダルクの出現(1431 焚殺)
1434～94	フィレンツェでメディチ家執政
1455	グーテンベルク，金属活字による印刷機を発明
1455～85	ヨーク，ランカスター両家のバラ戦争
1469	カスティージャ女王イサベル，アラゴン王子フェルナンドと結婚
〈1474～1504〉	カスティージャ女王イサベル

1480	ポルトガル，スペインと講和(アルカソヴァ条約)
〈1481～95〉	ポルトガル王ジュアン二世
1488	バルトロメウ・ディアシュ船長，喜望峰を越えてアラビア海に達す
1492	グラナーダ陥落
	コロンブスの第一回航海(キューバに達す)
1493	イタリア戦争はじまる
1494	トルデシージャス条約
1498	ヴァスコ・ダ・ガマ，インドに到着
1500	チムール帝国滅ぶ
〈1451～1506〉	探検家クリストファー・コロンブス